JN060031

Q&Aで理解する
グループ通算制度

税理士法人 山田&パートナーズ 編

税務研究会出版局

はしがき

令和２年度税制改正により「連結納税制度」が「グループ通算制度」に改組されることになりました。令和４年４月以後開始する事業年度から適用が始まります。

連結納税制度は計算過程が煩雑で、特に修正申告や更正処分する際の事務負担が重い点が課題として指摘されていました。そこでグループ通算制度では、グループ内の損益通算や税額調整（研究開発税制、外国税額控除については、グループ全体で控除額計算が可能）のメリットは残したまま、申告・納付については、各法人が個別に行う簡素な仕組みに改めます。

これにより、グループ内法人の一部で計算誤りがあった場合、従来はすべての法人で所得・税額の再計算が必要でしたが、改正後は、当該法人のみの再計算と修正・更正にとどまり、他の法人には影響が及ばないことになります。

また、適用開始･加入時の時価評価課税や欠損金の持ち込み制限については、組織再編税制と整合するよう規制が緩和されます。

他方、新制度には、従来と比べ取扱いが厳しくなるところもあります。連結納税制度では、適用開始前の親法人の欠損金は子法人の所得からも控除できましたが、グループ通算制度においては、親法人も子法人と同様、自己の所得の範囲内でしか控除できなくなります。よって、親法人に多額の欠損金がある企業グループでは、新制度が始まる前に、連結納税から適用を始めた方が有利になるケースがあります（３月決算の場合、新たに連結納税を適用するには、令和２年12月末までに申請する必要があります)。

また、連結納税では、親法人が中小法人であれば中小法人特例を適用できましたが、グループ通算制度では、グループ内に１社でも大法人があれば中小法人特例を適用できない等のデメリットがあります。

以上のような改正を踏まえ、新制度が施行される前に、連結納税を適用している企業グループにあっては、グループ通算制度に移行するか、それとも連結納税を取りやめ、単体納税に戻るのか（取りやめについて、通常であれば国税庁長官の承認を受ける必要がありますが、改正に伴う措置として届出だけで取り止めが認められます）を検討する必要があります。また、現時点で連結納税を適用していない企業グループにあっても、現状のまま単体納税を継続するか、新たに連結納税またはグループ通算制度を採用するかどうかを検討する必要があります。

本書は、グループ通算制度の仕組みやポイント、連結納税制度との違いなどを解説しつつ、両制度と単体納税の有利選択、さらに組織再編（合併）との有利選択について、Q&A 方式で考え方を整理したものです。単なる制度説明にとどまらず、実務に役立つ気づきや留意点をできるだけ多く織り込むよう努力いたしました。とはいえ、執筆者は皆、浅学非才の者ばかりです。本書が少しでも読者諸兄のお役に立てば望外の喜びであります。

末筆になりましたが、本書の発刊にあたり様々なアドバイスをくださった堀様はじめ、税務研究会の皆様に大変お世話になりました。ここに深く御礼申し上げます。

令和２年10月

編著者　佐伯　草一

法令略語表

本書で用いている法令略語は次のとおりです。法律、施行令、施行規則等の規定中、数字は「条」を、丸で囲んだ数字は「項」を、漢数字は「号」を表記しています。

＜法令略語表＞

略称	正式名称
法法	法人税法
法令	法人税法施行令
法規	法人税法施行規則
法基通	法人税基本通達
旧法法	R2税制改正において削除又は変更された法人税法
旧法令	R2税制改正において削除又は変更された法人税法施行令
旧法規	R2税制改正において削除又は変更された法人税法施行規則
連基通	連結納税基本通達
個通	グループ通算制度に関する取扱通達
R2改正法附	所得税法等の一部を改正する法律 （令和２年法律第８号）附則
R2改正令附	法人税法施行令等の一部を改正する政令 （令和２年政令第207号）附則
R2改正規附	法人税法施行規則等の一部を改正する省令 （令和２年財務省令第56号）附則
地法	地方税法
地令	地方税法施行令
地規	地方税法施行規則
措法	租税特別措置法
措令	租税特別措置法施行令
措規	租税特別措置法施行規則
措通	租税特別措置法関係通達
旧措法	R2税制改正において削除又は変更された租税特別措置法
旧措令	R2税制改正において削除又は変更された租税特別措置法施行令
旧措規	R2税制改正において削除又は変更された租税特別措置法施行規則
通法	国税通則法
税効果適用指針	税効果会計に係る会計基準の適用指針

第1章
はじめに

連結納税制度の概要

Q1 連結納税制度について概要を教えてください。

ポイント

連結納税制度とは、企業グループを一つの納税単位として課税を行う法人税の計算の仕組みである。

A 連結納税制度とは、企業グループ内の個々の法人の損益を通算するなど、グループ全体を一つの納税主体と捉えて課税する制度であり、2002年（平成14年）度の税制改正により導入されました。連結納税制度の対象となる企業グループの範囲は、企業グループの頂点にある親法人とその親法人との間に完全支配関係がある子法人（親法人が直接又は間接に100％保有する法人）のすべてであり、外国法人は除かれます。連結納税制度は選択制とされ、企業グループに属するすべての法人の連名で申請し、承認を受けることで適用を受けることができます。適用後の申告納税は、親法人が一括して行うことになりますが、対象となる税目は国税である法人税（及び地方法人税）のみであり、地方税である法人住民税、法人事業税や消費税等は、それぞれの法人が個別に申告納税を行うことになります。

連結納税制度の計算のイメージを図に表すと次の通りです。

■連結納税制度のイメージ

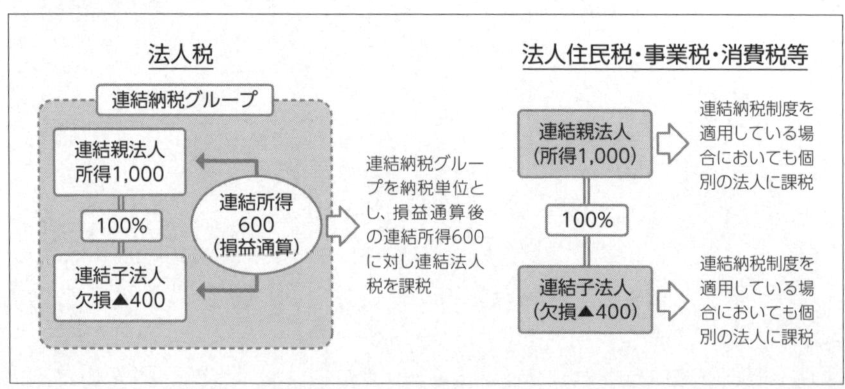

連結納税制度は2020年（令和２年度）税制改正により抜本的に見直され、2022年（令和４年）４月１日以後開始事業年度から新たな制度であるグループ通算制度に移行することになりました。

連結納税制度の適用状況

Q2　連結納税制度の適用状況について教えてください。

ポイント

- **連結納税制度は、大企業を中心に適用されている。**

A　国税庁が公表した「平成30事務年度　法人税等の申告（課税）事績の概要」によれば、2019年（令和元年）６月30日現在で、1,850グループ、15,876法人が連結納税制度を適用しています。法人税の申告件数は全体で約293万件となりますので、件数でみると広く浸透している制度とは言えません。ただし、法人税の申告所得金額ベースでみると、全体の合計額が約73.4兆円であるのに対して、連結納税の申告所得金額の合計額は約13.8兆円です。おおよそ全体の２割近くを占めています。このことから、連結納税制度は大企業を中心に導入されていることが分かります。特に大企業の方が導入しやすい理由として以下のような理由が考えられます。

■大企業が連結納税制度を導入する主な理由

- グループ企業数が多数に上る中、連結納税制度によりグループ全体の税負担が適正化されることで、グループ全体のタックスプランニングがしやすい。
- 連結納税制度を導入するに当たってはシステム等の新たなコストが発生するため、当該コストを回収できるだけの税額軽減効果が必要となる。課税所得が大きい大企業の方が導入しやすい。

・連結納税制度を採用することにより、半ば強制的に全社一律のシステムとスケジュールで税計算が行われることになるため、税務ガバナンスの強化が期待できる。
・研究開発税制や外国税額控除制度などの個別論点において、制度上、納税者有利に働く可能性のある論点があり、特に大企業グループにおいて恩恵を受けやすい。

もちろん、連結納税制度は必ずしも大企業のみにメリットがある制度ではありません。所得金額と欠損金額の相殺はどのような法人にもメリットが生じますので、中小法人であっても採用している企業グループは存在します。今回のグループ通算制度への移行の改正により、事務負担が軽減されるなど諸条件が見直されますので、改めて制度導入について検討する必要があります。

見直しの背景

Q3 連結納税制度がグループ通算制度として見直される背景を教えてください。

ポイント

・今回の改正は、連結納税制度のデメリットであった事務負担の軽減を図ることが主目的と考えられる。
・事務負担の軽減を行うにあたり、「納税主体の変更」という抜本的な改正が行われる。これに伴い、租税の公平性等の観点から改めて制度全体の見直しが図られ、組織再編税制と整合性が取れた制度とする改正や従前より問題視されていた不当な租税回避等を防止するための改正などが行われる。

(1)改正の背景

2020年（令和2年）度税制改正により既存の連結納税制度は抜本的に見直さ

れ、2022年（令和4年）4月1日以後に開始する事業年度からグループ通算制度に移行します。改正を行う主な目的とこのような改正が行われる背景は以下の通りです。

改正目的	改正内容と背景
事務負担の軽減を図る	**納税主体の変更** …企業グループ全体を一つの納税単位とする現行制度に変えて、企業グループ内の各法人を納税単位として、各法人が個別に法人税額の計算及び申告を行う方法に変更される。グループ間の調整計算を簡素な仕組みとすることなどにより事務負担の軽減を図る。
組織再編税制との整合性を図る	**開始・加入時の課税の取扱い等の変更** …連結納税制度と組織再編税制とでは様々な差異があり、課税の中立性が損なわれている面がある。開始・加入時の時価評価課税・欠損金の持ち込み等の取扱いについて組織再編税制と整合性が取れた制度とすることで、課税の中立性を確保する。
税負担の公正・公平化を図る	**不当な税負担の軽減を防止するための措置** …現行の連結納税制度下においては、親法人に対する特別な取扱い（制度開始時において繰越欠損金の切捨てを行わない取扱いなど）を利用した不当な税負担軽減や含み損を抱えた子法人の離脱を利用した不当な税負担軽減に対する問題などが指摘されており、これらを防止するための措置が図られる。

(2)事務負担の軽減を目的とした改正

連結納税制度の事務負担の煩雑さについては従前より制度のデメリットと言われており、令和2年度の税制改正大綱においても「本制度の下での税額計算が煩雑である、税務調査後の修正・更正等に時間がかかり過ぎる、といった指摘があり、損益通算のメリットがあるにもかかわらず、本制度を選択していない企業グループも多く存在する」と記載されています。特に税務調査後の修正・更正等に時間がかかり過ぎるという点については、納税者のみならず税務当局側の手続きにおいても問題とされています。

手続きが煩雑となる一番の要因は、税額計算をグループ一体で行う点にあります。納税単位をグループ全体としているため、グループ各社のすべての情報が集まらないと全体の税計算が行えませんし、グループの１社でも計算誤りがあると軽微な修正でも全体計算のやり直しが必要となります。そこで、納税単位をグループ全体ではなく、グループ内の各法人に変更することで、より簡素な仕組みになるように改正が行われます。

(3)制度の整合性・公平性等を図ることを目的とした改正

連結納税制度におけるグループ法人間の損益通算や欠損金の繰越控除の取扱い及び子法人の時価評価課税や欠損金の持ち込みなどに関する取扱いは、組織再編税制における各種の課税の取扱いと論点が類似する部分が多くあります。しかし、これらの内容については、必ずしも制度間で整合性が取れているとは言えず、課税の中立性が損なわれているとの指摘があります。

今回の改正は、連結納税制度の根幹とも言える納税主体（企業グループ全体を一つの納税単位とする取扱い）を変更する抜本的な改正です。これに伴って、改めて制度全体の見直しを図る契機となり、組織再編税制と整合性が取れた制度とするための改正も併せて行われることになりました。また、連結納税制度下で租税回避につながる可能性がある行為として問題視されていた論点についても、課税の公正性・公平性の観点から見直しを図る改正が行われます。

本書の解説のポイント

Q4　本書の各章における解説のポイントについて教えてください。

ポイント

・本書は、２章以降、以下の３つの章で構成されています。
　（1）連結納税制度とグループ通算制度の違い（第２章）
　（2）グループ通算制度の基本的な仕組み（第３章）
　（3）制度選択の有利不利と実務対応（第４章）

A　本書の各章における解説のポイントは次の通りです。それぞれ内容が重なる点もありますので、各章の解説ポイントに応じて内容をご確認ください。

(１)連結納税制度とグループ通算制度の違い（第２章）

グループ通算制度は、既存の連結納税制度の内容を見直すことにより新たに創設される制度となりますが、損益通算などの基本的な計算の仕組みについては、引き続き維持されます。したがって、グループ通算制度の仕組みを理解するためには、連結納税制度との相違点を確認することが一番の近道です。本章では、改正の主要論点について項目別に連結納税制度とグループ通算制度の比較を行い、取扱いが異なる部分を中心に解説を行います。

基本的な改正項目については網羅的に解説をしていますが、今回の改正のうち、特に内容が複雑で理解を深めるのが難しい論点と思われるのが、組織再編税制と整合性の取れた制度とするための改正部分です。制度開始時や加入時の取扱いであるこれらの論点は実務的には避けて通ることができませんので、実務で携わる可能性のある方は、しっかりと内容を整理しておく必要があります。本章ではこれらの論点についても連結納税制度とグループ通算制度の比較により深堀をして解説していますので、ご参考頂ければと思います。

(２)グループ通算制度の基本的な仕組み（第３章）

本章では新たに創設されるグループ通算制度の取扱いについて、制度の適用に関する基本事項と損益通算や欠損金の繰越控除等の計算項目を中心に解説をしています。そのうち計算項目では、今回の改正の特徴点である損益通算・欠損金の繰越控除に係る修正・更正時の「遮断措置」について、具体的な計算事例を用いて解説しています。

「遮断措置」とは、事務手続きの軽減のために導入された計算の仕組みです。既存の連結納税制度は、グループ全体を納税単位としグループ全体で所得・税額計算を行う仕組みであるため、グループ１社に修正が生じるとグループ全体で計算をやり直す必要が生じます。そのことが税務調査後の事務手続きを煩雑化させる要因となっていたため、これを回避する方法として「遮断措置」という仕組みが導入されました。具体的には、グループ間で損益通算を行って確定申告を行った後に税務調査が行われ、グループ１社の所得に修正が生じたとしても、他の法人の当初申告の所得計算には影響させず、当該修正が生じた１社のみの修正申告で計算を完結させる仕組みです。

■遮断措置のイメージ

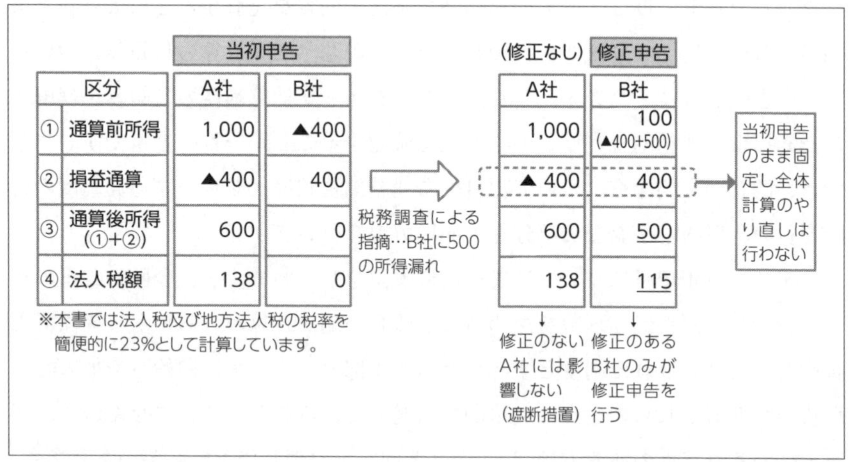

この「遮断措置」の仕組みは、今回の改正の主要な論点である、「納税主体の変更」や「事務負担の簡便化」が端的に表れた個所となりますので、具体的な計算事例により内容をご確認頂ければと思います。

(3)制度選択の有利不利と実務対応（第４章）

実務的な観点からは、「結局のところ、今回の改正についてどのように対応したら良いか？」ということが最も気になる点です。現在連結納税制度を適用している法人においては、グループ通算制度として引き続き制度の適用を継続すべきかどうかは目下の課題となりますし、連結納税制度を適用していない法人についても、今回の改正が自社グループへ与える影響を検討しておくべきでしょう。

本章では、「連結納税制度を採用している法人」と「連結納税制度を採用していない法人」に区分したうえで、「そもそも何を検討したらよいのか」「いつまでに判断すれば良いか」など実務で直面する疑問について解説するとともに、実務上想定されるグループ構成の事例に基づきグループ通算制度に移行すべきかどうかの判断基準などを解説します。

第2章

連結納税制度とグループ通算制度の違い

連結納税制度とグループ通算制度の比較表

Q5 連結納税制度とグループ通算制度の基本的な仕組みについてどのような違いがあるか教えてください。

ポイント

・連結納税制度とグループ通算制度の違いは以下のようにまとめられる。

■連結納税制度とグループ通算制度の違い

No.	内容	連結納税制度	グループ通算制度	有利・不利・簡素化	参照
①	計算及び申告手続きの簡素化				
1	申告・納付手続き	親法人にて一体申告・納税 子法人は個別帰属額等の届出が必要 連結子法人は連帯納付責任を負う	各法人が個別に申告・納税 他の通算法人に対する連帯納付責任を負う	－	Q6
2	損益通算の方法	各法人の所得金額・欠損金額を合算し、連結グループ全体を一つの単位として損益通算が行われる	欠損法人の当期欠損金額の合計額を所得法人の所得金額の比で配分（プロラタ計算）する方法で損益通算が行われる	－	Q10
3	電子申告	親法人が大法人に該当すれば電子申告義務あり	通算法人は電子申告が強制される	－	Q6
4	税務調査	連結グループ全体で行われる	各法人ごとに税務調査が行われる ただし、他の通算法人に対する質問検査権は引き続き有する	簡素化	Q8
5	修正・更正	グループ全体で再計算 再計算後の個別帰属額等の届出、地方税の申告も必要	原則として他法人へ影響を及ぼさない 法人税を不当減少させる等の一定のケースは再計算	簡素化	Q8
②	全体計算項目				
6	受取配当等の益金不算入	グループ全体で益金不算入額を計算	法人ごとに個別計算 株式等の区分判定はグループ全体で行う 短期保有株式等の判定は法人ごとに行う 負債利子控除の計算は簡素化される	簡素化	Q14
7	寄附金の損金不算入	グループ全体で損金不算入額を計算 損金算入限度額は親法人の資本金等の額、連結所得の金額を基礎として計算される	法人ごとに個別計算 損金算入限度額は、各法人の資本金等の額ではなく資本金及び資本準備金の合計額、損益通算前の個別所得の金額を基礎として計算される	簡素化	Q15
8	貸倒引当金	各法人で個別計算 親法人…親法人が中小法人の場合に損金算入可 子法人…親・子法人ともに中小法人の場合に損金算入可 連結法人間の金銭債権は含まれない	各法人で個別計算 親・子法人…親・子法人ともに中小法人の場合に損金算入可 100％グループ内の法人間の金銭債権は含まれない（単体納税も同様となる）	不利	Q17
9	所得税額控除	グループ全体で計算	法人ごとに個別計算	簡素化	Q13

No.	内容	連結納税制度	グループ通算制度	有利・不利・簡素化	参照
10	留保金課税	親法人が中小法人なら適用除外 グループ全体で留保所得及び税額を計算	グループ内のすべての法人が中小法人なら適用除外 各法人で個別計算、一部グループ調整計算が残る 留保金課税が累進税率であるため、全体計算よりも個別計算の方が有利となるケースがある	不利（適用除外）／有利（税額計算）	Q18
11	仮装経理	グループ全体で計算	法人ごとに個別計算	簡素化	－
12	措置法税額控除（投資減税等）	各法人で個別計算 控除限度額の計算を個別税額ベースのみならず、連結税額ベースでも行うため、単体制度より不利になる場合がある	各法人で個別計算 損益通算後の税額で控除限度額を計算するので、連結納税と同様に単体制度より不利になる場合がある	－	Q19
13	外国税額控除	グループ全体で計算	グループ全体で計算 過年度の控除額計算に誤りがあった場合、進行事業年度で税額調整	－	Q11
14	研究開発税制	グループ全体で計算 各法人への税額控除額は試験研究費の額をベースに配分	グループ全体で計算 各法人への税額控除額の配分は、支出した試験研究費の額に関係無く、調整前法人税額をベースに配分 配分後の調整は通算税効果額の授受により行う 修正・更正の場合でも他法人への影響は遮断	－	Q12
15	軽減税率	グループ全体で800万	グループ全体で800万 所得法人の所得の比で配分 原則として修正・更正でも他法人への影響は遮断	－	－
③	中小法人及び中小企業者の判定方法の見直し				
16	中小法人、中小企業者の判定	親法人の資本金により判定	グループ内のいずれかの法人が中小法人に該当しない場合、グループ内のすべての法人が中小法人の特例等を適用できなくなる	不利	Q20
17	適用除外事業者	グループ全体の平均連結所得金額が15億円を超える場合に該当	グループ内のいずれかの法人の単体の平均所得金額が15億円を超える場合は、すべての法人が該当	有利／不利	Q20
④	開始時（加入時）の時価評価				
18	親法人の開始時の時価評価	不要	いずれの子法人との100％の継続が見込まれない場合、時価評価	不利	Q22
19	子法人の開始時の時価評価	長期保有子法人等に該当しない場合、時価評価	親法人と100％の継続が見込まれない場合、時価評価	有利	Q23
20	子法人の加入時の時価評価	適格株式交換等に該当しない場合、時価評価	左記に加え適格組織再編と同様の要件に該当しない場合、時価評価	有利	Q24
⑤	欠損金				
21	親法人の開始前繰越欠損金	非特定連結欠損金として連結所得全体から控除	特定欠損金として親法人の所得からのみ控除（SRLY ルール）	不利	Q28
22	子法人の開始前繰越欠損金	長期保有子法人等に該当すれば、特定連結欠損金として引き継ぐ	親法人と100％の継続が見込まれる場合、引き継ぐ	有利	Q23
23	子法人の加入前繰越欠損金	適格株式交換等に該当すれば、特定連結欠損金として引き継ぐ	適格株式交換等に加え、適格組織再編と同様の要件に該当すれば特定欠損金として引き継ぐ	有利	Q24
24	株式移転による場合	一定の場合には子法人の開始前繰越欠損金を連結欠損金（非特定）として引き継ぐ	一定の場合には開始前繰越欠損金を特定欠損金として引き継ぐ（SRLY ルール）	不利	Q28

第2章

No.	内容	連結納税制度	グループ通算制度	有利・不利・簡素化	参照
25	開始・加入後の欠損金の制限	開始・加入後は特に制限なし	・新事業開始 ・支配関係前から有する資産の実現損 ・多額の償却費が生ずる事業年度 の場合、一定の制限あり	不利	Q21
26	特定欠損金の繰越控除の順序	特定連結欠損金はその法人の損益通算前の個別所得を限度として優先控除	特定欠損金はその法人の損益通算後の個別所得を限度として優先控除	不利	Q29
27	非特定欠損金の繰越控除の配分	非特定連結欠損金の繰越控除額は欠損金の期首残高の比で配分される	非特定欠損金の繰越控除額は所得ベースである損金算入限度額の比で配分される	−	Q30
28	繰戻還付	グループ全体で計算 還付額の個別帰属額は各法人の欠損金の比で配分される 連結親法人が中小法人の場合に適用	グループ全体で計算 各法人の還付額は還付事業年度の所得の比で計算される 通算税効果額の授受により調整 グループ内のすべての法人が中小法人の場合に適用	−	Q31
29	離脱時の繰越欠損金	個別帰属額は単体納税に引き継がれる 開始・加入時に切り捨てられた欠損金は復活しない	青色申告の承認の取消しによる離脱の場合は引き継がない 開始・加入時に切り捨てられた欠損金は復活しない	−	Q32
⑥	離脱時の時価評価				
30	離脱時の時価評価	時価評価不要	・主要事業の継続見込みがない ・離脱法人株式の譲渡等による損失が見込まれる 場合に時価評価	不利	Q33
31	加入後すぐに離脱する場合	加入から2か月以内に離脱するケースは加入時の時価評価不要	みなし事業年度の特例の適用により、翌事業年度開始から2か月以内の離脱でも時価評価不要	簡素化	Q27
⑦	投資簿価修正				
32	投資簿価修正	連結親法人が有する連結子法人株式の帳簿価額に当該子法人に生じた損益相当額を加減する	親法人が有する子法人株式の帳簿価額を離脱直前の簿価純資産相当額とする	不利	Q34
⑧	みなし事業年度				
33	加入日	原則：完全支配関係を有する日 特例：月次決算日の翌日	原則：完全支配関係を有する日 特例①：月次決算日の翌日 特例②：会計期間の末日の翌日	簡素化	Q35
34	離脱時のみなし事業年度の簡略化	離脱日を含む事業年度終了日は親法人の決算日	離脱日を含む事業年度終了日は子法人の決算日	簡素化	Q35
⑨	その他				
35	仮決算による中間申告	親法人にて一体申告	各法人が個別に申告 いずれかの法人が予定申告を行った場合には、すべての法人が予定申告となる	−	−
36	グループ内の税金精算	親法人が一体で納税・還付手続きを行うので、グループ内の精算も親法人を通して行われる	各法人が納税・還付手続きを行うため、グループ内の精算の計算が煩雑になる	−	Q7
37	地方税	基本的に単体納税と同様の計算になる 住民税計算上の欠損金の繰越控除は大法人でも50%制限はなく100%となる。(控除対象個別帰属調整額、控除対象個別帰属税額) 親法人が中小の場合、子法人が大法人でも研究開発税制、所得拡大税制の中小特例の適用可	基本的に単体納税と同様の計算になる 住民税計算上の欠損金の取り扱いも連結納税の同様の取り扱いとなる 中小企業者等の判定に見直しにより、中小特例の適用について左記の相違は生じない	−	Q36

申告・納付手続きの違い

Q6　連結納税制度からグループ通算制度へ移行することで、申告手続きはどう変わりますか。

ポイント

- 連結納税制度では、連結親法人が各連結法人を代表して申告納付を行っていたが、グループ通算制度では、各通算法人が個別に申告納付を行う。
- グループ通算制度における各通算法人は、連結納税制度と同様にグループ全体に対する連帯納付責任を負う。
- グループ通算制度では、各通算法人の申告は資本金の額に関わらず電子申告（e-tax）が義務となる。

A　連結納税制度とグループ通算制度の申告手続きを比較すると、以下の表のようになります。

■手続き比較

	連結納税制度		グループ通算制度	
	連結親法人	連結子法人	通算親法人	通算子法人
確定申告手続き	代表して連結確定申告書の提出・納税	個別帰属額の届出書を提出	通算法人ごとに確定申告書の提出・納税	
提出先	各法人の本店又は主たる事務所所在地の所轄税務署長			
申告期限の延長特例	２月の延長が可能	連結親法人に連動する	２月の延長が可能（いずれかの通算法人の手続きにより連動する）	
中間申告	代表して連結中間申告書の提出・納税	手続き不要	通算法人ごとに中間申告書の提出・納税	
仮決算による中間申告	法人税、地方法人税の国税は可能。地方税については適用不可。	手続き不要	法人税、地方法人税の国税は可能。地方税については適用不可（適用する場合、通算法人の全てが行う必要がある）	

第２章

連帯納付責任		連結親法人の連帯納付責任を負う	各通算法人の連帯納付責任を負う
電子申告（e-tax）	期首資本金の額が1億円超の場合電子申告（e-tax）が強制される	連結親法人に連動する	全ての通算法人において電子申告（e-tax）が強制される

1. 申告納付手続きについて

(1)確定申告（旧法法81の22①、81の24、81の25、81の27、法法74①、75の2⑪、77)

連結納税制度では、連結親法人が各連結法人を代表して連結確定申告書の提出及び納税を行い、連結子法人は、その連結子法人の個別帰属額の届出書を提出する必要があります。一方、グループ通算制度では、個別申告方式を採用するため、各通算法人それぞれで確定申告書の提出及び納税を行います。なお、両制度ともに申告期限の延長が原則として２月間認められており、申告書の提出期限は変わりません。

(2)中間申告（旧法法81の19、81の20、法法71、72)

中間申告の取扱いは、連結納税制度とグループ通算制度に大きな差異はなく、前期実績に基づき納付すべき法人税額が10万円以下ある場合等を除き、原則として前期実績に基づいた中間申告書を事業年度（グループ通算制度において、通算子法人が中間申告を行う場合には、通算親法人の事業年度）開始の日以後６月を経過した日から２月以内に提出する必要があります。なお、両制度とも法人税、地方法人税の国税に関しては、仮決算を行うことが認められていますが、グループ通算制度において仮決算に基づく中間申告を行うためには、通算法人の全てについて行う必要があります。

2. 連帯納付責任について（旧法法81の28、法法152)

連結納税制度では、国税については1.（１）記載の通り連結親法人が連結子法人を含めた連結グループ全体の申告納付を行い、連結子法人は、個別帰属額の届出書を提出するのみで申告納付義務は存在しません。ただし、連結親法人が行う納税に対する連帯納付責任を負うことで連結グループ全体での納付責任としています。

一方、個別申告方式を採用するグループ通算制度では、各通算法人それぞれで申告納付を行いますが、合わせて、他の全ての通算法人に対する連帯納付責任を負うことで通算グループ全体での納付責任としています。したがって、グループ全体で納付責任を負うという点では、両制度に違いはありません。

3. 電子申告（e-tax）の義務化（旧法法81の24の２、法法75の４、150の３）

連結納税制度では、連結親法人の期首資本金の額が１億円を超える場合に連結納税の申告を電子申告（e-tax）にて行うことが義務付けられており、連結親法人の資本金の額が１億円以下の中小法人に該当する場合には、電子申告（e-tax）は任意となっています。これに対し、グループ通算制度では、資本金の額に関係なく全ての通算法人の確定申告を電子申告（e-tax）にて行う必要があります。なお、通算グループ内の通算子法人の申告書は、通算親法人の電子署名により電子申告（e-tax）することができます。したがって、通算親法人は、通算グループ内の全ての法人の申告書を一括して申告することが可能です。この取扱いは、連結納税制度における連結子法人の個別帰属額の届出書について、親法人が一括して電子申告できることを踏襲した制度となります。

グループ内の税額精算方法の違い

Q7　通算グループ内の通算税効果額の精算はどのようになりますか。

ポイント

- グループ通算制度では、連結納税制度と同様にグループ内通算により生じた通算税効果額の精算を行うことが想定され、精算金を支払った場合には損金不算入となり、受け取った場合には益金不算入となる。

・連結納税制度では、各連結子法人の個別帰属額を連結親法人と精算すれば良かったが、グループ通算制度では各通算法人間で精算する金額を別途合理的に計算する必要がある。

A　1. 通算税効果額の精算について

グループ通算制度では、連結納税制度と同様にグループ内の損益通算等、グループ通算制度の規定の適用を受けたことにより減少する法人税・地方法人税相当額（通算税効果額）を通算法人間で精算金として受け渡しすることが想定されますが、当該通算税効果額の精算金については、支払った通算法人は損金不算入として扱い、受け取った通算法人は益金不算入として扱うこととされています。なお、連結納税制度では、納税し、又は還付を受ける法人が連結親法人１社のみであるため各連結子法人の個別帰属額を連結親法人と精算するというシンプルな方法で完結していましたが、個別申告方式を採用するグループ通算制度では、通算法人ごとに納税・還付となるため精算すべき金額を別途集計する必要があります。具体的に精算の検討を要する項目としては、下記３．をご参照下さい。なお、通算税効果額の精算は、あくまで任意であることから、精算を行わない場合でも寄附金・受贈益の課税関係が生じることはありません（法法26④、38③）。

2. 会計上の取扱い

連結納税制度と大きく変わる点はないと考えられます。連結納税制度適用時には、連結親法人が連結グループ全体の法人税等を未払法人税等として負債計上します。連結子法人は、連結法人税等の個別帰属額がプラスの場合は連結親法人に対する未払金として負債計上し、連結法人税等の個別帰属額がマイナスの場合は連結親法人からの未収金として資産計上します。グループ通算制度では、通算子法人間で欠損金が配賦されることも想定されますが、管理上は通算親法人を介して精算することになると考えられます。

3. 具体的に通算税効果額の精算が見込まれる項目例

通算税効果額は、「グループ通算制度により減少する法人税・地方法人税相当額」ですが、法令上、具体的に精算が必要な場合や計算方法は定められていません（通算税効果額の精算があくまで任意であるためと考えられます。）。したがって、通算税効果額は納税者が合理的に計算することとなります。具体的にグループ通算制度を行う際に通算税効果額の精算が想定される項目例は以下の通りです。

No	項目	概要	計算方法例
1	損益通算	損益通算により欠損金の配分を受けた法人と配分した法人との間で通算税効果額が発生する。	損益通算により減少する当期の所得金額に法人税率・地方法人税率を乗じて算出された金額を通算税効果額とする方法
2	繰越欠損金の通算	繰越欠損金の通算制度を利用することにより、実際に欠損金を繰越控除した法人と、欠損金の生じた法人とが異なる場合に、通算税効果額が生じる。	配賦された欠損金の損金算入額に法人税率・地方法人税率を乗じた金額を通算税効果額とする方法
3	欠損金の繰戻還付	当期に発生した欠損金を前期の所得の比率に応じて各通算法人に繰戻しを行うため、欠損金の生じた法人と実際に還付を受ける法人が異なる場合に通算税効果額が生じる。	実際に繰戻還付を受ける金額と、当期に発生した損益通算後の欠損金に法人税率・地方法人税率を乗じて算出された金額との差額を通算税効果額とする方法
4	研究開発税制	税額控除額について、連結納税制度では、試験研究費を基に配分されていたが、グループ通算制度では、法人税額を基に配分されるため、試験研究を行っていないにも関わらず、税額控除を受けられるという不具合が生ずることから、通算税効果額の精算が行われることが想定される。	通算グループ全体の税額控除額の合計額を各通算法人の試験研究費の額の比で按分して算出された金額と各通算法人の税額控除額との差額（地方法人税相当額を含む）を通算税効果額とする方法

※ No 1 は、Q10、47、48参照。
※ No 2 は、Q30、50参照。
※ No 3 は、Q31、51参照。
※ No 4 は、Q12、64参照。

第2章

修正申告等の手続きの簡素化

Q8 **連結納税制度からグループ通算制度へ移行することにより、修正申告等の手続きがどう変わるか教えてください。**

ポイント

- 連結納税制度では、連結納税対象法人の修正申告又は更正が行われる際には、連結納税グループ全体で再計算を行う必要がある。
- グループ通算制度では、申告手続きの簡素化の観点から修正申告又は更正が行われる場合でも、原則として修更正対象法人のみの再計算となる。
- グループ全体で所得が発生しない等一定の場合においては、他の通算法人を含めて全体再計算が必要となる。
- 連結納税制度と同様に、税務調査対象法人以外の他の通算法人に対する質問検査権が認められていることから、調査の範囲が他の通算法人へ広げられる可能性がある。

A **1. 修更正事由が生じた場合の連結納税制度とグループ通算制度の取り扱いの相違**

連結納税制度では、税務調査による指摘を受ける等で修正申告又は更正（以下「修更正」といいます。）が行われる場合には、連結納税グループ全体で再計算を行い連結所得及び連結法人税等を算出する必要があります。たとえ連結子法人１社の所得金額のみに影響を及ぼす論点であったとしても、連結所得及び連結法人税等を算出するためには、連結親法人や他の連結子法人も含めた全体計算を行う必要があります。このことが、納税者のみならず税務調査を行う課税当局においても、税務調査後の事務作業を煩雑化及び長期化させる要因となっています。

一方、グループ通算制度においては、修更正事由が生じた場合には、この修更正事由が生じた通算法人以外の他の通算法人の所得金額や税額控除額を当初申告額に固定する遮断措置により、当該修更正事由の生じた通算法人のみの修更正を行えばよく、原則として他の通算法人を含めたグループ全体での再計算を行わないこととされています（法法64の５⑤、措法42の４⑧⑪）。ただし、この「遮断措置」は、下記２．３．に記載する事由に該当した場合には適用されません。

2. 通算グループ全体で欠損超過の場合の全体計算

通算事業年度のいずれかで修更正がされる場合において、下記（１）から（３）の全ての要件に該当するときは、全体再計算をすれば生じなかったはずの納税額が生じるような不利益を納税者が被ることがないようにするため、上記１．に記載するような遮断措置は適用されません（法法64の５⑥、各要件の具体例等は、Q53参照）。つまり、連結納税制度と同じように他の通算法人を含めたグループ全体で再計算を行うことになります。

（１）通算事業年度の全てで、当初申告したグループ内のすべての法人の損益通算後の所得金額がゼロ又は欠損金額であること。

（２）通算事業年度のいずれかで、修更正を行う法人の当初申告の通算前所得金額が過少、又は通算前欠損金額が過大であること。

（３）通算事業年度のいずれかで、修更正を行う法人が、遮断措置等を適用して計算した場合に所得金額が発生すること。

3. 税務署長の判断により遮断措置が不適用となる場合

税務署長は、遮断措置を適用した場合において、以下の事実が生じる等で法人税負担を不当に減少させる結果になると認めるときは、遮断措置を適用しないことが出来ることとされています（法法64の５⑧）。

（１）各事業年度前十年以内に開始した事業年度において生じた欠損金額がある場合において、当該各事業年度に欠損金額が生ずること。

例えば、ある期の所得金額を不当に操作して過大に計上し、期間制限のある繰越欠損金を消化させる一方で、後から更正の請求により欠損金額を生じさせるようなケースを指します。

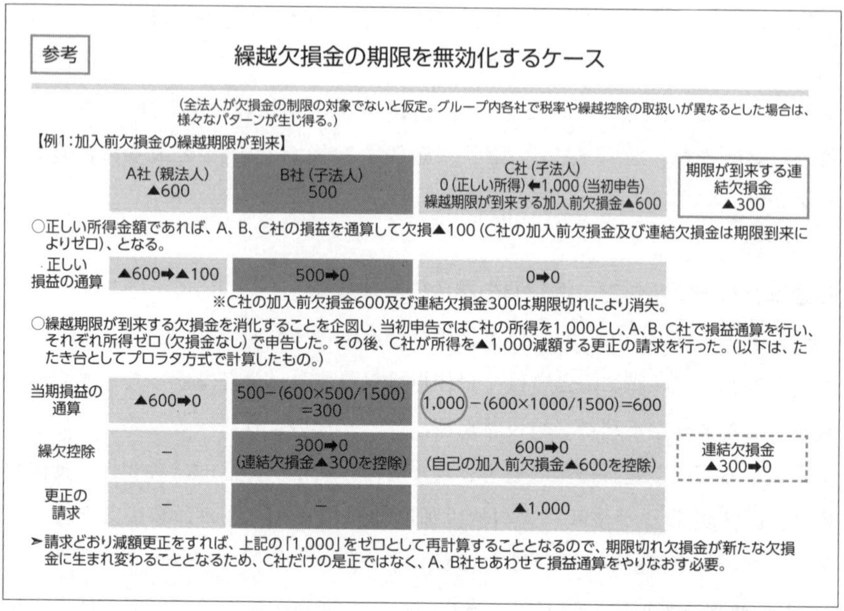

参考　**繰越欠損金の期限を無効化するケース**

（全法人が欠損金の制限の対象でないと仮定。グループ内各社で税率や繰越控除の取扱いが異なるとした場合は、様々なパターンが生じ得る。）

【例1：加入前欠損金の繰越期限が到来】

	A社（親法人）	B社（子法人）	C社（子法人）	
	▲600	500	0（正しい所得）⬅1,000（当初申告） 繰越期限が到来する加入前欠損金▲600	期限が到来する連結欠損金 ▲300

○正しい所得金額であれば、A、B、C社の損益を通算して欠損▲100（C社の加入前欠損金及び連結欠損金は期限到来によりゼロ）、となる。

	A社	B社	C社
正しい損益の通算	▲600➡▲100	500➡0	0➡0

※C社の加入前欠損金600及び連結欠損金300は期限切れにより消失。

○繰越期限が到来する欠損金を消化することを企図し、当初申告ではC社の所得を1,000とし、A、B、C社で損益通算を行い、それぞれ所得ゼロ（欠損金なし）で申告した。その後、C社が所得を▲1,000減額する更正の請求を行った。（以下は、たたき台としてプロラタ方式で計算したもの。）

	A社	B社	C社	
当期損益の通算	▲600➡0	500−(600×500/1500) =300	1,000−(600×1000/1500)=600	
繰欠控除	−	300➡0 (連結欠損金▲300を控除)	600➡0 (自己の加入前欠損金▲600を控除)	連結欠損金 ▲300➡0
更正の請求	−	−	▲1,000	

➢請求どおり減額更正をすれば、上記の「1,000」をゼロとして再計算することとなるので、期限切れ欠損金が新たな欠損金に生まれ変わることとなるため、C社だけの是正ではなく、A、B社もあわせて損益通算をやりなおす必要。

（出典：平成31年４月18日　第３回連結納税制度に関する専門家会合　財務省説明資料７頁）

（２）グループ通算制度からの離脱予定法人がある場合において、当該離脱予定の通算法人等に欠損金額があること。

例えば、離脱予定法人へ過大な繰越欠損金を計上した後に離脱を実行するようなケースを指します。

参考　**離脱予定法人を利用するケース**

（全法人が欠損金の制限の対象でないと仮定。グループ内各社で税率や繰越控除の取扱いが異なるとした場合は、様々なパターンが生じ得る。）

【例2：離脱を予定している法人】

A社（親法人） 300	B社（子法人） ▲1,000	C社（子法人） 700（正しい所得）⇐▲2,000（当初申告）

○正しい所得金額であれば、A、B、C社の損益を通算して所得ゼロ（300−1,000+700）、欠損金なし、となる。

正しい損益の通算	300➡0	▲1,000➡0	700➡0

○事業上の理由から、A社は、B社をグループ外のX社と共同支配することとしたい（B社の株式の20%をX社に売却予定）。B社は当期は欠損となったが、通常は利益を計上しており、翌年以降は所得が発生すると見込まれるため、その税負担を減らすために、欠損金を持ち出したい。このため、離脱を予定しているB社に多くの欠損金を持たせるために、C社が当初申告は欠損▲2,000で申告し、その後、正しい所得（700）とする修正申告（増加所得2,700）を行った。

当初申告時の通算	300➡0	▲1,000＋ （300×1000/3000） ＝▲900	▲2,000+（300×2000/3000）＝▲1,800
修正申告	−	−	増加所得2,700

➢B社の繰越欠損金は本来ゼロであるはずであるが、C社のみが自主修正したままとなれば、B社が繰越欠損金（▲900）を持ち続けることとなるため、C社だけの是正ではなく、A、B社もあわせて損益通算をやりなおす必要。

（出典：平成31年４月18日　第３回連結納税制度に関する専門家会合　財務省説明資料８頁）

4. 質問検査権について

税務調査を行う場合で課税当局より行使される質問検査権について、連結納税制度と同様にグループ通算制度においても、税務調査対象の通算法人以外の他の通算法人に対しても及ぶと規定されています（通法74の２④）。つまり、1.に記載しているグループ通算制度の特徴である「遮断措置」の下でも、課税当局は、必要に応じてグループ内の他の通算法人に対する税務調査を行うことが可能となっています。

制度承認の違い

Q9 連結納税制度とグループ通算制度の制度承認の違いについて教えてください。

ポイント

- 連結納税制度の承認要件は、青色申告制度の要件と合致しているため、個別申告方式とすることを契機として青色申告制度をグループ通算制度の承認の前提とする。
- グループ通算制度では、青色申告の承認を受けていない法人がグループ通算制度の承認を受けた場合には、青色申告の承認を受けたものとみなす。
- グループ通算制度の承認を受けている法人は、青色申告の取りやめができない。
- 青色申告の承認を取り消された場合には、グループ通算制度の効力を失うこととなり、連結納税制度のような固有の取消事由は設けられない。

A 1. 制度承認の違いについて

グループ通算制度においても、適用対象法人は基本的には連結納税制度と同様ですが、青色申告制度の却下事由と同様である以下の法人が適用対象外の法人として追加されています。

- 青色申告の承認の取消通知を受けた法人で、その通知後５年経過日の属する事業年度終了の日を経過していないもの（法法64の９①四）
- 青色申告の取りやめの届出書を提出した法人で、その届出書の提出後１年経過日の属する事業年度終了の日を経過していないもの（法法64の９①五）

また、承認の却下事由に以下のものが追加されています。

- その備え付ける帳簿書類に取引の全部又は一部を隠蔽し、又は仮装して記載し、又は記録していることその他不実の記載又は記録があると認められる相当の理由があること（法法64の９③三ハ）。

さらに、グループ通算制度の承認の取消し事由に以下のものが追加されています。

・通算法人が青色申告の承認の取消通知を受けた場合には、当該通算法人については、通算承認は、その通知を受けた日から、その効力を失うものとする（法法64の10⑤）。

2. グループ通算制度と青色申告について

連結納税制度には青色申告という概念はありませんが、連結法人は単体の青色申告法人と同様に帳簿の適正な備付け、記録かつ保存の義務が課されており、連結納税の承認を受ける場合にもその義務の達成の見込みが求められています（旧法法４の３②三ロ）。

したがって、連結法人は青色申告制度の要件を満たしたのと同等の状態であることから、青色申告法人に認められている特典は、連結申告法人についても認められます。

このように連結納税の承認要件は青色申告制度の要件と合致しているため、グループ通算制度においては、個別申告方式とすることを契機として、以下のような見直しを行った上で青色申告制度を前提とした制度となっています。

（１）青色申告の承認を受けていない法人がグループ通算制度の承認を受けた場合には、青色申告の承認を受けたものとみなす（法法125②）。

（２）グループ通算制度の承認を受けている法人が青色申告の承認を取り消される場合には、その取消し通知日の前日の属する事業年度以後はその承認の効力を失ったものとされ、取消しの効果は遡及しない（法法127③）。

（３）グループ通算制度の承認を受けている法人は、青色申告の取りやめができない（法法128）。

なお、連結納税の承認を受けている法人がグループ通算制度に移行する場合には、青色申告の承認を受けていない法人についても、青色申告についても承認があったものとみなされるため、あらたに青色申告の承認を受ける必要はありません（Ｒ２改正法附36③）。

損益通算の計算方法の違い

Q10 連結納税制度からグループ通算制度への移行により、グループ各社間の損益通算はどうなりますか。

ポイント

- グループ通算制度では、連結納税制度と同様にグループ内の損益が通算される。
- グループ通算制度では、通算前欠損金額をプロラタ方式により所得が生じている通算法人へ比例配分することで損益通算を行う。なお、配分された欠損金相当額は、所得が生じている通算法人の損金の額に算入するとともに、欠損が生じている通算法人の益金の額に算入する。
- グループ通算制度の開始前までに５年超の支配関係がなく、かつ、他の通算法人との間で共同事業要件を満たさない場合は、減価償却費割合が30%を超える事業年度に生じた欠損金額は損益通算の対象とならない。

A　1. 損益通算について

グループ通算制度では、連結納税制度と同様にグループ内の損益が通算されます。ただし、個別申告方式を採用することから、通算法人にて生じた欠損金を所得が発生している他の通算法人へ比例配分する方法（いわゆる「プロラタ方式」）により損益通算を行うこととしています（法法64の５①②③④⑤）。具体的には、通算前欠損金額の合計額（通算前所得金額の合計額を限度）に、通算前所得金額の合計額に占める当該通算法人の通算前所得金額の割合を乗じて算定します。なお、配分された欠損金相当額は、所得が生じている通算法人の損金の額に算入するとともに、欠損金が生じている通算法人の益金の額に算入します。なお、通算法人に修更正事由が発生し、所得金額が変動する場合においても原則としてグループ内の損益通算の再計算は行わないこととしています（遮断措置の詳細はQ8、49、52参照）。

連結納税制度とグループ通算制度の損益通算の仕組みを計算例を用いて比較すると以下の通りになります（グループ全体で欠損金額が発生する場合の計算方法の詳細は、Q48参照）。なお、本書では、法人税及び地方法人税の税率を簡便的に23％として計算しています。

（1）連結納税制度

	P社（親法人）	S1社（子法人）	S2社（子法人）	S3社（子法人）	合計（連結）
個別所得（欠損）	所得事業年度 500	所得事業年度 100	欠損事業年度 ▲50	欠損事業年度 ▲250	300
損益通算					
損益通算後					
連結法人税個別帰属額（23％）	115	23	▲11.5	▲57.5	69

連結納税制度では、あくまで連結後の所得金額及び連結法人税等を全体計算する仕組みとなっているため、結果的に個々の連結法人の連結法人税の個別帰属額がマイナスとなることもあり得ます。

（2）グループ通算制度

	P社（親法人）	S1社（子法人）	S2社（子法人）	S3社（子法人）	合計
通算前所得（欠損）	所得事業年度 500	所得事業年度 100	欠損事業年度 ▲50	欠損事業年度 ▲250	
損益通算（原則として当初申告で固定）	500＋100＝600①		▲50＋▲250＝▲300②		
	▲300×500/① ＝▲250 （損金算入）	▲300×100/① ＝▲50 （損金算入）	300（注）×▲50/② ＝50 （益金算入）	300（注）×▲250/② ＝250 （益金算入）	
損益通算後	250	50	0	0	
法人税（23％）	57.5	11.5	0	0	

（注）通算所得金額の合計（600）が、通算欠損金額の合計（300）を超えることから、通算欠損金額の合計300が上限となります。

グループ通算制度では、上記の通りグループ全体が所得（プラス）の場合には、損益通算後に欠損金（マイナス）が残る通算法人は存在しません。なお、通算所得金額の合計①が通算欠損金額の合計②以下となる場合には、①を上限として損益通算の計算を行います。また､損益通算後に欠損金が残る場合には、非特定欠損金として翌事業年度以降へ(10年間を限度として）繰り越します(繰越欠損金の詳細は、Q29、30を参照)。

2. 損益通算の例外

(1)継続した支配関係がなく、共同事業要件を満たさない場合

通算法人（グループ通算制度の開始・加入時に時価評価の対象とならない法人に限る）が、以下のいずれも満たさない場合には、下記表に記載する欠損金額は損益通算の対象となりません（法法64の６①②③④、法令131の８⑥)。

① グループ通算制度の承認の効力発生日の５年前の日（その日以降に通算法人が設立された場合には、設立の日）から継続して通算親法人（通算親法人の場合にはいずれかの通算子法人）との間に50％超の支配関係があること。

② 他の通算法人との間で共同事業要件（共同事業要件の詳細は､Q59参照）を満たすこと。

■損益通算の対象から除く金額

	事業年度	損益通算の対象外となる金額
①	各通算事業年度 (下記②を除く)	通算前欠損金額のうち、その事業年度の適用期間(注1)において生ずる特定資産譲渡等損失額（イーロ）に達するまでの金額 イ）通算法人が有する棚卸資産や少額資産等を除く資産（特定資産）で、支配関係発生日の属する事業年度開始の日前から有するものの譲渡等による損失の額の合計額 ロ）特定資産の譲渡等による利益の額の合計額
②	多額の償却費(注2)が生じる通算事業年度	通算法人の適用期間内の日の属するその事業年度に生じる通算前欠損金額

(注１) 適用期間は、以下の通りとなり、通算承認効力発生日から、同日以後３年を経過する日と支配関係発生日以後５年を経過する日とのうちいずれか早い日までの期間をいいます。

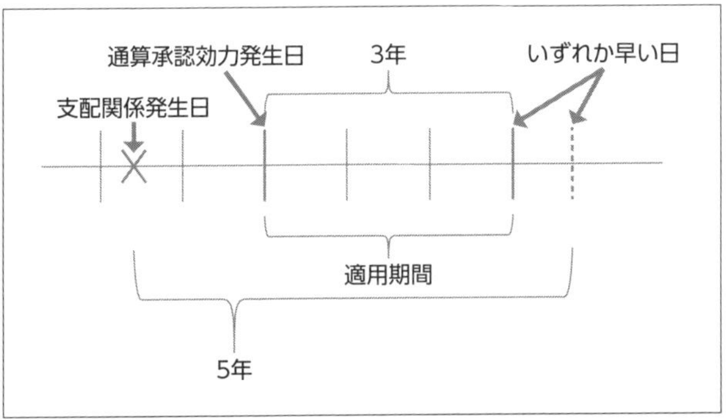

（注２）　その事業年度に計上した費用の額（売上原価や販売管理費等費用の合計）の中に占める減価償却費の割合が、30%を超える事業年度を指します。

(２)合併等により他の通算法人から欠損金を引き継ぐケースで、制限対象金額(注)がある場合

合併等により他の通算法人から引き継いだ欠損金がある場合において、被合併法人等に制限対象金額があるときは、その制限対象金額に達するまでの金額は、損益通算の対象となりません（法法64の８、法令131の10)。

（注）　制限対象金額とは、被合併法人等が、「２．損益通算の例外」の適用を受けた場合に損益通算の対象外となる金額をいいます。

外国税額控除のグループ調整計算と変更点

Q11

外国税額控除について、連結納税制度からグループ通算制度への移行に伴う変更点を教えてください。
連結納税制度を採用すると、単体納税制度よりも外国税額控除額が多くなる場合があるようですが、グループ通算制度ではどうでしょうか？

ポイント

- 連結納税制度、グループ通算制度、いずれも次のような取扱いとなっており、外国税額控除額の計算に大きな変更点はない。

第２章

（1）控除限度額計算をグループ全体で行う。

（2）外国法人税についてグループ全体で税額控除、損金算入のいずれかを統一適用しなければならない（グループ内の各法人がそれぞれ選択することはできない）。

・単体では控除限度額が十分でなく、外国法人税の全額を控除できていない法人は、連結納税制度を採用することにより外国税額控除額が増加する場合がある。グループ通算制度も同様に単体納税制度よりも外国税額控除のメリットを多く享受できる場合がある。

・過年度の外国税額控除額が当初申告額と異なることとなった場合、連結納税制度では過年度の税額控除額を再計算し修更正を行うが、グループ通算制度では、原則として過年度の税額控除額は修正せず、進行事業年度において税額調整を行う。

A　1. 外国税額控除額の計算

内国法人は、国内・国外問わず全世界所得に対して日本の法人税が課税されます。国外所得について外国の法令に基づき法人税に相当する税が課税される場合、同じ所得に対して日本の法人税と外国の法人税が課税されることとなるため、この国際的二重課税を排除する制度として外国税額控除が設けられています。

（1）連結納税制度における外国税額控除額の計算

連結納税制度における外国税額控除額は、連結納税グループ全体の法人税額・所得金額・国外所得金額を基に連結納税グループ全体で控除限度額を計算し、その連結納税グループ全体の控除限度額を各連結法人へ配分することにより計算します。具体的には、次の手順・算式により計算します。

①　個別控除対象外国法人税の額の計算（旧法法81の15①）

各連結法人が納付することとなる外国法人税の額のうち、その所得に対する負担が高率な部分等を除き、外国税額控除の対象となる外国法人税の額（個別控除対象外国法人税の額）を計算します。

②　連結納税グループ全体の控除限度額（連結控除限度額）の計算（旧法令155の28）

$$\text{連結所得に対する法人税額} \times \frac{\text{連結国外所得金額}}{\text{連結所得金額（連結全世界所得金額）}}$$

③　各連結法人への控除限度額の配分（連結控除限度個別帰属額の計算）（旧法令155の29）

$$\frac{\text{連結納税グループ全体の控除限度額}}{\text{（連結控除限度額）}} \times \frac{\text{各連結法人に帰属する国外所得金額（マイナスは除く）}}{\text{各連結法人に帰属する国外所得金額（マイナスは除く）の合計額}}$$

④　各連結法人の税額控除額の計算（旧法法81の15①）

①と③のいずれか小さい金額を連結所得に対する法人税額から控除します（各連結法人において計算した控除額の合計額が連結納税制度における外国税額控除額となります）。

(2)グループ通算制度における外国税額控除額の計算

グループ通算制度は、連結納税制度のようなグループ内の損益通算の仕組みは残しつつ、基本的にはグループ内の各法人が個別に法人税額計算を行う制度ですが、外国税額控除及び研究開発税制については、連結納税制度と同様に全体計算が維持されることとなりました。グループ通算制度における各通算法人の外国税額控除の控除限度額は、次の算式により計算します（国外所得金額がマイナスの通算法人がある場合、非課税国外所得金額を有する通算法人がある場合等、控除限度額計算の詳細はQ63参照）。

グループ通算制度における各通算法人の控除限度額（法法69⑭、法令148）

$$\text{通算グループ内のすべての通算法人の法人税額の合計額} \times \frac{\text{各通算法人の国外所得金額}}{\text{通算グループ内のすべての通算法人の所得金額の合計額（全世界所得金額の合計額）}}$$

(3)単体納税制度との比較

単体納税制度における外国税額控除の控除限度額も連結納税制度やグループ通算制度と同様に、法人税額に国外所得割合を乗じて計算します。

単体納税制度における控除限度額（法令142）

第２章

$$\text{所得に対する法人税額} \times \frac{\text{国外所得金額}}{\text{所得金額（全世界所得金額）}}$$

単体納税制度の場合、自社単体の法人税額・所得金額・国外所得金額に基づき控除限度額を計算するため、【図表１】の例のように外国法人税の納付額があっても国内所得が赤字等の理由により法人税額が少ない法人は、控除限度額が十分でなく外国法人税の全額を控除できない場合があります。

一方、連結納税制度、グループ通算制度においては、ともに控除限度額の計算をグループ全体で行うため、外国法人税を納付する法人単体の所得金額が少ない場合であっても、グループ内の他の法人も合わせたグループ全体で法人税額が生じていれば、グループ全体で控除限度額が増加し、外国税額控除額が増える場合があります。

したがって、単体納税制度で外国法人税の納付額全額を税額控除できていない法人は、連結納税制度やグループ通算制度を採用することにより、外国税額控除のメリットをより多く享受できる場合があります（損益通算の影響でグループ全体の法人税額が減少することにより控除限度額が減少する場合等、連結納税制度やグループ通算制度を採用することで外国税額控除額が減少するケースもあります）。

2. 税額控除と損金算入の選択適用

外国法人税については、外国税額控除の適用を受けず、損金算入することもできます（ただし、外国法人税の一部について税額控除の適用を受け、一部を損金算入することはできません）。

連結納税制度において外国税額控除の適用を受ける場合には、各連結法人が納付することとなる外国法人税の額の合計額が連結所得の金額の計算上、損金不算入となります（旧法法81の８①）。したがって、連結納税グループ内の各連結法人が税額控除、損金算入をそれぞれ選択適用することはできず、連結納税グループ内でいずれかを統一適用することとなります。

グループ通算制度では、通算法人又は当該通算法人との間に通算完全支配関係がある他の通算法人が外国税額控除の適用を受ける場合、つまり、通算グループ内のいずれかの通算法人が外国税額控除の適用を受ける場合には、各通算法人が納付することとなる外国法人税の額は、その各通算法人の所得の金額の計算上、損金不算入となります（法法41②）。したがって、グループ通算制度においても連結納税制度と同様に、通算法人ごとに税額控除、損金算入の選択適用はできず、通算グループ内でいずれかを統一適用することとなります。

3. 過年度の外国税額控除額に誤りがあった場合

連結納税制度では、過年度の外国税額控除額に誤りがあった場合について特別な取扱いはありません。したがって、過年度の外国税額控除額に誤りがあり、その結果、その誤りがあった事業年度の法人税納付額又は還付額に過不足が生じた場合には、その誤りがあった事業年度の税額控除額の計算をやり直し、修正申告又は更正を行う必要があります。

一方、グループ通算制度では、過年度の外国税額控除額に誤りがあった場合について、次のような取扱いが設けられています。

① 通算法人の各事業年度の外国税額控除額が当初申告額と異なるときは、その当初申告額をその通算法人の各事業年度の外国税額控除額とみなす（法法69⑮）。

② 上記①の適用を受けた過去事業年度において、当初申告における外国税額控除額と再計算後の外国税額控除額との間に過不足額が生じた場合には、その過不足額は、進行事業年度（修更正を行う場合には原則としてその修更正のあった日の属する事業年度）の法人税額に加算又は法人税額から控除することにより調整する（法法69⑰⑱、個通2-67）。

③ 通算法人又は他の通算法人が外国税額控除額の計算の基礎となる事実を隠蔽又は仮装して外国税額控除額を増加させることにより法人税の負担を減少させる場合等には、上記①及び②は適用しない（法法69⑯）。

これにより、過年度の外国税額控除額に誤りがあった場合には、原則として過去事業年度の税額について修正申告等を行うのではなく、正しい外国税額控除額と当初申告額との差額を進行事業年度（修更正を行う場合には原則としてその修更正のあった日の属する事業年度）の税額計算において調整することとなります。過年度の外国税額控除額に誤りがあった場合には、外国税額控除の適用を受けたすべての通算法人が進行事業年度において税額調整を行う必要があるため、損益通算や研究開発税制等、他の制度における遮断措置とは取扱いが異なります（Q49、52、64参照）。

【図表１】 各制度における外国税額控除額の比較

（単体納税制度より連結納税制度、グループ通算制度が有利となるケース）

				単体納税制度			連結納税制度			グループ通算制度		
				P社	S社	合計	P社（連結親法人）	S社（連結子法人）	合計（連結）	P社（通算親法人）	S社（通算子法人）	合計
①	外国法人税(注1)			200,000	0	200,000	200,000	0	200,000	200,000	0	200,000
②	所得金額	国内所得		▲400,000	500,000	−	▲400,000	500,000	100,000	▲400,000	500,000	100,000
③		国外所得(注2)		1,000,000	0	−	1,000,000	0	1,000,000	1,000,000	0	1,000,000
④		合計（全世界所得）	（②＋③）	600,000	500,000	−	600,000	500,000	1,100,000	600,000	500,000	1,100,000
⑤	税額	法人税額	（④×23%）	138,000	115,000	−	138,000	115,000	253,000	138,000	115,000	253,000
⑥		地方法人税額	（⑤×10%）	13,800	11,500	−	13,800	11,500	25,300	13,800	11,500	25,300
⑦	外国税額控除限度額	調整国外所得金額(注3)（所得金額の90%限度）	（③又は④×90%）	540,000	0	−	−	−	990,000	990,000	0	−
⑧		法人税(注4)(注5)	（⑤×⑦/④）	124,200	0	−	227,700	0	227,700	227,700	0	−
⑨		地方法人税(注4)(注5)	（⑥×⑦/④）	12,420	0	−	22,770	0	22,770	22,770	0	−
⑩		道府県民税	（⑧×１%）	1,242	0	−	2,277	0	−	2,277	0	−
⑪		市町村民税	（⑧×６%）	7,452	0	−	13,662	0	−	13,662	0	−
⑫		合計	（⑧＋⑨＋⑩＋⑪）	145,314	0	−	266,409	0	−	266,409	0	−
⑬	外国税額控除額		（①と⑫のいずれか小）	145,314	0	**145,314**	200,000	0	**200,000**	200,000	0	**200,000**
⑭	繰越控除対象外国法人税額(注6)		（①−⑫）	54,686	0	54,686	0	0	0	0	0	0

（注１） 所得に対する負担が高率な部分等はないものとする
（注２） 外国法人税が課されない国外所得はないものとする
（注３） グループ通算制度における調整国外所得金額は、
国外所得金額−（各社の国外所得金額の合計額−各社の所得金額（全世界所得）の合計額×90%）×各社の国外所得金額／各社の国外所得金額の合計額により計算
（注４） 連結納税制度における各社の控除限度額は、連結控除限度額×各社の国外所得金額／各社の国外所得金額の合計額により計算
（注５） グループ通算制度における控除限度額は、各社の法人税額（又は地方法人税額）の合計額×各社の国外所得金額／各社の所得金額の合計額により計算
（注６） 繰越控除対象外国法人税額は翌３年間繰越可能

研究開発税制のグループ調整計算と変更点

Q12　**連結納税時にメリットのあった研究開発税制について、グループ通算制度の場合どのような制度になりますか。**

ポイント

- グループ通算制度においても、税額控除可能額の計算は連結納税制度と同様にグループ全体で行うため、連結納税制度と同様のメリットがある。
- 各法人への税額控除可能額の配分は、連結納税制度では試験研究費の支出額をベースにした割合で計算されるのに対して、グループ通算制度では調整前法人税額の比で計算される。したがって、グループ通算制度では試験研究費の支出の有無に関わらず、調整前法人税額が発生していれば税額控除が可能となる。
- 連結納税制度では、連結親法人が中小企業者に該当する場合には連結子法人の中に大法人が含まれていても、連結グループ全体で中小企業者等の特例（中小企業技術基盤強化税制）を受けられる。しかし、グループ通算制度では、グループ内に１社でも大法人が含まれている場合には、すべての法人で中小企業技術基盤強化税制の適用を受けることができない。

A　1. 連結納税制度における税額控除額の配分

研究開発税制（試験研究費の税額控除）は、各事業年度において、損金の額に算入される試験研究費の額がある場合に、その試験研究費の額に一定割合を乗じて計算した金額をその事業年度の法人税額から控除する制度です。

連結納税制度では、グループ全体で税額控除可能額の計算を行います。その後、税額控除可能額を各法人が支出した試験研究費の額の割合に応じて各通算法人へ配分します（旧措法68の９）。

2. グループ通算制度における税額控除額の配分

グループ通算制度では、連結納税制度と同様にグループ全体での計算が維持されています。ただし、税額控除限度額の各通算法人への配分が調整前法人税額の割合となりました（措法42の４⑧三）。

単体納税制度への制度変更に伴い、税額控除を適用させるためには法人税額の発生している法人に配分して控除せざる得ないことから、このような配分方法となっています。したがって、試験研究費の支出が全くない法人であっても税額控除が可能となるという不合理が生ずることとなるため、グループ内で通算税効果の精算（Q7参照）が行われるものと考えられます。

【図表１】　各制度における比較

(イ) 前提
・試験研究費の額…P社：150　S1社：0　S2社：30　・調整前法人税額…P社：45　S1社：15　S2社：0
・試験研究費税額控除率…10%　※すべて大法人

(ロ) 税額控除限度額と控除上限額の計算

（税額控除限度額）(150+0+30) ×10%=18
連結納税グループ一体として計算した試験研究費の総額×税額控除率

（控除上限額）(45+15+0) ×25%=15
各法人の調整前法人税額の合計額×25%

⇒18≧15　∴15
※グループ通算制度の税額控除可能額の計算は連結納税制度と同様となるため、影響はありません。

(ハ) 税額控除可能額の配分計算

【連結納税制度】

・P社　15×150 ／ (150+0+30)=12.5
・S1社　15×　0 ／ (150+0+30)=0
・S2社　15× 30 ／ (150+0+30)=2.5
※試験研究費の支出割合で配分

	P社	S1社	S2社	合計
試験研究費の額	150	0	30	180
調整前税額	45	15	0	60
試験研究費特別控除額	15			
配分額	▲12.5	0	▲2.5	▲15
連結法人税個別帰属額	32.5	15	▲2.5	45

【グループ通算制度】

・P社　15×45 ／ (45+15+0)=11.25
・S1社　15×15 ／ (45+15+0)=3.75
・S2社　15× 0 ／ (45+15+0)=0
※各法人の調整前法人税額の比で配分

	P社	S1社	S2社	合計
試験研究費の額	150	0	30	180
調整前税額	45	15	0	60
試験研究費特別控除額	15			
配分額	▲11.25	▲3.75	0	▲15
法人税額	33.75	11.25	0	45

試験研究費の支出がない他の法人にて控除可能

※S1社…試験研究費の支出がないにも関わらず3.75の税額控除を受けることができます。
この通算税効果額は試験研究費を支出しているP社とS2社に対して精算を行うことになります。

（計算の詳細等は Q64参照）

3. 中小企業技術基盤強化税制の適用関係

連結納税制度では、連結親法人が中小企業者に該当する場合に優遇税制である中小企業技術基盤強化税制（旧措法68の９④）の適用を受けることができます。

一方、グループ通算制度では、通算グループ内のすべての法人が中小企業者に該当している場合にのみ中小企業技術基盤強化税制（措法42の４④）の適用を受けることができます。

したがって、連結納税制度で中小企業技術基盤強化税制の適用を受けており、かつ、グループ通算制度への移行を検討している場合には、十分に留意する必要があります（中小企業者の判定の詳細はQ20参照）。

所得税額控除の計算方法の違い

Q13　所得税額控除額の計算方法について、グループ通算制度ではどのようになりますか。

ポイント

- **銘柄別簡便法による所得税額控除額の計算について、連結納税制度では連結納税グループ全体で控除する所得税額の計算を行っていたのに対して、グループ通算制度では通算法人ごとに控除する所得税額の計算を行う。**

A　連結納税制度とグループ通算制度では、銘柄別簡便法による所得税額控除額の計算方法が異なります。

1. 連結納税制度における銘柄別簡便法の計算方法

連結納税制度では、銘柄別簡便法は所有期間の計算単位を連結納税グループ全体として、控除する所得税額を計算することとされています（旧法令155の26③）。

そして、銘柄ごとにそれぞれの連結法人の所得税の比率を基に各連結法人に配分します（旧法令155の44①一ロ）。

連結納税制度における銘柄別簡便法の算式

$$\text{控除所得税額} = \frac{\text{配当等に対する所得税の}}{\text{連結納税グループの合計額}} \times \frac{A + (B - A) \times 1/2^{(\text{注})}}{B}$$

（注）　配当等の計算の基礎となった期間が1年を超える場合には1/12

A：配当等の計算期間の開始時における所有元本数（連結納税グループ全体）

B：配当等の計算期間の終了時における所有元本数（連結納税グループ全体）

銘柄別簡便法の計算は、元本を株式及び出資と集団投資信託（合同運用信託等を除きます。）の受益権に区分し、さらにそれぞれの区分を配当等の計算期間が1年超と1年以下に区分した4つの区分ごとに行います。なお、同一区分に属するものは統一適用となります。

2. グループ通算制度における銘柄別簡便法の計算方法

連結納税制度では、連結納税グループ全体として元本を所有する期間を把握する必要があるため、相当な事務負担が生じていました。

そこで、グループ通算制度においては全体計算を廃止し、単体納税制度と同様に通算法人ごとに計算することとされました（法令140の2③）。

なお、通算グループ内で元本の譲渡があった場合には、譲渡を受けた法人がその元本を元から保有していたものとして計算を行う制度（個別法及び銘柄別簡便法に適用）は、連結納税制度から引き継がれています（法令140の2④六、⑤）。

受取配当等・外国子会社配当の比較

Q14　受取配当等・外国子会社配当の益金不算入の計算の方法はどのように変わりますか。

ポイント

（受取配当等）

・受取配当等の益金不算入額の計算は、連結納税制度ではグループ全体で計算を行うが、グループ通算制度では個別計算を主体とした簡素化が図られている。

・関連法人株式等又は非支配目的株式等に係る株式区分の判定の保有割合の計算は、連結納税制度と同様にグループ全体で行う。

・短期保有株式等の判定は、通算法人ごとに行う。

・関連法人株式等に係る負債利子控除額は、関連法人株式等に係る配当等の額の100分の４相当額（一定の方法により調整した支払利子配賦額の10分の１相当額を上限とする。）とする。

(外国子会社配当)

・グループ通算制度は、連結納税制度と同様にグループ全体で25％の判定を行う。

A （受取配当等）

1. 連結納税制度

(１)益金不算入額の計算及び按分

連結納税制度における受取配当等の益金不算入額は、株式等の区分を連結グループ全体の保有株式等により判定を行い、区分ごとに連結グループ全体で計算を行います。益金不算入額の各連結法人への配分は、受領する受取配当等の金額に応じて按分されます（旧法法81の４、旧法令155の11)。

(２)関連法人株式等の控除負債利子の計算

関連法人株式等の控除負債利子の計算は、連結グループ内の法人全体の負債利子、総資産を基に計算を行います（旧法令155の８)。

(３)短期保有株式等の判定

短期保有株式等の判定は、連結グループ内の法人全体で判定を行います（旧法令155の７)。

2. グループ通算制度

(１)益金不算入額の計算

グループ通算制度における受取配当等の益金不算入額は、通算法人ごとに計算を行います。ただし、連結納税制度と同様に株式等の区分を完全支配関係を有する（100%）グループ内の法人全体の保有株式等により判定します（法法23)。

(2)関連法人株式等の控除負債利子の計算

下記の通りに計算をします。

① 関連法人株式等に係る配当等の額の100分の４相当額とします(法令19①)。

② 支払利子配賦額(注)の10分の１相当額が上記①以下である場合には、上記①に関わらず、支払利子配賦額の10分の１相当額とします（法令19②)。

（注） 支払利子配賦額とは、他の通算法人に対する支払利子を除いた通算グループ全体の支払利子合計額を各通算法人の関連法人株式等の配当等の割合に応じて按分した金額を言います（法令19④)。

なお、上記②は確定申告書、修正申告書又は更正請求書に規定の適用を受ける旨の記載等が必要となります（法令19⑨)。つまり、上記②に関しては選択適用の規定と考えられ、全体計算を行う上記②の按分計算の負担や金額の重要性を考慮して選択しないことも想定されます。

(3)短期保有株式等の判定

短期保有株式等の判定は通算法人ごとで行います（法23②)。

なお、上記（1）～（3）は単体納税制度においても同様の改正が行われてます（Q66参照)。

(外国子会社配当)

3. 外国子会社から受ける配当等の内容

連結納税制度と同様に、通算法人が外国法人から剰余金の配当等を受ける場合において、その外国法人の発行済株式又は出資（その有する自己の株式又は出資を除きます。以下「株式等」といいます。）の総数又は総額のうちにその完全支配関係を有する（100%）グループ内の法人全体で保有しているその外国法人の株式等の数又は金額の占める割合が25%以上であり、かつ、その状態がその外国法人から受ける剰余金の配当等の支払義務が確定する日以前６月以上継続している場合には、その外国法人は外国子会社に該当します。その場合には通算法人は、その外国法人からの剰余金の配当等について、外国子会社から受ける配当等の益金不算入規定を適用することができます（法23の２①、法令22の４①)。

なお、上記の剰余金の配当等の額の支払義務が確定する日以前６月以上継続しているかどうかを判定する場合において、通算法人と他の通算法人との間に当該剰余金の配当等の額の支払義務が確定する日以前６月の期間に完全支配関係（100%）が継続していたかどうかは問われません（個通2-7）。

また、連結納税制度と同様に上記割合が25%未満である場合であっても、その外国法人が租税条約締約国の居住者である法人で、その外国法人の株式等の総数又は総額のうちにその通算法人単独で保有しているその外国法人の株式等の数又は金額の占める割合が租税条約の二重課税排除条項で軽減された割合以上であり、かつ、その状態がその外国法人から受ける剰余金の配当等の支払義務が確定する日以前６月以上継続している場合には、その外国法人は外国子会社に該当し、その通算法人は、その外国法人からの剰余金の配当等について、外国子会社から受ける配当等の益金不算入規定を適用することができます（法23の２①、法令22の４⑦、個通2-8）。

【参考】　租税条約の二重課税排除条項により株式等の保有割合が軽減されている国

・アメリカ：10%（日米租税条約23①(b)）
・フランス：15%（日仏租税条約23②(b)）
・ブラジル：10%（日伯租税条約22(2)(a)(ii)）
・オーストラリア：10%（日豪租税条約25①(b)）
・オランダ：10%（日蘭租税条約22②）
・カザフスタン：10%（日カザフスタン租税条約22②(b)）

寄附金の取扱いの違い

Q15　寄附金の損金算入限度額の計算について、連結納税制度とグループ通算制度の違いを教えてください。

ポイント

・連結納税制度で全体計算であった損金算入限度額の計算は、グループ通算制度では通算法人ごとの個別計算となる。

・令和２年度税制改正により、損金算入限度額の計算上使用する「資本金等の額」が「資本金の額＋資本準備金の額」に改正される。

A　1. 連結納税制度における損金算入限度額の計算方法

連結グループ外へ寄附金を支出した場合の損金算入限度額は、連結グループ全体の所得金額及び連結親法人の資本金等の額をもとに計算することとされています（旧法法81の６①）。連結グループ全体で計算された損金算入限度額を超える金額（損金不算入額）は、寄附金の支出割合に応じて各連結法人に按分されます（旧法法81の６⑦、旧法令155の16）。

（１）連結グループ全体の損金算入限度額

一般寄附金又は特定公益増進法人に対する寄附金の別に、次の算式により計算します（旧法令155の13、155の13の２）。

①　一般寄附金の連結損金算入限度額

損金算入限度額＝（イ＋ロ）×1/4

イ　資本基準

$$\text{その連結事業年度終了の時の連結親法人の資本金等の額}^{(\text{注}1)} \times \frac{\text{その連結事業年度の月数}}{12} \times \frac{2.5}{1{,}000}$$

ロ　所得基準

$$\text{その連結事業年度の連結所得金額}^{(\text{注}2)} \times \frac{2.5}{100}$$

②　特定公益増進法人に対する寄附金の連結特別損金算入限度額

損金算入限度額＝（イ＋ロ）×1/2

イ　資本基準

$$\text{その連結事業年度終了の時の連結親法人の資本金等の額}^{(\text{注}1)} \times \frac{\text{その連結事業年度の月数}}{12} \times \frac{3.75}{1{,}000}$$

ロ　所得基準

$$\text{その連結事業年度の連結所得金額}^{(\text{注}2)} \times \frac{6.25}{100}$$

（注１）　連結親法人の資本金等の額とは、連結親法人が株主等から出

資を受けた金額として一定の額をいう（旧法法２十七、十七の二）。

（注２）　連結所得金額は、連結法人がその連結事業年度に支出した寄附金の全額を損金の額に算入しないものとして計算した所得金額とする。また、所得税額控除、外国税額控除の損金不算入及び連結欠損金の繰越控除など一定の規定を適用しないものとして計算した金額とする（旧法令155の13②、③）。

※　一般寄附金の額には、連結グループ内の法人に対する寄附金は含まれない（旧法法81の６①）。

（２）個別帰属額

連結グループ全体の寄附金の損金不算入額は、次の算式により各連結法人に按分されます（旧法令155の16）。

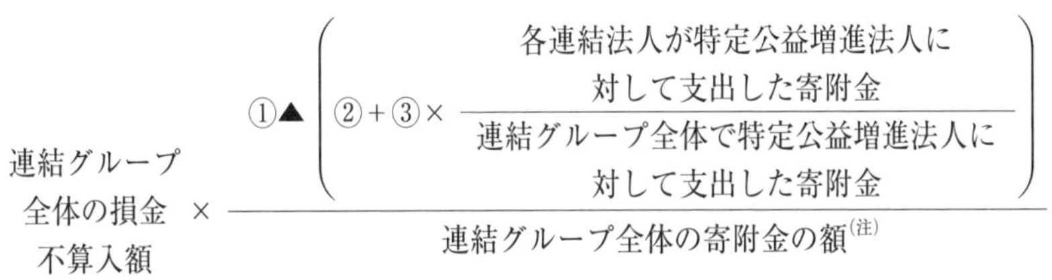

①　…　各連結法人が支出した一般寄附金の額

②　…　各連結法人が支出した指定寄附金の額

③　…　特定公益増進法人に対する寄附金のうち、損金の額に算入された金額（連結グループ全体）

（注）　以下の寄附金がある場合には、その金額を控除する。

- 連結グループ全体の指定寄附金の支出額
- 特定公益増進法人に対する寄附金のうち、損金の額に算入された金額（連結グループ全体）
- 連結グループ内の法人に対する寄附金

2. グループ通算制度における損金算入限度額の計算方法

連結納税制度には、連結グループ内のすべての法人の所得等を基に計算することから相当の事務負担が生ずる、連結グループ内の１社でも修正が生じると連結グループ全体の修正が必要となる等の問題がありました。

そこで、グループ通算制度においては事務負担軽減の観点から全体計算を廃止し、単体納税と同様に各通算法人が個別に損金算入限度額を計算することとされました（法法37）。損金算入限度額は、グループ通算制度の損益通算及び欠損金の通算を適用する前の所得を基に計算します（法令73②十、十一）。

① 一般寄附金の損金算入限度額

イ 資本基準

$$\text{その事業年度終了の時のその通算法人の資本金及び資本準備金の合計額} \times \frac{\text{その事業年度の月数}}{12} \times \frac{2.5}{1{,}000}$$

ロ 所得基準

$$\text{その事業年度のその通算法人の所得金額} \times \frac{2.5}{100}$$

② 特定公益増進法人に対する寄附金の特別損金算入限度額

イ 資本基準

$$\text{その事業年度終了の時のその通算法人の資本金及び資本準備金の合計額} \times \frac{\text{その事業年度の月数}}{12} \times \frac{3.75}{1{,}000}$$

ロ 所得基準

$$\text{その事業年度のその通算法人の所得金額} \times \frac{6.25}{100}$$

3. 完全支配関係がある法人間の寄附

連結納税制度では、連結グループ内の法人間における寄附金は支出した法人においてその全額が損金不算入とされます（旧法法81の６②）。

完全支配関係がある法人間の寄附は、グループ通算制度においても同様に取り扱われます（法法37②）。

4. その他の改正

令和２年度税制改正により、損金算入限度額の計算が資本金等の額から資本金及び資本準備金の合計額に改正されます（法法37①）。

欠損填補のための無償減資等を行ったことより「資本金＋資本準備金」が「資本金等の額」よりも小さくなっている会社は損金算入限度額が減少するため不利に、株式交換等を行ったことにより「資本金＋資本準備金」が「資本金等の額」よりも大きくなっている会社は損金算入限度額が増加するため有利な影響を及ぼします。

この改正は単体納税でも同様の取扱いとなります。

交際費等の取扱い

Q16 交際費等の損金不算入額の計算について、連結納税制度とグループ通算制度の違いを教えてください。

ポイント

- 連結納税制度では、連結グループ全体で計算する。
- 定額控除限度額が連結グループ全体で年800万円とされるため、単体納税と比較すると不利になる。
- グループ通算制度における取扱いは、本書執筆時点では不明である。
- 令和２年度税制改正により、親法人の資本金の額が100億円を超える場合には、接待飲食費の50％相当額を交際費等の額から控除することができなくなる。

A　1. 連結納税制度における計算方法

交際費等の損金不算入額は、以下の算式のとおり連結グループ全体の連結所得及び連結親法人の資本金の額をもとに計算することとされています（旧措法68の66①②）。

（1）連結親法人の期末資本金の額が１億円以下の場合

連結グループ全体の交際費等の額▲次のいずれかの金額

①　年800万円(注)

（注） 連結納税制度における定額控除限度額は、連結法人の数にかかわらず、連結グループ全体で年800万円となります。

② 接待飲食費の額の50％相当額

(2)連結親法人の期末資本金の額が１億円超の場合

連結グループ全体の交際費等の額▲(1)②の金額(注)

（注） 令和２年４月１日以後に開始する事業年度において、連結親法人の期末資本金の額が100億円を超える場合は、(1)②の金額を控除することはできず、交際費等の額の全額が損金不算入となります（３．その他の改正参照）。

なお、連結グループ全体で計算された損金不算入額の個別帰属額は、支出交際費等の額の割合に応じて各連結法人に按分されます（旧措令39の95）。

2. グループ通算制度における計算方法

本書執筆時点において税制改正大綱及び法令等に規定がないため、グループ通算制度における計算方法は不明です。詳細な取扱いは今後確認が必要です。

3. その他の改正

親法人の資本金の額が100億円を超える場合、接待飲食費の合計額の50％相当額を交際費等の額から控除することができなくなります（旧措法68の66①）。

改正の内容をまとめると次の通りです。この改正は単体納税でも同様の取扱いとなります。

親法人の資本金	接待飲食費（50％相当額）の控除	
	改正前	改正後
100億円超	○	×
100億円以下	○	○

貸倒引当金の変更点

Q17　**貸倒引当金の損金算入限度額の計算方法について、連結納税制度からグループ通算制度への移行に伴う変更点を教えてください。**

ポイント

- **連結納税制度、グループ通算制度は、いずれも個別の法人ごとに損金算入限度額の計算を行うこととされており、大きな変更点はない。**
- **中小法人の判定が改正されたため、グループ通算制度では親法人が中小法人であっても通算グループ内に大法人が存在する場合は、貸倒引当金の損金算入の適用はない。**

A　1. 連結納税制度における損金算入限度額の計算

(1)貸倒引当金の損金算入

連結納税制度では、連結法人（連結子法人は、連結親法人及び連結子法人の両方）が中小法人に該当する場合に限り、貸倒引当金の損金算入が認められます。損金算入限度額は各連結法人が個別に計算することとされています（旧法法52①②）。

(2)法定繰入率による損金算入限度額の計算

貸倒引当金の損金算入限度額は、原則として対象となる金銭債権（以下「一括評価金銭債権」といいます。）に貸倒実績率を乗じて計算します（旧法令96⑥）。

ただし、連結法人（連結子法人は、連結親法人及び連結子法人の両方）が中小法人に該当し、かつ連結親法人が適用除外事業者（過去３年間の所得金額の平均額が15億円を超える者をいいます。）に該当しない場合には、貸倒実績率に代えて法定繰入率により損金算入限度額を計算することができます（旧措法68の59①）。

(3)損金算入限度額の計算基礎となる金銭債権の範囲

単体納税制度と異なり、貸倒引当金の設定対象となる金銭債権から連結グループ内の法人に対するものは除かれます（旧法法52⑨）。

2. グループ通算制度における損金算入限度額の計算

貸倒引当金の損金算入限度額は、グループ通算制度においても同様に各通算法人が個別に計算することとされています（法法52①）。なお、グループ通算制度への移行にあわせて、次の改正が行われます。

(1)貸倒引当金の損金算入

従来、貸倒実績率による貸倒引当金の損金算入は連結親法人（連結子法人は、連結親法人及び連結子法人の両方）が中小法人に該当する場合に限り、認められていました（旧法法52①）。

令和２年度税制改正により中小法人の範囲が見直され（法法66⑥）、通算グループのすべての法人が中小法人に該当する場合にのみ認められることとなります（法法52①一イ）。

改正の影響をまとめると次の通りです。

法人区分			損金算入可否		影響
親	子A	子B	連結納税制度	グループ通算制度	
大	中小	中小	すべて×	すべて×	なし
大	大	中小	すべて×	すべて×	なし
大	大	大	すべて×	すべて×	なし
中小	中小	中小	すべて○	すべて○	なし
中小	中小	大	親、子A…○　子B…×	すべて×	あり
中小	大	大	親…○　子A、B…×	すべて×	あり

大　…　大法人等、中小　…　中小法人
※中小法人の判定はQ20参照

(2)法定繰入率による損金算入限度額の計算

グループ通算制度においては、通算グループのすべての法人が中小法人に該当し、かつ適用除外事業者に該当しない場合に限り、法定繰入率による損金算入限度額の計算が認められます（措法57の９①）。

連結納税制度では、連結親法人のみが適用除外事業者に該当しないことを求められていたのに対し、グループ通算制度では通算グループ内のすべての法人が適用除外事業者に該当しないことを求められています。

適用対象法人の範囲が変更されますので、注意が必要です。

（3）損金算入限度額の計算基礎となる金銭債権の範囲

完全支配関係がある法人に対する金銭債権が貸倒引当金の損金算入限度額の計算基礎となる金銭債権から除かれます（法法52⑨）。

この改正は、連結納税制度の取扱いを引き継いでおり、単体納税でも同様の取扱いとなります。したがって、単体納税においてもグループ内の法人に対する金銭債権は貸倒引当金の設定対象外となります。

留保金課税のグループ調整計算と変更点

Q18　**特定同族会社の特別税率（留保金課税）の計算方法について、グループ通算制度ではどのようになりますか。**

ポイント

- グループ通算制度では、一部グループ調整計算を行うが通算法人ごとに留保金課税の計算を行う。
- 中小法人の判定方法が変わるため、連結納税では留保金課税の対象とならなかった連結納税グループでもグループ通算制度への移行により留保金課税の適用を受けることがある。
- 連結納税制度は各社合算後の課税留保金額に対して税率を乗ずるのに対して、グループ通算制度では各通算法人の課税留保金額に対して税率を乗じて留保税額が計算される。この特別税率は累進税率となっていることから、グループ全体の留保税額が異なる結果となる。

A　1. 連結納税制度の留保金課税額の計算

連結納税制度では、連結納税グループ内の法人全体で計算した連結留保金額から連結留保控除額を控除した金額に対して特別税率を乗じてグループ全体の連結留保税額が計算されます（旧法法81の13）。

そして、連結留保税額の個別帰属額の計算は、各連結法人の個別所得金額（損益通算前）に対する留保税額を計算し、その比率に応じて各連結法人に配分されます（旧法法81の18①一、旧法令155の43）。

2. グループ通算制度の留保金課税の計算

グループ通算制度では、連結納税制度と異なり通算法人ごとに計算を行います。ただし、一部グループでの調整計算が行われ、単体納税制度と比較して下記の異なる点があるため留意する必要があります（詳細はQ65参照）。

（1）留保金額の計算の基礎となる所得等の金額は、他の通算法人との損益通算後の所得の金額となります（法法67③）。

（2）通算グループ内の他の通算法人から受け取る配当等の額は、留保金額の計算上の所得等の金額に加算をせずに計算を行います（法法67③二、法令139の９）。

この取扱いは連結納税制度と同様になります。

（3）剰余金の配当等を行った場合には、一定の調整を加えて留保金額の計算を行います（法令139の８②③）。すなわち、通算グループ外へ配当について、各通算法人の実質的な負担額を控除することとなります。

（4）留保控除額で使用する所得基準の基礎となる所得の金額は、法人の規模に応じた控除の枠となるので、グループ通算制度による損益通算前の所得の金額となります（法法67⑤一）。

3. 連結納税制度とグループ通算制度との違いで特に留意すべき点

(1)適用除外となる中小法人の判定方法

中小法人は留保金課税の適用が除外されます。

グループ通算制度において、通算法人が留保金課税の適用除外を受けるためには、親法人の資本金の額が１億円以下であることだけでは足らず、通算グループ内のすべての法人の資本金の額が１億円以下である必要があります。

したがって、連結納税制度では連結親法人の資本金の額が１億円以下であることにより留保金課税の適用除外を受けている法人であっても、グループ内に資本金の額が１億円を超える法人がある場合には、グループ通算制度への移行に伴い留保金課税の適用を受けるため留意が必要です（中小法人の判定の詳細はQ20参照）。

(２)税率

留保金課税は課税留保金額を合計して金額区分を行い、税率を乗じて税額計算を行います。この税率は年3,000万円以下10％、年3,000万円超１億円以下15％、年１億円超20％の累進税率となっています。したがって、連結納税時の課税留保金額の税率の区分と比較して、通算法人ごとで計算したそれぞれの課税留保金額が低税率の区分に多く留まる場合（課税留保金額が3,000万円以下又は１億円以下の場合）には、連結納税制度と比較して税額が減少することとなります。

【図表1】税額が減少するケース

① 前提：P、S1、S2共に資本金が1億超とする。
② 課税留保所得

【連結納税制度】

P	1億円
S1	5,000万円
S2	3億円
合計	4億5,000万円

【グループ通算制度】

P	1億円
S1	5,000万円
S2	3億円

③ 税額

【連結納税制度】

特別税率		課税留保所得	税額
3,000万円以下	10%	3,000万円	300万円
3,000万円超1億円以下	15%	7,000万円	1,050万円
1億円超	20%	3億5,000万円	7,000万円
合計		4億5,000万円	8,350万円

【グループ通算制度】

特別税率		P		S1		S2		税額合計
		課税留保所得	税額	課税留保所得	税額	課税留保所得	税額	
3,000万円以下	10%	3,000万円	300万円	3,000万円	300万円	3,000万円	300万円	
3,000万円超1億円以下	15%	7,000万円	1,050万円	2,000万円	300万円	7,000万円	1,050万円	
1億円超	20%					2億円	4,000万円	
合計		1億円	1,350万円	5,000万円	600万円	3億円	5,350万円	7,300万円

④ 比較

連結納税制度の税額は8,350万円であるのに対して、グループ通算制度の税額は7,300万円となり、1,050万円減少する。

（計算の詳細等はQ65参照）

租税特別措置法の特例措置

Q19　租税特別措置法の税額控除等について、連結納税制度とグループ通算制度の違いを教えてください。

ポイント

- 連結納税制度では、賃上げ・生産性向上のための税制、地方拠点強化税制における雇用促進税制などは、連結グループ全体での税額調整を行う必要があるが、グループ通算制度においてもそれぞれの制度の目的や仕組み、グループ通算制度の趣旨等に照らしてグループ全体での計算が引き継がれるものと想定される。
- 資産の譲渡に係る特別控除額の特例について、連結納税制度では、その限度額とされている5,000万円は連結グループ全体で計算することになっているが、グループ通算制度ではグループ通算制度の選択に関わらず、完全支配関係があるグループ全体で計算する。
- 連結納税制度では、中小企業投資促進税制、中小企業経営強化税制等の租税特別措置法による各種税額控除については、基本的に連結納税グループ内の法人ごとに適用するが、グループ通算制度でも通算法人ごとの適用となり、概ね同様の取扱いとなる。

A　1. 賃上げ・生産性向上のための税制

賃上げ・生産性向上のための税制は、連結法人が、令和３年３月31日までに開始する各連結事業年度において国内雇用者に対して給与等を支給する場合において、一定の適用要件を満たすときは、雇用者給与等支給額から比較雇用者給与等支給額を控除した金額の15％（一定の《上乗せ要件》を満たす場合には、20％）相当額の法人税額の特別控除ができることとされています。ただし、適用年度（本制度の適用を受ける事業年度をいいます。）の調整前連結税額の20％相当額が限度とされています（旧措法68の15の６）。

連結納税制度では、この制度について、適用判定についてグループ全体で行い、特別控除税額についてもグループ全体で計算することとしています。

グループ通算制度では個別申告方式となるため、租税特別措置法第42条の12の５が適用されることになりますが、この規定の適用期限が令和３年３月31日までとされていることから、グループ通算制度が開始される令和４年４月１日以後の取扱いについては明らかになっておりません。しかし、令和２年度税制改正大綱に「それぞれの制度の目的や仕組み、グループ制度の趣旨等に配慮しつつ、所要の措置を講ずる。」と記載されていることから、連結納税制度と同様に適用判定についてグループ全体で行い、特別控除税額についてもグループ全体で計算するものと考えられます。

2. 地方拠点強化税制における雇用促進税制

地方拠点強化税制における雇用促進税制は、連結法人が、令和４年３月31日までに地域再生法に基づき都道府県知事が認定する「地方活力向上地域等特定業務施設整備計画」の認定を受け、本社機能の拡充・移転を実施する事業主において、特定業務施設の雇用者を増加させた場合、適用初年度において１人当たり最大90万円の税額控除が受けられる制度です。ただし、適用年度（本制度の適用を受ける事業年度をいいます。）の調整前連結税額の20％相当額が限度とされています（旧措法68の15の２）。

連結納税制度では、この制度について、適用判定についてグループ全体で行い、特別控除税額についてもグループ全体で計算することとしています。

グループ通算制度では、各通算法人で税額控除限度額を計算することとされましたが、連結納税制度の場合における本制度の税額控除限度額は連結グループ全体で計算することとされていたことを踏まえつつ、引き続き企業グループ内の従業者の移転が比較的容易であることにも配慮し、グループ通算制度においては、各通算法人の基準雇用者数の合計を各通算法人の税額控除の対象となる雇用者数の上限とすることとされています（措法42の12⑤）。

3. 資産の譲渡に係る特別控除額の特例

連結納税制度においては、収用換地等の場合の連結所得の特別控除（旧措法68の73)、その他資産の譲渡に係る特別控除の規定は、それぞれの規定ごとに各連結法人の損金算入限度額（年5,000万円の定額控除限度額）を計算し、その損金算入限度額の合計額に対して再度連結グループを一体とした損金算入限度額（年5,000万円の定額控除限度額）を計算するという構造となっています（旧措法68の77)。

単体申告においても令和４年４月１日以後の資産の譲渡に係る特別控除の特例については、100％グループ内の各法人の特別控除額の合計額が定額控除限度額を超える場合には、その超える部分の金額を損金不算入とするとされています（措法65の６)。したがって、グループ通算制度の適用に関わらず、法人による完全支配関係があるグループはグループ全体で定額控除限度額を計算することになります。

4. その他設備投資関係の特別控除

中小企業投資促進税制、中小企業経営強化税制等、設備投資関係の特別控除について、連結納税制度では、基本的には連結法人ごとに税額控除額を計算するのですが、税額控除限度額として各連結法人の連結法人税個別帰属額の一定割合（20％）を限度とするだけでなく、連結グループ全体としての連結法人税の一定割合（20％）を限度とする計算を行います。これは各連結法人の税額控除額の合計額が、グループ全体の限度額である連結法人税の一定割合（20％）を超えないようにするためです。

グループ通算制度では、特別償却や税額控除等特例措置は、基本的にそれぞれ適用期限が定められているため、グループ通算制度の創設に伴い一律の改正は行われず、グループ通算制度の施行日までに税制改正により適用期限延長され、グループ通算制度の施行日以後に適用がある制度については、必要に応じて税制改正時にグループ通算制度における取扱いが整備されます。

【参考】 措置法等特例措置を適用した場合の税額控除限度額

（１）連結納税制度での税額控除限度額

下記①と②のいずれか少ない金額が上限となります。

① 各連結法人の税額控除限度額＝設備投資額等×一定割合

② 当該供用年度の法人税額基準額

イとロのうちいずれか少ない金額

イ 調整前連結税額×一定割合

$$\times \frac{\text{その連結法人の個別所得金額}}{\text{その税額控除が適用される連結法人の個別所得金額の合計}}$$

ロ 調整前連結税額$\times \frac{\text{その連結法人の個別所得金額}}{\text{連結所得金額}}\times$一定割合

（２）グループ通算制度での税額控除限度額

グループ通算制度の施行日以後に適用がある制度については、必要に応じて税制改正時にグループ通算制度における取扱いが整備されます。

中小法人・中小企業者の判定方法の見直し

Q20 中小法人・中小企業者の判定方法について、連結納税制度とグループ通算制度の違いを教えてください。

ポイント

- 連結納税制度では、連結親法人の資本金の額に基づき中小法人・中小企業者の判定を行う（基本的に連結親法人の資本金の額が１億円以下の場合に中小企業優遇税制の適用が可能）。
- グループ通算制度では、通算グループ内のすべての法人の資本金の額に基づき中小法人・中小企業者の判定を行う（基本的に通算グループ内のすべての法人の資本金の額が１億円以下の場合に中小企業優遇税制の適用が可能）。

・一定の中小企業優遇税制が適用対象外となる適用除外事業者について、連結納税制度では平均連結所得金額が15億円超か否かで判定を行うが、グループ通算制度では通算グループ内のいずれかの法人の平均所得金額が15億円を超える場合、通算グループ内のすべての法人が適用除外事業者となる。

A　1. 中小法人・中小企業者の判定方法

中小企業支援策として、中小企業に対しては次のような税制優遇措置が設けられています。

■「中小法人」が適用を受けることができる主な優遇税制

①　法人税の軽減税率（法法66②⑤⑥、措法42の３の２、旧法法81の12②⑥、措法68の８）

②　特定同族会社の特別税率（留保金課税）の適用除外（法法67①、旧法法81の13①）

③　欠損金等の控除限度額（法法57⑪、旧法法81の９⑧）

④　欠損金の繰戻しによる還付制度（措法66の12、措法68の97）

⑤　貸倒引当金の繰入れ（法法52①②）

⑥　貸倒引当金の法定繰入率の選択（措法57の９、措法68の59）

⑦　交際費等の損金不算入制度における定額控除制度（措法61の４②、措法68の66②）

■「中小企業者」が適用を受けることができる主な優遇税制

⑧　中小企業技術基盤強化税制（研究開発税制）（措法42の４④、措法68の９④）

⑨　中小企業向け所得拡大促進税制（措法42の12の５②、措法68の15の６②）

⑩　中小企業向け設備投資減税（中小企業投資促進税制、中小企業経営強化税制、商業・サービス業・農林水産業活性化税制 等）（措法42の６、措法42の12の３、措法42の12の４、措法68の11、措法68の15の４、措法68の15の５）

連結納税制度では、連結親法人が中小法人や中小企業者に該当する場合に優遇税制の適用を受けることができます（連結子法人が上記⑤、⑥、⑩の適用を受ける場合は、連結子法人も中小法人や中小企業者に該当する必要があります。）が、グループ通算制度では、通算グループ内のすべての法人が中小法人や中小企業者に該当する場合に優遇税制の適用を受けることができます。

ここで、「中小法人」、「中小企業者」とは、それぞれ次の法人をいいます。

「中小法人」

資本金の額又は出資金の額が１億円以下の普通法人

ただし、次の法人を除く

・大法人（注１）との間にその大法人による完全支配関係がある普通法人

・普通法人との間に完全支配関係がある全ての大法人が有する株式及び出資の全部をその全ての大法人のうちいずれか一の法人が有するものとみなした場合においてそのいずれか一の法人とその普通法人との間にそのいずれか一の法人による完全支配関係があることとなるときのその普通法人

「中小企業者」

資本金の額又は出資金の額が１億円以下の法人

ただし、次の法人を除く

・その発行済株式又は出資（自己の株式又は出資を除く）の総数又は総額の２分の１以上を同一の大規模法人（注２）に所有されている法人

・その発行済株式又は出資（自己の株式又は出資を除く）の総数又は総額の３分の２以上を複数の大規模法人に所有されている法人

（注１）　大法人…資本金の額又は出資金の額が５億円以上の法人

（注２）　大規模法人…資本金の額又は出資金の額が１億円を超える法人、大法人との間にその大法人による完全支配関係がある法人、普通法人との間に完全支配関係がある全ての大法人が有する株式及び出資の全部をその全ての大法人のうちいずれか一の法人が有するものとみなした場合においてそのいずれか一の法人とその普通法人との間にそのいずれか一の法人による完全支配関係があることとなるときのその普通法人

※資本又は出資を有しない法人、相互会社、外国相互会社、受託法人、投資

法人、特定目的会社、中小企業投資育成株式会社、独立行政法人中小企業基盤整備機構に関する定め等、中小法人、中小企業者の定義のうち省略している部分があります。

つまり、連結親法人、通算親法人の株主の状況にもよりますが、基本的に連結納税制度では、連結親法人の資本金の額が１億円以下であれば優遇税制の適用を受けることができるのに対し、グループ通算制度では、通算法人が優遇税制の適用を受けるためには、通算親法人の資本金の額が１億円以下であることだけでは足らず、通算グループ内のすべての法人の資本金の額が１億円以下である必要があります（【図表１】参照）。したがって、連結納税制度で優遇税制の適用を受けている連結法人であっても、連結グループ内に資本金の額が１億円を超える連結子法人が１社でもある場合は、グループ通算制度への移行に伴い優遇税制の適用が受けられなくなるため留意が必要です（Q82参照）。

第2章

2. 適用除外事業者の判定方法

上記のとおり、資本金の額が１億円以下の中小法人や中小企業者は、中小企業向け各種優遇税制の適用を受けることができますが、中小法人や中小企業者のうち適用除外事業者に該当するものは、中小企業向け設備投資減税等、一定の租税特別措置について適用対象から除外されます（【図表１】において△の記載がある項目が適用除外事業者に該当する場合に適用不可となる主な租税特別措置です）。

連結納税制度では、平均連結所得金額（前３事業年度の連結所得金額の年平均額）が15億円を超える連結親法人及び連結子法人が適用除外事業者に該当しますが、グループ通算制度では、通算グループ内のいずれかの法人の平均所得金額（前３事業年度の所得金額の年平均額）が15億円を超える場合、通算グループ内のすべての法人が適用除外法人に該当することとなります。この適用除外事業者の判定方法の違いが有利か不利かは、各法人の所得の状況によって異なります（【図表２】参照）。

【図表１】 資本金の額の違いによる主な中小企業優遇税制の適用可否

○適用可　△適用可（ただし、適用除外事業者に該当する場合は適用不可）　×適用不可

■グループ通算制度

<table>
<tr><th>通算親法人の資本金の額又は出資金の額</th><th colspan="2">１億円以下</th><th colspan="2">１億円超</th></tr>
<tr><th>通算子法人の資本金の額又は出資金の額</th><th>１億円以下</th><th>１億円超</th><th>１億円以下</th><th>１億円超</th></tr>
<tr><td>特定同族会社の特別税率の適用除外</td><td rowspan="5">親○　子○</td><td rowspan="7">親×　子×</td><td colspan="2" rowspan="7">親×　子×</td></tr>
<tr><td>欠損金等の控除限度額（所得金額の50％制限なし）</td></tr>
<tr><td>欠損金の繰戻しによる還付制度（注１）</td></tr>
<tr><td>交際費等の損金不算入制度における定額控除制度</td></tr>
<tr><td>貸倒引当金の繰入れ（注２）</td></tr>
<tr><td>貸倒引当金の法定繰入率の選択</td><td rowspan="2">親△　子△</td></tr>
<tr><td>法人税の軽減税率</td></tr>
<tr><td>中小企業技術基盤強化税制（研究開発税制）</td><td rowspan="3">親△　子△</td><td rowspan="3">親×　子×</td><td colspan="2" rowspan="3">親×　子×</td></tr>
<tr><td>中小企業向け所得拡大促進税制</td></tr>
<tr><td>中小企業向け設備投資減税</td></tr>
</table>

※太枠で囲んだ箇所が、連結納税制度と比較して不利となる部分

■連結納税制度

<table>
<tr><th>連結親法人の資本金の額又は出資金の額</th><th colspan="2">１億円以下</th><th colspan="2">１億円超</th></tr>
<tr><th>連結子法人の資本金の額又は出資金の額</th><th>１億円以下</th><th>１億円超</th><th>１億円以下</th><th>１億円超</th></tr>
<tr><td>特定同族会社の特別税率の適用除外</td><td colspan="2" rowspan="4">○</td><td colspan="2" rowspan="4">×</td></tr>
<tr><td>欠損金等の控除限度額（所得金額の50％制限なし）</td></tr>
<tr><td>欠損金の繰戻しによる還付制度（注１）</td></tr>
<tr><td>交際費等の損金不算入制度における定額控除制度</td></tr>
<tr><td>貸倒引当金の繰入れ（注２）</td><td>親○　子○</td><td>親○　子×</td><td colspan="2" rowspan="2">親×　子×</td></tr>
<tr><td>貸倒引当金の法定繰入率の選択</td><td>親△　子△</td><td>親△　子×</td></tr>
<tr><td>法人税の軽減税率</td><td colspan="2">△</td><td colspan="2">×</td></tr>
<tr><td>中小企業技術基盤強化税制（研究開発税制）</td><td colspan="2" rowspan="2">△</td><td colspan="2" rowspan="2">×</td></tr>
<tr><td>中小企業向け所得拡大促進税制</td></tr>
<tr><td>中小企業向け設備投資減税</td><td>親△　子△</td><td>親△　子×</td><td colspan="2">親×　子×</td></tr>
</table>

（注１）　解散、事業の全部の譲渡など一定の事実が生じた場合は資本金の額に関わらず適用可能
（注２）　銀行、保険会社又は金融に関する取引に関する金銭債権を有する法人など、一定の法人は資本金の額に関わらず繰入可能

※適用可否判定表は、以下の前提条件に基づき作成しています。
① 親法人、子法人、親法人の株主に次に掲げる法人はいない
普通法人以外の法人、資本又は出資を有しない法人、相互会社、外国相互会社、受託法人、投資法人、特定目的会社
② 親法人は、大法人との間にその大法人による完全支配関係がある法人ではない
(例) 親法人は資本金５億円以上の外国法人の100%子会社ではない
③ 親法人は、親法人との間に完全支配関係がある全ての大法人が有する株式及び出資の全部をその全ての大法人のうちいずれか一の法人が有するものとみなした場合においてそのいずれか一の法人と親法人との間にそのいずれか一の法人による完全支配関係があることとなる法人ではない
④ 親法人は、同一の大規模法人により発行済株式総数の２分の１以上を所有されていない
⑤ 親法人は、複数の大規模法人により発行済株式総数の３分の２以上を所有されていない

【図表２】 適用除外事業者の判定方法の変更による影響

(例１) 判定方法の変更が不利となるケース

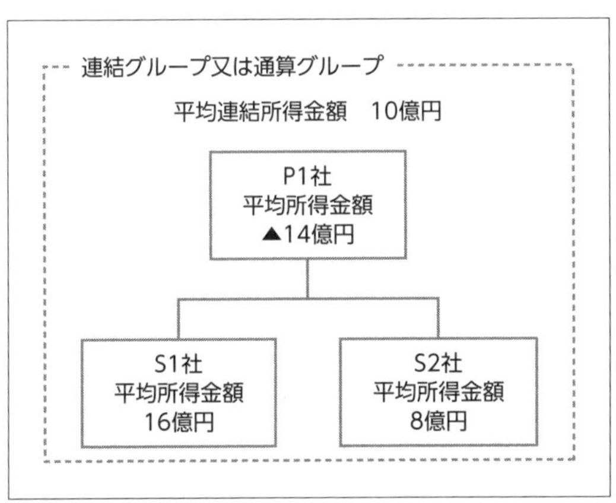

■各社の所得金額

	① 2020/３期	② 2021/３期	③ 2022/３期	④ (①＋②＋③) 合計	⑤ (④÷36×12) 平均所得金額
P1社	▲14	▲18	▲10	▲42	▲14
S1社	17	15	16	48	16
S2社	8	7	9	24	8
合計 (連結所得金額)	11	4	15	30	10

連結納税制度…平均連結所得金額が15億円以下（10億円）であるため、P1社、

S1社、S2社は適用除外事業者に該当しない。

グループ通算制度…S1社の平均所得金額が15億円を超える（16億円）ため、S1社だけでなくP1社、S2社も適用除外事業者に該当する。

（例２） 判定方法の変更が有利となるケース

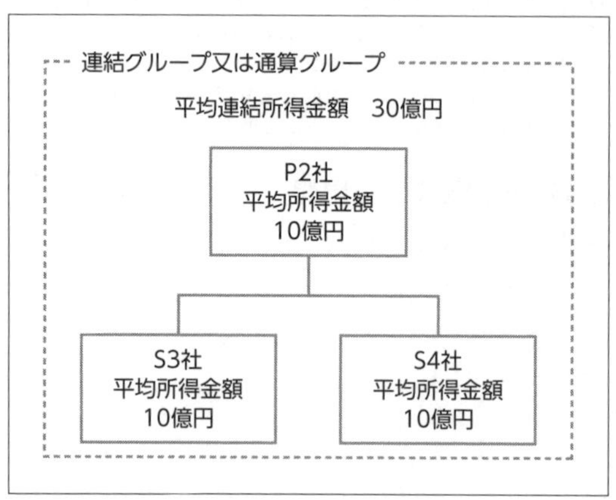

■各社の所得金額

	① 2020/３期	② 2021/３期	③ 2022/３期	④ （①＋②＋③） 合計	⑤ （④÷36×12） 平均所得金額
P2社	9	11	10	30	10
S3社	12	9	9	30	10
S4社	8	10	12	30	10
合計 （連結所得金額）	29	30	31	90	30

連結納税制度…平均連結所得金額が15億円を超える（30億円）であるため、P2社、S3社、S4社が適用除外事業者に該当する。

グループ通算制度…いずれの法人も平均所得金額が15億円以下（P2社10億円、S3社10億円、S4社10億円）であるため、P2社、S3社、S4社は適用除外事業者に該当しない。

制度開始・加入時の取扱いの違い

Q21　**連結納税制度とグループ通算制度の制度開始・加入に伴う時価評価及び欠損金の切捨てについて、その違いを教えてください。**

ポイント

- **グループ通算制度では時価評価課税の適用除外要件について組織再編税制との整合性が図られ、時価評価及び欠損金の切捨てが生じない法人の範囲が拡大された。**
- **連結納税制度においては、時価評価及び欠損金の切捨ては子法人のみが対象とされ、①時価評価なし＋欠損金の制限なし、②時価評価あり＋欠損金の全額切捨ての２種類の取扱いがある。**
- **グループ通算制度においては、時価評価及び欠損金の切捨ては子法人に加え親法人も対象となり、①時価評価なし＋欠損金の制限なし、②時価評価なし＋欠損金・含み損等の一部制限、③時価評価あり＋欠損金の全額切捨ての３種類の取扱いがある。**

A　1. 制度開始又は加入に伴う時価評価及び欠損金の切捨ての概要

単体申告を行っていた企業グループが連結納税制度の適用を開始する場合や、連結納税グループに新たに子法人が加入する場合、開始前（加入前）と開始後（加入後）において申告納税の単位が変わることから、単体申告時の課税関係を清算してから連結納税制度を適用するため、開始（加入）直前において子法人の資産負債につき時価評価損益を計上し、また、開始（加入）前の繰越欠損金を切り捨てることとされています。この時価評価について、完全支配関係が５年超継続している等の一定の適用除外要件を満たす子法人については時価評価及び欠損金切捨ての対象外とされていますが、それ以外の子法人は時価評価及び欠損金切捨ての対象となっていました。

グループ通算制度においては、制度の開始（加入）に伴って申告納税の単位が変わることはありませんが、グループ内の所得と欠損を通算する課税方式に変わるため、連結納税と同様に時価評価及び欠損金の切捨ての規定が設けられました。なお、グループ通算制度においては親法人も個別申告となり、親法人についても、節税のみを目的とした欠損金等の持込みによる租税回避を防止するため、子法人と同様に時価評価及び欠損金切捨ての対象とされました。

また、グループ通算制度への改組にあたっては、連結納税制度における時価評価課税の適用除外要件が、企業グループの合併や株式交換などに適用される組織再編税制と根本的に考え方が異なり課税の中立性が損なわれているとの指摘もあり、組織再編税制の適格要件と整合するよう、適用除外要件の考え方が大きく変更されることとなりました。

つまり、グループ通算制度を開始（加入）する法人が合併するとした場合に、非適格合併として時価課税を受け欠損金が切り捨てられるときには時価評価及び欠損金切捨ての対象になり、適格合併として時価課税を受けないときには時価評価の対象外となるというイメージです。なお、組織再編税制においては、時価課税がない適格再編の場合にも、一定要件のもと繰越欠損金の引継ぎが一部制限されますが、こちらもグループ通算制度において類似の要件が設定されています。

■ 3つの制度の比較

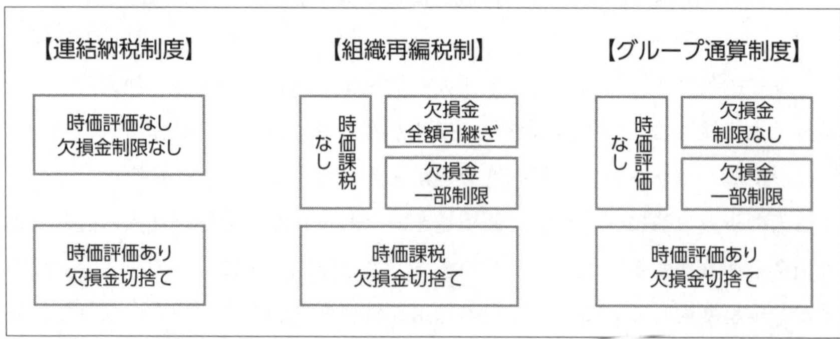

連結納税制度に比べて、グループ通算制度は時価評価及び欠損金の切捨ての適用除外要件が緩和されていることから、グループ通算制度への改組により、

開始（加入）時の税負担及び事務負担が軽減されるものと思われます。

<table>
<tr><th>類型</th><th>連結納税制度</th><th colspan="2">組織再編税制</th><th colspan="2">グループ通算制度</th></tr>
<tr><td>時価評価なし
&
欠損金の
制限なし</td><td>・長期保有子法人等
・適格株式交換等による子法人
・グループ内設立</td><td rowspan="2">適格組織再編</td><td>・支配関係５年超
or
・みなし共同事業要件</td><td rowspan="2">適格組織再編同様の要件を満たす</td><td>・支配関係５年超
or
・共同事業性に関する要件</td></tr>
<tr><td>時価評価なし
&
欠損金・含み損等の一部制限</td><td></td><td>上記以外
（欠損金引継・使用制限
特定資産譲渡等損失）</td><td>上記以外
（新事業開始
多額の償却費
特定資産譲渡等損失）</td></tr>
<tr><td>時価評価あり
&
欠損金の
全額切捨て</td><td>上記以外</td><td colspan="2">非適格組織再編</td><td colspan="2">適格組織再編同様の要件を満たさない</td></tr>
</table>

※長期保有子法人…完全支配関係発生が５年超継続している子法人
※適格組織再編同様の要件…開始（加入）直前の資本関係に応じた以下の要件
　①　100％（開始時）：完全支配関係の継続見込み
　②　50％超（加入時）：a.　完全支配関係の継続見込み　b.　事業継続　c.　従業者引継ぎ
　③　50％以下（加入時）：a.　完全支配関係の継続見込み　b.　事業継続　c.　従業者引継ぎ　d.　事業関連性　e.　事業規模又は経営参画
※みなし共同事業要件…事業関連性＆経営参画 or 事業関連性＆事業規模比５倍＆事業規模拡大２倍
※共同事業性に関する要件…事業関連性＆経営参画 or 事業関連性＆事業規模比５倍＆事業規模拡大２倍

制度開始時の親法人の取扱いの違い

Q22 **連結納税制度又はグループ通算制度の開始に伴う時価評価及び繰越欠損金の切捨てに関し、連結親法人と通算親法人の取扱いの違いについて教えてください。**

ポイント

- 連結納税制度においては連結親法人に時価評価及び繰越欠損金の切捨てが生じることはなかったが、グループ通算制度においては子法人と同様に通算親法人が時価評価除外法人に該当しない場合には、時価評価及び欠損金の切捨てが生ずる。
- 通算親法人に時価評価及び欠損金の切捨てが生ずるケースは、グループ通算制度の開始時のすべての子法人との間に完全支配関係の継続が見込まれない場合であり、実務上は限定的である。
- 通算親法人が時価評価除外法人に該当する場合にも、欠損金の一部切捨て、損益通算の制限及び特定資産譲渡等損失額の損金不算入の制限が課せられる場合がある。

A　1. 連結納税制度における制度開始時の連結親法人の取扱い

連結納税制度においては、連結納税の開始に伴う資産の時価評価は特定連結子法人に該当しない連結子法人のみに適用されることとなっており、連結親法人はその制度の対象外となっています（旧法法61の11①）。また、連結親法人の連結納税制度開始時における繰越欠損金については、連結欠損金とみなされることから、繰越欠損金の切捨てが生じることもありません（旧法法81の９②一）。

2. グループ通算制度における制度開始時の通算親法人の取扱い

グループ通算制度においては、繰越欠損金や含み損資産を有する法人を経済実態に反して親法人とすることで、一時的にグループ通算制度を適用し課税所得の軽減を図る租税回避を防止するため、通算親法人についても子法人と同様に、制度開始時の時価評価及び繰越欠損金の切捨ての対象とされました。

グループ通算制度の開始時において、通算親法人が「時価評価除外法人」に該当しない場合には、通算親法人のグループ通算制度開始時の資産の時価評価及び欠損金の切捨てが生じることになります（法法57⑥、法法64の11①一）。この場合における時価評価除外法人とは以下の法人をいいます（法法64の11①一、法令131の15③）。

＜通算親法人における時価評価除外法人の要件＞
・グループ通算制度開始時のいずれかの子法人との間に完全支配関係の継続が見込まれる親法人

実務上、通算グループのすべての子法人とも完全支配関係の継続が見込まれないケースは限定的と考えられますので、一般的には通算親法人にグループ通算制度の開始に伴う時価評価及び欠損金の切捨ては生じないものと想定されます。

以上の通り、グループ通算制度においては連結納税制度と同様に、通算親法人に対する時価評価及び欠損金の切捨てが生じるケースは限定的となりますが、グループ通算制度においては通算親法人が時価評価除外法人に該当したとしても、一定の場合には欠損金の一部切捨て、損益通算の制限及び特定資産譲渡等損失額の損金不算入の制限が課せられています（法法57⑧、法法64の６①③、法法64の14）。

具体的には子法人との間に支配関係が５年超（又は設立日から）継続しておらず、かつ、通算グループ内のすべての法人との間で共同事業性要件を満たさない場合に制限が入ることとされ、さらに支配関係発生後に新たな事業を開始したとき又は収益に係る原価及び費用の額の合計額のうちに減価償却費の占める割合が30％を超える事業年度に該当したときは、別途制限が加えられます（詳細はQ58、59参照）。

■時価評価除外法人に係る制限規定

<table>
<tr><td colspan="5">支配関係が５年超（又は設立日から継続）　又は　共同事業性要件</td></tr>
<tr><td colspan="4">なし</td><td>あり</td></tr>
<tr><td colspan="4">支配関係発生後に新たな事業を開始した場合</td><td rowspan="6">制限なし</td></tr>
<tr><td colspan="2">該当</td><td colspan="2">非該当</td></tr>
<tr><td colspan="2">・欠損金の一部切捨て(注１)あり
・特定資産譲渡等損失額の損金不算入の制限あり(注２)</td><td colspan="2">－</td></tr>
<tr><td colspan="4">収益に係る原価及び費用の額の合計額のうちに
減価償却費の占める割合が30％を超える場合</td></tr>
<tr><td>該当</td><td>非該当</td><td>該当</td><td>非該当</td></tr>
<tr><td>・損益通算の制限あり(注３)</td><td>－</td><td>・損益通算の制限あり(注３)</td><td>・損益通算の制限あり(注４)</td></tr>
</table>

（注１）　以下の欠損金はないものとされる
　①　支配関係発生日の属する事業年度前に生じた欠損金
　②　支配関係発生日の属する事業年度以後に生じた欠損金のうち、特定資産譲渡等損失額に相当する金額から成る部分の金額

（注２）　通算法人の適用期間内において生じる特定資産譲渡等損失額は損金不算入とされる

（注３）　通算法人の適用期間内の日を含む事業年度において生じる欠損金は損益通算の対象外とされる

（注４）　通算法人の欠損金のうち適用期間内において生じる特定資産譲渡等損失額に達するまでの金額は損益通算の対象外とされる

制度開始時の子法人の取扱いの違い

Q23　**連結納税制度又はグループ通算制度の開始に伴う時価評価及び欠損金の切捨てに関し、連結子法人と通算子法人の取扱いの違いについて教えてください。**

ポイント

・連結納税制度においては、特定連結子法人（①長期保有（５年超）されていた連結子法人、②株式移転で連結親法人を設立した株式移転完全子

法人等）に該当する場合には、連結納税開始に伴う時価評価及び欠損金の切捨ては生じない。

・グループ通算制度においては、時価評価除外法人（親法人との間に完全支配関係の継続が見込まれる子法人）に該当する場合には、グループ通算制度開始に伴う時価評価及び欠損金の切捨ては生じない。ただし、時価評価除外法人に該当する場合にも、欠損金の一部切捨て、損益通算の制限及び特定資産譲渡等損失額の損金不算入の制限が課される場合がある。

・いずれの制度においても一定の子法人については時価評価及び欠損金の切捨てが生ずるが、グループ通算制度においてはこれらの規定の対象外となる子法人の範囲が拡大された。

A　1. 連結納税制度における制度開始時の連結子法人の取扱い

連結納税制度の開始時において、連結子法人が「特定連結子法人」に該当しない場合には、連結子法人の連結納税制度開始時の資産の時価評価及び欠損金の切捨てが生じることになります（旧法法61の11①、旧法法81の９②一）。この場合における特定連結子法人とは以下の法人をいいます。

＜制度開始時における特定連結子法人の要件＞
・親法人に５年超保有されている子法人
・設立時から親法人に保有されている子法人
・株式移転により連結親法人を設立した株式移転完全子法人
・適格組織再編等により完全子法人となった一定の子法人

実務上、連結子法人が特定連結子法人に該当しないケースとしては、M&Aにより他の法人の株式を金銭により取得し、100％子会社化した場合において、当該M&Aから５年以内に連結納税を開始するといったケースです。この場合には当該子会社は特定連結子法人に該当しないため、連結納税制度開始に伴う時価評価及び欠損金切捨ての対象となります。

2. グループ通算制度における制度開始時の通算子法人の取扱い

グループ通算制度の開始時において、通算子法人が「時価評価除外法人」に該当しない場合には、通算子法人のグループ通算制度開始時の資産の時価評価及び繰越欠損金の切捨てが生じることになります(法法57⑥、法法64の11①二)。この場合における時価評価除外法人とは以下の法人をいいます（法法64の11①二、法令131の15④)。

＜通算子法人における制度開始時の時価評価除外法人の要件＞
・親法人との間に完全支配関係の継続が見込まれる子法人

実務上、通算親法人との間で完全支配関係の継続が見込まれないケース（通算グループ外への譲渡が予定されているケース等）は限定的と考えられますので、一般的には通算子法人にグループ通算制度の開始に伴う時価評価及び欠損金の切捨ては生じないものと想定されます。

以上の通り、グループ通算制度においては連結納税制度と比べて、制度開始時における時価評価及び欠損金の切捨ての対象外となる子法人の範囲は拡大されることとなります。なお、グループ通算制度においては通算子法人が時価評価除外法人に該当したとしても、一定の場合には欠損金の一部切捨て、損益通算の制限及び特定資産譲渡等損失額の損金不算入の制限が課せられています(法法57⑧、法法64の６①③、法法64の14)。

具体的には親法人との間に支配関係が５年超（又は設立日から）継続しておらず、かつ、通算グループ内のすべての法人との間で共同事業性要件を満たさない場合に制限が入ることとされ、さらに支配関係発生後に新たな事業を開始したとき、又は収益に係る原価及び費用の額の合計額のうちに減価償却費の占める割合が30％を超える事業年度に該当したときは、別途制限が加えられます(詳細はQ58、59参照)。

制度加入時の子法人の取扱いの違い

Q24　**連結納税制度又はグループ通算制度への加入に伴う時価評価及び欠損金の切捨てに関し、連結子法人と通算子法人の取扱いの違いについて教えてください。**

! ポイント

- 連結納税制度においては、特定連結子法人（①連結グループ内の新設法人、②適格株式交換による株式交換完全子法人等）に該当する場合には、連結納税加入に伴う時価評価及び欠損金の切捨ては生じない。
- グループ通算制度においては、時価評価除外法人（①通算グループ内の新設法人、②適格株式交換による株式交換完全子法人、③適格組織再編成と同様の要件を満たす子法人）に該当する場合には、グループ通算制度加入に伴う時価評価及び欠損金の切捨ては生じない。ただし、時価評価除外法人に該当する場合にも、欠損金の一部切捨て、損益通算の制限及び特定資産譲渡等損失額の損金不算入の制限が課せられる場合がある。
- いずれの制度においても一定の子法人については時価評価及び欠損金の切捨てが生ずるが、グループ通算制度においてはこれらの規定の対象外となる子法人の範囲が拡大された。

A　1. 連結納税制度における制度加入時の連結子法人の取扱い

連結納税制度への加入時において、連結子法人が「特定連結子法人」に該当しない場合には、連結子法人の連結納税制度加入時の資産の時価評価及び欠損金の切捨てが生じることになります（旧法法61の12①、旧法法81の9②一）。この場合における特定連結子法人とは以下の法人をいいます。

＜制度加入時における特定連結子法人の要件＞
・連結グループ内の新設法人
・適格株式交換等（スクイーズアウトを含む）により加入した子法人
・単元未満株の買取りにより完全子法人となった法人
・適格合併等により加入した子法人で、被合併法人等により5年超保有されている法人

実務上、連結グループ外からの連結納税制度への加入について、連結子法人が特定連結子法人に該当するケースは適格株式交換等に限定されており、M&Aにより金銭を対価として連結グループに加入した子法人については、特定連結子法人に該当しないことから、連結納税制度加入に伴う時価評価及び欠損金の切捨ての対象となります。

2. グループ通算制度における制度加入時の通算子法人の取扱い

グループ通算制度への加入時において、通算子法人が「時価評価除外法人」に該当しない場合には、通算子法人のグループ通算制度加入時の資産の時価評価及び欠損金の切捨てが生じることになります（法法57⑥、法法64の12①）。この場合における時価評価除外法人とは以下の法人をいいます（法法64の12①、法令131の16④）。

＜通算子法人における制度加入時の時価評価除外法人の要件＞
・通算グループ内の新設法人
・適格株式交換等（スクイーズアウトを含む）により加入した子法人
・通算制度への加入直前に親法人との間で支配関係がある場合で、以下の適格組織再編成と同様の要件を満たす子法人
 a. 親法人との間の完全支配関係の継続が見込まれていること
 b. 子法人の従業者のうち概ね80/100以上の従業者が通算グループ内の業務に引き続き従事することが見込まれていること

c. 子法人の主要な事業が通算グループ内で引き続き行われることが見込まれていること

・通算制度への加入直前に親法人との間で支配関係がない場合で、以下の適格組織再編成と同様の要件を満たす子法人

a. 親法人との間の完全支配関係の継続が見込まれていること

b. 子法人の主要な事業が通算グループ内のいずれかの法人の事業と相互に関連すること

c. 次のいずれかを満たすこと

イ. 上記ｂの事業の売上金額、従業者の数又はこれらに準ずるものの規模の割合が概ね５倍を超えないこと

ロ. 子法人の特定役員の全てが親法人による完全支配関係が生じたことに伴い退任するものでないこと

d. 子法人の従業者のうち概ね80/100以上の従業者が通算グループ内の業務に引き続き従事することが見込まれていること

e. 子法人の主要な事業が通算グループ内で引き続き行われることが見込まれていること

グループ通算制度への加入時における時価評価除外法人の要件については、概ね適格組織再編成と同様の要件で判定することとなります。したがって、連結納税制度において時価評価及び欠損金の切捨ての対象となるM&Aによる制度加入についても、グループ通算制度においては時価評価及び欠損金の切捨ての対象外となるケースが想定されます。

以上の通り、グループ通算制度においては、連結納税制度と比べて、制度加入時における時価評価及び欠損金の切捨ての対象外となる子法人の範囲は拡大されることとなります。

なお、グループ通算制度においては通算子法人が時価評価除外法人に該当したとしても、一定の場合には欠損金の一部切捨て、損益通算の制限及び特定資産譲渡等損失額の損金不算入の制限が課せられています（法法57⑧、法法64の６①③、法法64の14）。

具体的には親法人との間に支配関係が５年超（又は設立日から）継続しておらず、かつ、通算グループ内のすべての法人との間で共同事業性要件を満たさない場合に制限が入ることとされ、さらに支配関係発生後に新たな事業を開始したとき又は収益に係る原価及び費用の額の合計額のうちに減価償却費の占める割合が30％を超える事業年度に該当したときは、別途制限が加えられます（詳細はQ58、59参照）。

買収時の取扱いの違い

Q25 他企業（資本関係50％以下）を買収する場合の連結納税制度とグループ通算制度の取扱いの違いについて教えてください。

ポイント

- 連結グループ又は通算グループにおける他企業の買収にあたっては、制度加入に伴う時価評価及び欠損金の切捨てが生ずるか検討が必要となるが、グループ通算制度においては適用除外となる子法人の範囲が拡大されたことで、時価評価及び欠損金の切捨てが生じないケースが増加する。
- 連結納税制度においては、適格株式交換等による買収に該当しない場合に時価評価及び欠損金の切捨てが生ずるため、多くのケースで子法人に時価評価及び欠損金の切捨てが生ずる。
- グループ通算制度においては、適格株式交換等による場合以外にも、適格組織再編成における共同事業要件と同様の要件を満たす場合には、制度加入による時価評価及び欠損金の切捨ては生じない。

A 1. 連結納税制度における子会社化の手法とその留意点

連結グループに加入する法人の時価評価及び欠損金の制限に関する取扱いは、①時価評価なし＋欠損金の制限なし、②時価評価あり＋欠損金の全額切捨ての２種類となります。

他企業の買収の場面においては、「適格株式交換等により加入した子法人等」以外については時価評価の対象となる（旧法法61の12①、旧法法81の９②一）ため、金銭での買収については、時価評価及び欠損金の切捨てが生じます。なお、株式交換により買収する場合には、共同事業要件を満たす場合に適格株式交換（法法２十二の十七）に該当し、時価評価の対象外となります。

■株式交換における共同事業要件

要件		内容
a.	対価要件	再編の対価が株式のみ（金銭等を交付しない）
b.	完全支配関係継続要件	再編当事者間の完全支配関係の継続が見込まれる
c.	従業者引継要件	株式交換完全子法人の従業者の概ね８割以上が株式交換後に引き続き従事することが見込まれる
d.	事業継続要件	株式交換完全子法人の主要な事業が株式交換後も継続することが見込まれる
e.	事業関連性要件	再編当事者間の主要な事業が相互に関連する
f. ※いずれか	事業規模要件	再編当事者間の事業規模の割合が概ね５倍以内
	経営参画要件	株式交換完全子法人の特定役員が株式交換に伴いすべて退任するものでない
g.	支配株主の株式継続保有要件	再編の対価の株式が支配株主に交付される場合には、その株式の全部が支配株主に継続して保有されることが見込まれる

2. グループ通算制度における子会社化の手法とその留意点

通算グループに加入する法人の時価評価及び欠損金の制限に関する取扱いは、①時価評価なし＋欠損金の制限なし、②時価評価なし＋欠損金・含み損等の一部制限、③時価評価あり＋欠損金の全額切捨ての３種類となります。

他企業の買収の場面においては、「適格株式交換等により加入した子法人等」に加え、「共同事業要件と同様の要件を満たす子法人」に該当する場合に、時価評価の対象外となります（法法64の12）。連結納税制度と比較すると、共同事業要件と同様の要件を満たす場合には、適格株式交換だけでなく、金銭による買収においても、時価評価の対象外とされました。

■共同事業要件と同様の要件

<table>
<tr><th colspan="2">要件</th><th>内容</th></tr>
<tr><td>b.</td><td>完全支配関係継続要件</td><td>通算親法人との完全支配関係の継続が見込まれる</td></tr>
<tr><td>c.</td><td>従業者引継要件</td><td>従業者の概ね８割以上が加入後においても通算グループ内で継続雇用されることが見込まれる</td></tr>
<tr><td>d.</td><td>事業継続要件</td><td>主要な事業が加入後においても通算グループ内で継続することが見込まれる</td></tr>
<tr><td>e.</td><td>事業関連性要件</td><td>子法人の主要な事業が通算グループのいずれかの法人の事業と相互に関連する</td></tr>
<tr><td rowspan="2">f.
※いずれか</td><td>事業規模要件</td><td>通算グループのいずれかの法人の事業との事業規模比が概ね５倍以内</td></tr>
<tr><td>経営参画要件</td><td>子法人の特定役員が加入後にすべて退任するものでない</td></tr>
</table>

なお、時価評価の対象外となった法人については、欠損金・含み損等の制限について、保有期間や共同事業性による判定（法法64の６、64の14、法令112の２④）を行うことになりますが、他企業の買収にあたり時価評価の適用除外に該当するケースについては、いずれも共同事業要件と同様の要件を満たしていることから、他企業の買収時においては、欠損金・含み損等の一部制限が生ずる（上記②）ことはありません。

子会社を100%子会社化する場合の留意事項

Q26　**子会社（保有割合50%超100%未満）を完全子会社化する場合に留意すべき事項について、連結納税制度とグループ通算制度における違いを教えてください。**

! ポイント

- 子会社の完全子会社化にあたって、連結納税制度においては時価評価課税を避けるため株式交換やスクイーズアウトの手法が検討されていたが、グループ通算制度においては、金銭による株式買取りの場合にも時価評価及び欠損金の切捨てが生じないケースが増加する。
- 連結納税制度においては、適格株式交換等による完全子会社化に該当しない場合に時価評価及び欠損金の切捨てが生じる。
- グループ通算制度においては、適格株式交換等による場合に加え、適格組織再編成における支配関係のある法人間の適格要件と同様の要件を満たす場合には、時価評価は生じない。時価評価が生じない場合にも、保有期間や共同事業性による判定を行い、含み損等の利用に関して制限が生ずる場合がある。

A　1. 連結納税制度における子会社化の手法とその留意点

連結グループに加入する法人の時価評価及び欠損金の制限に関する取扱いは、①時価評価なし＋欠損金の制限なし、②時価評価あり＋欠損金の全額切捨ての２種類となります。

子会社の完全子会社化の場面においては、「適格株式交換等により加入した子法人」に該当する場合に時価評価の対象外となります（旧法法61の12①、旧法法81の９②一）が、この株式交換等には全部取得条項付種類株式などによるスクイーズアウト（少数株主のキャッシュアウト＝金銭買取り）についても株式交換等に含まれます（法法２十二の十六）。

■支配関係のある法人間の株式交換における適格要件

要件	内容
a. 対価要件	再編の対価が株式のみ（直接保有の割合が2/3以上の場合は金銭等も可）
b. 完全支配関係継続要件	再編当事者間の完全支配関係の継続が見込まれる
c. 従業者引継要件	株式交換完全子法人の従業者の概ね８割以上が株式交換後に引き続き従事することが見込まれる
d. 事業継続要件	株式交換完全子法人の主要な事業が株式交換後も継続することが見込まれる

保有割合50％超100％未満のケースにおいても、金銭買取りによる完全子会社化はすべて(注)時価評価及び欠損金切捨てが生じます。ただし、直接保有の割合が2/3以上の場合の株式交換や全部取得条項付種類株式、株式併合、株式売渡請求といったスクイーズアウト手法による完全子会社化については、少数株主に金銭が交付されたとしても、適格要件を満たす場合には時価評価及び欠損金の切捨てが生じません。

（注） 単元未満株の買取り等の場合を除きます。

2. グループ通算制度における子会社化の手法とその留意点

通算グループに加入する法人の時価評価及び欠損金の制限に関する取扱いは、①時価評価なし＋欠損金の制限なし、②時価評価なし＋欠損金・含み損等の一部制限、③時価評価あり＋欠損金の全額切捨ての３種類となります。

子会社の完全子会社化の場面においては、「適格株式交換等により加入した子法人等」に加え、「支配関係のある法人間の適格要件と同様の要件を満たす子法人」に該当する場合に時価評価の対象外となります（法法64の12）。この適格要件と同様の要件は多くの場合に充足するものと想定されますから、株式交換やスクイーズアウトによらずとも時価評価課税を受けずに通算グループに加入することが容易になったといえます。

■支配関係のある法人間の適格要件と同様の要件

要件	内容
b. 完全支配関係継続要件	通算親法人との完全支配関係の継続が見込まれる
c. 従業者引継要件	従業者の概ね８割以上が加入後においても通算グループ内で継続雇用されることが見込まれる
d. 事業継続要件	主要な事業が加入後においても通算グループ内で継続することが見込まれる

ただし、時価評価の対象外となった場合にも、「支配関係が５年超若しくは設立時から継続していること」及び「共同事業性に関する要件」のいずれにも該当しない場合等には、欠損金・含み損等の制限が生じるため、注意が必要です。

加入後すぐに離脱した場合の取扱いの変更点

Q27 **関連会社を100%子会社化したのち、すぐに外部へ売却した場合について、連結納税制度からグループ通算制度への移行に伴う取扱いの変更点を教えてください。**

ポイント

- 連結納税制度、グループ通算制度のいずれにおいても、子法人のうち加入後２か月以内に連結（通算）グループから離脱する子法人の有する資産は、原則として加入時の時価評価の対象外とされる。
- 加入時期の特例が改正されたことに伴い、グループ通算制度では２か月の起算日が最長「完全支配関係が生じた日の属する会計期間の末日の翌日」まで延長される。

A 1. 連結納税制度における取扱い

(1)原則的取扱い

連結グループ外の法人が連結グループに加入した場合には、その加入した法人が有する資産は原則として連結グループ加入時の時価評価の対象とされます(旧法法61の12)。

ただし、その加入した法人が連結グループへの加入後2か月以内に連結親法人との間に完全支配関係を有しなくなったこと等により連結グループから離脱する場合には、その加入した法人が有する資産は連結グループ加入時の時価評価の対象外とされます(旧法令122の12①九)。

この取扱いは、例えば取引先等と共同で出資した法人をM&Aで第三者に売却する際に一度株式を集約するケースなど、一時的に連結グループに加入するに過ぎない場合にも時価評価課税による納税や事務負担等が生じてしまうという問題に対処するために設けられたものです。

その加入した法人が連結グループへの加入前に生じた繰越欠損金を有している場合には、その繰越欠損金は切り捨てられず、その加入した法人の離脱後の事業年度において使用することができます(旧法法57⑨ニ)。

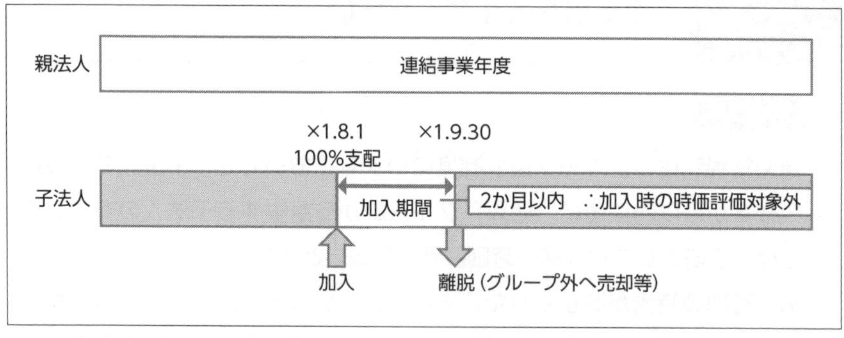

なお、連結子法人が加入時期の特例の適用を受ける場合の2か月の起算日は、連結グループへの加入日の前日の属する月次決算期間(会計期間をその開始の日以後1月ごとに区分した各期間をいいます。)の末日の翌日となります(旧法法14②一イ)。加入時期の特例の詳細はQ35をご参照ください。

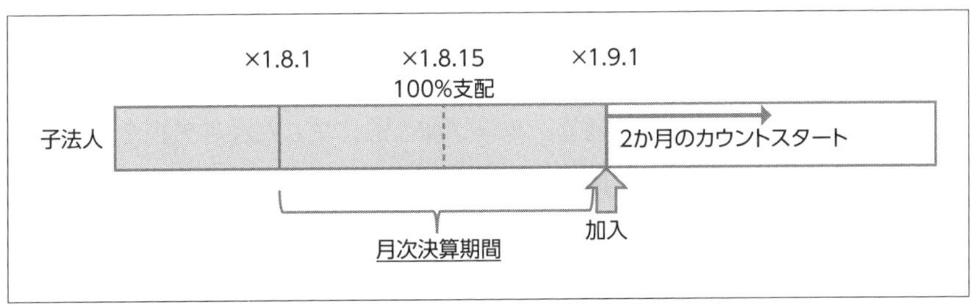

(２)例外的取扱い

連結グループに加入した法人がその加入後２か月以内に離脱した場合であっても、離脱の時期が連結親法人の連結事業年度終了の日後であるときは、上記（１）の取扱いを受けることはできず、時価評価の対象となります（旧法令122の12①九）。

また、その加入した法人が連結グループへの加入前に生じた繰越欠損金を有している場合には、その繰越欠損金は切り捨てられます（旧法法57⑨ニ）。

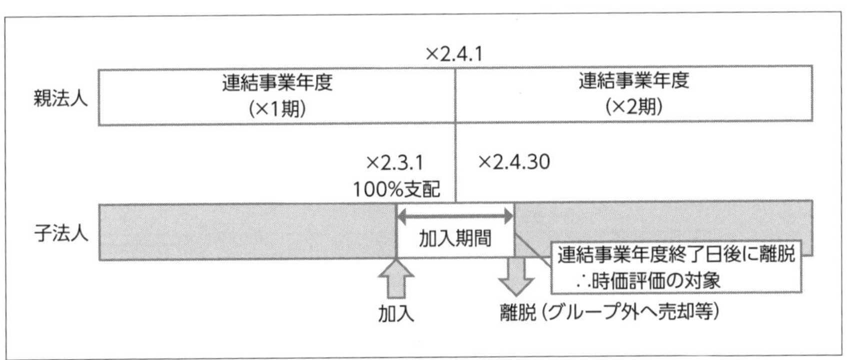

2. グループ通算制度における取扱い

(１)原則的取扱い

グループ通算制度においても連結納税制度と同様に、通算グループに加入した法人がその加入後２か月以内に通算親法人との間に完全支配関係を有しなくなったこと等により通算グループから離脱する場合には、その加入した法人が有する資産は通算グループ加入時の時価評価の対象外とされます（法令131の

16①六)。

また、その加入した法人が通算親法人の事業年度終了の日までに通算グループを離脱した場合において、通算グループ加入前に生じた繰越欠損金を有しているときは、連結納税制度と同様に繰越欠損金は切り捨てられず、その加入した法人の離脱後の事業年度において使用することができます(法法57⑥)。

なお、その加入した法人が加入時期の特例の適用を受ける場合の2か月の起算日は以下のいずれか選択した日からとされます(法法14⑧一イロ)。

① 通算グループへの加入日の前日の属する月次決算期間の末日の翌日

② 通算グループへの加入日の前日の属する会計期間の末日の翌日

【前提】

通算子法人の事業年度:×1.4.1～×2.3.31

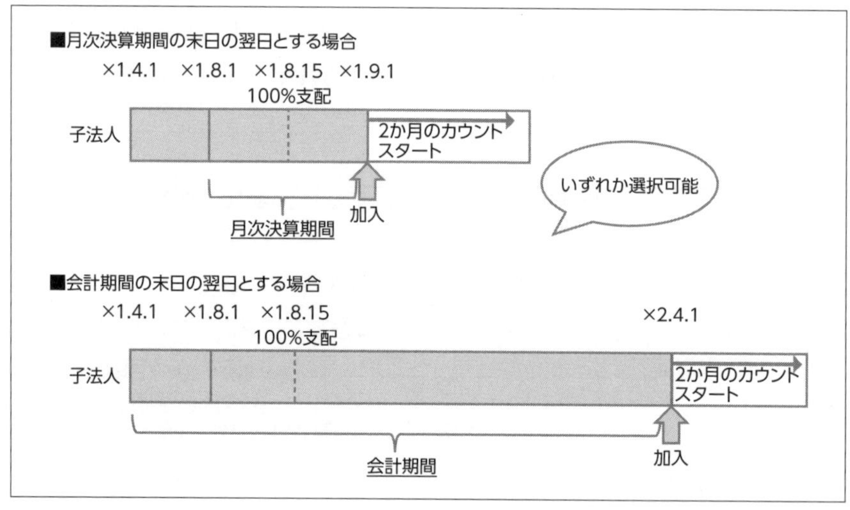

(2)例外的取扱い

グループ通算制度においても連結納税制度と同様に、その加入した法人が通算グループへの加入後2か月以内に離脱した場合であっても、離脱の時期が通算親法人の通算事業年度終了の日後であるときは、上記(1)の取扱いを受けることはできず、時価評価の対象となります(法令131の16①六)。

また、その加入した法人が有する通算グループ加入前に生じた繰越欠損金についても、連結納税制度と同様に切り捨てられます（法法57⑥）。

親法人の制度開始前の欠損金の取扱いの変更

Q28　親法人の制度開始前の繰越欠損金について、グループ通算制度と連結納税制度の取扱いの違いについて教えてください。

ポイント

- 連結納税制度においては連結親法人の制度開始前の繰越欠損金は連結納税制度に持ち込むことができ、非特定連結欠損金としてグループ全体の連結所得の金額から控除される。
- グループ通算制度においては通算親法人の制度開始前の繰越欠損金は連結納税制度と同様にグループ通算制度に持ち込むことができるが、持ち込まれた欠損金は特定欠損金として自己（通算親法人単体）の所得の金額を限度に控除されることになる。

A　1. 連結納税制度における制度開始前の繰越欠損金

連結親法人の連結納税開始前の繰越欠損金で、連結納税開始の日前10年以内に開始した事業年度において生じた欠損金は非特定連結欠損金とされます（旧法法81の９②一）。そして非特定連結欠損金であることから、連結納税においてはグループ全体の連結所得の金額から控除されることになります（旧法法81の９①）。

また、親法人を設立した株式移転に係る完全子法人が連結親法人同等法人(注１)に該当する場合には、連結子法人となる当該完全子法人の繰越欠損金は連結欠損金（非特定連結欠損金）として、連結親法人と同等の取扱いをすることになり、グループ全体の連結所得の金額から控除されます（当該株式移転が非適格株式移転に該当する場合には、当該株式移転の日の属する事業年度以後の繰越欠損金に限ります。）（旧法法81の９③一）。

以上の通り、連結親法人の繰越欠損金に対しては自己の所得を限度に繰越欠損金の控除額を計算するというSRLYルールは適用されません。

（注１） 以下の要件を満たす連結子法人となる法人をいう（旧法法81の９③一）。

・連結子法人が連結納税開始の日の５年前の日から当該開始の日までの間に行われた株式移転に係る株式移転完全子法人であったもののうち、その発行済株式の全部が株式移転完全親法人である連結親法人によって株式移転の日から連結納税開始の日まで継続して保有されているもの（当該株式移転の直前に、他の法人との間に当該他の法人による支配関係がない場合に限る（旧法令155の19⑬））。

2. グループ通算制度における制度開始前の繰越欠損金

時価評価の対象外となる通算親法人（注２）のグループ通算制度開始前の繰越欠損金で、通算開始の日前10年以内に開始した事業年度において生じた欠損金は特定欠損金とされます（法64の７②一）。そして特定欠損金であることから、グループ通算制度においては自己の所得の金額を限度に控除されることになります（法法57①、法法64の７①二イ）。

（注２） いずれかの子法人との間に完全支配関係の継続が見込まれる親法人については通算制度の開始に伴う時価評価課税の対象外とされる（法法64の11①一、法令131の15③）。

また、通算親法人がいずれの通算子法人とも５年超の支配関係がなく、かつ、共同事業性要件を満たさない場合において、支配関係発生日以後に新たな事業を開始したときは、以下の欠損金は切り捨てられます（法法57⑧）。

① 通算子法人との支配関係発生日の属する事業年度前に生じた欠損金

② 通算子法人との支配関係発生日の属する事業年度以後に生じた欠損金のうち、特定資産譲渡等損失額に相当する金額から成る部分の金額（注３）

（注３） その事業年度を特定資産譲渡等損失額の損金不算入の規定が適用される事業年度と仮定した場合に、通算法人の支配関係発生日の属する事業

年度開始の日前から有していた資産から生じた特定資産譲渡等損失額に相当する金額に達するまでの金額（法令112の２⑤）

以上の通り、通算親法人の繰越欠損金に対しては自己の所得を限度に繰越欠損金の控除額を計算するというSRLYルールが適用されるとともに、一定の場合にはグループ通算制度への繰越欠損金の持ち込みが制限されることになります。

3. 親法人に対する制度開始前の繰越欠損金の取扱いの違い

連結納税制度の採用動機の一つには、連結親法人の繰越欠損金を連結納税制度へ持ち込み、連結所得から繰越控除をすることでグループ全体での税負担を軽減することにありましたが、グループ通算制度においては通算親法人の繰越欠損金に対してもSRLYルールが適用され、制度開始前の繰越欠損金については自己の所得の金額を限度にしか控除することが出来なくなりました。この点については連結納税制度とグループ通算制度の大きな違いとなります。

特定欠損金の繰越控除額の計算方法の変更

Q29　**グループ通算制度における特定欠損金の繰越控除額の計算について、連結納税制度と違いが生じるケースを具体例を用いて教えてください。**

ポイント

- 連結納税制度における特定連結欠損金は、その特定連結欠損金を保有する連結法人の損益通算前の個別所得金額から控除するが、グループ通算制度における特定欠損金は、その特定欠損金を他の通算法人との損益通算後の所得金額から控除する。
- グループ通算制度において、損益通算を経て特定欠損金の繰越控除が行われる場合には、連結納税制度と比べて、特定欠損金の損金算入額が少なくなるケースがある。

A 1. 特定連結欠損金と特定欠損金の定義

連結納税制度における特定連結欠損金とは、特定連結子法人に係る最初連結事業年度開始の日前10年以内に開始した各事業年度において生じた欠損金額をいいます（旧法法81の９①③）。一方で、グループ通算制度における特定欠損金とは、時価評価除外法人に係る最初通算事業年度開始の日前10年以内に開始した各事業年度において生じた欠損金額をいいます（法法64の７②）。

特定連結欠損金及び特定欠損金は、いずれも自己の所得を限度に非特定連結欠損金又は非特定欠損金に優先して繰越控除が行われるとともに、大法人であっても自己の所得の100％の金額の控除が可能（個々の法人ごとの所得の50％制限はなく、最終的な控除額はグループ全体の所得金額の50％を上限とする調整がされます。）であり、この点は連結納税制度とグループ通算制度で同じ取扱いとなります。

2. 連結納税制度における特定連結欠損金の繰越控除額の計算方法

連結欠損金の中に特定連結欠損金が含まれている場合のその特定連結欠損金の繰越控除額は、当該連結法人の控除対象個別所得金額を限度とされます（旧法法81の９①一イ）。この控除対象個別所得金額は当該連結法人に帰属する個別所得金額であることから、他の連結法人との間の損益通算前の金額となります。

■連結納税制度：具体例（大法人を前提）

制度	年度	項目	個別帰属額			連結
			P	S1	S2	
単体	X1期	所得／欠損	0	0	▲300	
		特定連結欠損金残高			(300)	(300)
連結	X2期	所得／欠損	▲300	1,000	200	900
		欠損金の繰越控除額			▲200	▲200
		所得／欠損（繰越控除後）	▲300	1,000	0	700

(1) X2期における特定連結欠損金の繰越控除額の計算方法

① S2特定連結欠損金：300

② S2控除対象個別所得金額：200（損益通算前）

③ S2特定連結欠損金の控除限度額の判定（個別所得の100％を限度）

①＞②　∴200

④ 控除前調整連結所得金額の判定（連結所得の50％を限度）

③＜450（900×50％）　∴200

(2) X2期末における特定連結欠損金の残高

S2：300（X1期残高）－200（X2期繰越控除額）＝100（X2期残高）

3. グループ通算制度における特定欠損金の繰越控除額の計算方法

グループ通算制度における繰越欠損金の中に特定欠損金が含まれている場合のその特定欠損金の繰越控除額は、当該通算法人の欠損控除前所得金額を限度とされます（法法64の７①三イ）。この欠損控除前所得金額は法人税法64条の５（損益通算）の規定の適用後の金額であることから、他の通算法人との間の損益通算後の金額となります。

特定損金算入限度額	＝	各通算法人の特定欠損金（欠損控除前所得金額を限度）	×	通算グループ全体の損金算入限度額の合計額(注) ／ 通算グループ全体の特定欠損金（欠損控除前所得金額を限度）の合計額(注)

（注）　この算式における割合が１を超える場合にはその割合を１として計算し、分母の金額が０の場合にはその割合を０として計算します。

なお、特定欠損金は非特定欠損金に優先して繰越控除が行われるとともに、特定欠損金の損金算入額の上限は中小法人等以外の法人であっても所得の50％制限はなく、上記の算式の通り欠損控除前所得金額に達するまでの金額を基礎として計算されます（個通2-26）。

■グループ通算制度：具体例（大法人を前提）

制度	年度	項目	P	S1	S2	合計
単体	X1期	所得／欠損	0	0	▲300	
		特定欠損金残高			(300)	(300)
通算	X2期	所得／欠損	▲300	1,000	200	900
		損益通算	300	▲250	▲50	0
		所得／欠損（損益通算後）	0	750	150	900
		欠損金の繰越控除額			▲150	▲150
		所得／欠損（繰越控除後）	0	750	0	750

(1)X2期における特定欠損金の繰越控除額の計算方法

① S2特定欠損金：300

② S2欠損控除前所得金額：150（損益通算後）

③ 損金算入限度額の計算（グループ全体の所得の50%を限度）

②×(a)／((b)+(c))（注）＝150

(a) 各通算法人の損金算入限度額の合計額：450

S1損金算入限度額：750×50%＝375

S2損金算入限度額：150×50%＝75

(b) S2の特定欠損金のうち欠損控除前所得金額に達するまでの金額：150

(c) P及びS1の特定欠損金のうち、P及びS1の欠損控除前所得金額に達するまでの金額の合計額：0

（注） (a)／((b)+(c)) の割合が1を超える場合には1とする

(2)X2期末における特定欠損金の残高

S2：300（X1期残高）−150（X2期繰越控除額）＝150（X2期残高）

4. 特定欠損金の計算方法の違いの影響

連結納税制度においては、特定連結欠損金はその特定連結欠損金を保有する連結法人の損益通算前の個別所得金額から控除することになりますが、グループ通算制度においては特定欠損金を他の通算法人との損益通算後の当該通算法人の所得金額から控除することとなります。

したがって、グループ通算制度においては、上記の具体例のように損益通算を経て特定欠損金の繰越控除が行われる場合には、連結納税制度と比べて特定欠損金の損金算入額が少なくなるため、特定欠損金の損金算入時期が遅れることになります。

非特定欠損金の配分に関する計算方法の変更

Q30　**グループ通算制度における非特定欠損金の繰越控除額の各法人への配分の計算について、連結納税制度との違いを具体例を用いて教えてください。**

ポイント

- 連結納税制度においては、連結グループ全体の非特定連結欠損金の繰越控除額を連結欠損金個別帰属額の残高の比で配分し、各連結法人に帰属する金額の計算を行う。
- グループ通算制度においては、各通算法人の非特定欠損金の合計額を各通算法人の損金算入限度額の比で配分し、通算法人ごとに繰越控除額の計算を行う。
- グループ通算制度においては、各通算法人の欠損金の繰越控除額（損金算入額）と欠損金残高の減少額が一致しない場合、通算税効果額が生じる。

A　1. 非特定連結欠損金と非特定欠損金の定義

連結納税制度における非特定連結欠損金とは、連結親法人の各連結事業年度開始の日前10年以内に開始した連結事業年度において生じた連結欠損金額及び最初連結事業年度開始の日前10年以内に開始した連結親法人の各事業年度において生じた欠損金額をいいます（旧法法81の９①②）。つまり、連結納税制度開始後に連結納税グループで生じた欠損金及び連結納税制度開始前の連結親法人の欠損金が該当します。

一方で、グループ通算制度における非特定欠損金とは、通算法人の各事業年度開始の日前10年以内に開始した事業年度において生じた欠損金額のうち特定欠損金以外の金額をいいます（法法64の７①三ロ）。つまり、グループ通算制度開始後に通算グループ内で生じた欠損金（一定の欠損金を除く）が該当します。

非特定連結欠損金及び非特定欠損金は、いずれも自己の所得を限度とすることなく、他の法人の所得の金額から繰越控除が可能な欠損金であり、この点は連結納税制度とグループ通算制度で同じ取扱いとなります。

2. 連結納税制度における非特定連結欠損金の配分に関する計算方法

非特定連結欠損金の繰越控除額の各連結法人への帰属額は、欠損金の発生年度ごとに、連結グループ全体の非特定連結欠損金の繰越控除額に連結グループ全体の非特定連結欠損金のうちに各連結法人の非特定連結欠損金の個別帰属額の占める割合を乗じて計算した金額となります（旧法令155の21③二）。すなわち、各連結法人に帰属する繰越控除額は各連結法人の所得の発生状況に関係なく、各連結法人の非特定連結欠損金の期首残高に比例して配分されます。

$$\text{繰越控除額の個別帰属額} = \text{連結グループ全体の繰越控除額} \times \frac{\text{各連結法人の非特定連結欠損金個別帰属額(期首)}}{\text{連結グループ全体の非特定連結欠損金(期首)}}$$

また、欠損金の発生年度ごとに、非特定連結欠損金の個別帰属額（期首）から繰越控除額の個別帰属額を控除した残額が、非特定連結欠損金個別帰属額として翌期以降へ繰り越されます（旧法令155の21②三）。

■連結納税制度：具体例（大法人を前提）

制度	年度	項目	個別帰属額			連結
			P	S1	S2	
連結	X1期	所得／欠損	▲700	▲200	▲100	▲1,000
		欠損金残高	(700)	(200)	(100)	(1,000)
連結	X2期	所得／欠損	480	320	0	800
		欠損金の繰越控除額	▲280	▲80	▲40	▲400
		所得／欠損（繰越控除後）	200	240	▲40	400
		欠損金残高	(420)	(120)	(60)	(600)

（1）X2期における非特定連結欠損金の繰越控除額の計算

①　連結グループ全体の非特定連結欠損金：1,000

②　控除前調整連結所得金額の判定：①＞400（800×50％）　∴400

（2）X2期における非特定連結欠損金の繰越控除額（400）の配分

①　Pへの配分：400×700/1,000＝280

②　S1への配分：400×200/1,000＝80

③　S2への配分：400×100/1,000＝40

3. グループ通算制度における非特定欠損金の配分に関する計算方法

各通算法人における非特定欠損金の繰越控除額の計算は、通算グループ全体の非特定欠損金の期首残高の合計額に各通算法人の損金算入限度額が通算グループ全体の損金算入限度額に占める割合を乗じて計算した金額（非特定欠損金配賦額）を、各通算法人の非特定欠損金とし、各通算法人に配賦された非特定欠損金に非特定損金算入割合を乗じて損金算入限度額を計算します（法法64の7①二三）。すなわち、グループ全体の期首の非特定欠損金の残高を合計し、各通算法人の所得ベースである損金算入限度額の比で各通算法人に配賦した上で、通算法人ごとに繰越控除額を計算します。

非特定欠損金配賦額 ＝ 通算グループ全体の非特定欠損金の合計額 × $\frac{\text{各通算法人の損金算入限度額}}{\text{通算グループ全体の損金算入限度額の合計額}}$

非特定損金算入限度額 ＝ 非特定欠損金配賦額 × $\frac{\text{通算グループ全体の損金算入限度額の合計額}}{\text{通算グループ全体の非特定欠損金の合計額}}$

また、翌期以降に繰り越される非特定欠損金の計算は、当該通算法人の非特定欠損金の期首残高に、各通算法人において繰越控除された非特定欠損金が通算グループ全体の非特定欠損金の期首残高に占める割合を乗じて計算した金額を、損金の額に算入したものとして取扱います（法64の７①四）。すなわち、翌期に繰り越される非特定欠損金の残高は、各通算法人の繰越控除額とは関係なく、連結納税制度と同様に非特定欠損金の期首残高に比例して減少することになります。

損金算入欠損金額 ＝ 各通算法人の非特定欠損金の期首残高 × $\frac{\text{通算グループ全体の損金算入限度額の合計額}}{\text{通算グループ全体の非特定欠損金の合計額}}$

したがって、所得金額の計算における非特定欠損金の繰越控除額（損金算入額）と、翌事業年度以後へ繰り越される非特定欠損金の残高の計算における当期減少額が異なることになります。

■グループ通算制度：具体例（大法人を前提）

制度	年度	項目	P	S1	S2	合計
通算	X1期	所得／欠損	▲700	▲200	▲100	▲1,000
		欠損金残高	(700)	(200)	(100)	(1,000)
通算	X2期	所得／欠損	480	320	0	800
		欠損金の繰越控除額	▲240	▲160	0	▲400
		所得／欠損（繰越控除後）	240	160	0	400
		欠損金残高	(420)	(120)	(60)	(600)

(1) X2期における非特定欠損金の繰越控除額の計算方法

① Ｐの計算

（イ）　非特定欠損金の配賦計算（非特定欠損金を700から600へ再計算）

1,000（a）×240（b）／(240（b）+160（c））=600

（a）　各通算法人（P、S1、S2）の非特定欠損金の期首残高：1,000

（b）　Ｐの損金算入限度額：480×50%＝240

（c）　S1の損金算入限度額：320×50%＝160

（d）　S2の損金算入限度額：０

（ロ）　損金算入限度額の計算

（イ）×400（(b)＋(c)）／1,000（a）＝240

② S1の計算

（イ）　非特定欠損金の配賦計算（非特定欠損金を200から400へ再計算）

1,000（a）×160（c）／(240（b）+160（c））=400

（ロ）　損金算入限度額の計算

（イ）×400（(b)＋(c)）／1,000（a）＝160

③ S2の計算

（イ）　非特定欠損金の配賦計算（非特定欠損金を100から０へ再計算）

1,000（a）×０（d）／(240（b）+160（c））=０

（ロ）　損金算入限度額の計算

（イ）×400（(b)＋(c)）／1,000（a）＝０

(2) X2期末における非特定欠損金の残高の計算方法

（通算法人の非特定欠損金の期首残高を損金算入額の割合（(b)＋(c)）／(a)で配賦）

① Ｐ：700－{700×(240（b）+160（c））／1,000（a）}＝420(注)

② S1：200－{200×(240（b）+160（c））／1,000（a）}＝120

③ S2：100－{100×(240（b）+160（c））／1,000（a）}＝60

（注）　非特定欠損金の残高の計算結果は、連結納税制度の具体例と同じ計算結果となる。つまり、Ｐを例にした場合、X2期末の残高（420）は以下の計算式では算出されない。

第2章

700（X2期期首残高）－240（X2期控除額：上記（１）①）＝460

4. 非特定欠損金の計算方法の違いの影響

連結納税制度とグループ通算制度においては、各法人の翌期以降に引き継がれる非特定欠損金の残高の金額は同じになりますが、各法人の所得の金額の計算において損金算入される非特定欠損金の金額が異なることになります。この点、グループ通算制度においては非特定欠損金の繰越控除額（損金算入額）と欠損金残高の減少額が異なることになるため、通算税効果額が生じることになります。

この場合における通算税効果額の計算例としては、各通算法人における非特定欠損金の配賦額に非特定欠損金の損金算入割合を乗じた金額を基礎として算出する方法が考えられます。

上記３の具体例によれば、以下の通りです。

(１)Ｐの計算例

100(注)×400（(b)＋(c)）／1,000（a）×23％（法人税率等）＝９

（注） Ｐから他の通算法人（S1）へ配賦された非特定欠損金100（700－600）

欠損金の繰戻し還付の計算方法の変更

Q31 グループ通算制度における欠損金の繰戻し還付制度の計算方法について、連結納税制度との違いを具体例を用いて教えてください。

ポイント

- グループ通算制度においても連結納税制度と同様に欠損金の繰戻し還付制度が設けられているが、個々の法人に還付される金額の計算方法が次の通り異なることとなるため、通算税効果額が生じる。
- 連結納税制度においては、欠損連結事業年度の各連結法人の欠損金の比で還付額が計算されるのに対し、グループ通算制度においては、還付所

得事業年度の各通算法人の所得金額の比で還付額が計算される。

A　1. 連結納税制度における欠損金の繰戻し還付に関する計算方法

連結納税制度において連結親法人が中小法人等である場合には、連結欠損金額に係る連結事業年度（欠損連結事業年度）開始の日前１年以内に開始したいずれかの連結事業年度（還付所得連結事業年度）の連結所得に対する法人税の額に、当該いずれかの連結事業年度の連結所得の金額のうちに占める欠損連結事業年度の連結欠損金額に相当する金額の割合を乗じて計算した金額に相当する法人税の還付を請求することができます（旧法法81の31①）。

連結法人税の還付金額	＝	還付所得連結事業年度の連結法人税の額	×	欠損連結事業年度の連結欠損金額 / 還付所得連結事業年度の連結所得の金額

欠損金の繰戻し還付を適用した場合、各連結法人において還付を受ける連結法人税の個別帰属額は、連結納税グループ全体で還付を受けるべき金額に、欠損連結事業年度における各連結法人の連結欠損金個別帰属額の合計額のうちに当該連結法人の連結欠損金個別帰属額の占める割合を乗じて計算します（旧法法81の18①五、旧法令155の46、155の21②四）。

連結法人税の個別帰属額	＝	連結法人税の還付金額	×	各連結法人の連結欠損金個別帰属額 / 各連結法人の連結欠損金個別帰属額の合計額

■連結納税制度：具体例（中小法人等を前提）

制度	年度	項目	個別帰属額			連結
			P	S1	S2	
連結	X1期	所得／欠損	800	200	0	1,000
		連結法人税	184	46	0	230
連結	X2期	所得／欠損	300	▲400	▲600	▲700
		連結欠損金個別帰属額		▲280	▲420	
		繰戻還付前：連結法人税	69	▲27.6	▲41.4	0
		繰戻還付額	0	▲64.4	▲96.6	▲161
		繰戻還付後：連結法人税	69	▲92	▲138	▲161

X2期における繰戻還付個別帰属額の計算

① 還付される連結法人税の金額：230×700/1,000＝161

② S1の個別帰属額：①×280/700＝64.4

③ S2の個別帰属額：①×420/700＝96.6

2. グループ通算制度における欠損金の繰戻し還付に関する計算方法

グループ通算制度においては欠損事業年度開始の日前１年以内に開始したいずれかの通算事業年度（還付所得事業年度）の所得に対する法人税の額に、当該還付所得事業年度の所得の金額のうちに占める欠損事業年度の欠損金額に相当する金額の割合を乗じて計算した金額に相当する法人税の還付を請求することができます（法法80①、⑦）。

$$\text{法人税の還付金額} = \text{還付所得事業年度の法人税の額} \times \frac{\text{欠損事業年度の欠損金額に相当する金額(A)}}{\text{還付所得事業年度の所得の金額}}$$

この場合において、欠損事業年度の欠損金額に相当する金額は、グループ全体の損益通算後の欠損金額の合計額を、還付所得事業年度の各通算法人の所得の金額の比で配分した金額となります。すなわち、欠損が生じた法人とは関係なく、還付所得事業年度に所得が生じている法人に欠損金額が配分され、繰戻し還付を受けることになります。

欠損事業年度の欠損金額に相当する金額（A）	＝	通算グループ全体の欠損事業年度の欠損金額の合計額	×	各通算法人の還付所得事業年度の所得の金額 ／ 通算グループ全体の還付所得事業年度の所得の金額の合計額

■グループ通算制度：具体例（中小法人等を前提）

制度	年度	項目	P	S1	S2	合計
通算	X1期	所得／欠損	800	200	0	1,000
		法人税	184	46	0	230
通算	X2期	所得／欠損	300	▲400	▲600	▲700
		所得／欠損（損益通算後）	0	▲280	▲420	
		繰戻還付前：法人税	0	0	0	0
		繰戻還付	▲128.8	▲32.2	0	▲161
		繰戻還付後：法人税	▲128.8	▲32.2	0	▲161

（1）欠損事業年度の欠損金の配分（X1期の所得の金額の比で配分）

① P：700×800/1,000＝560

② S1：700×200/1,000＝140

（2）X2期における繰戻還付の計算

① P：184×560/800＝128.8

② S1：46×140/200＝32.2

3. 欠損金の繰戻し還付の計算方法の違いの影響

連結納税制度とグループ通算制度においては、ともに欠損金の繰戻し還付の適用がありますが、グループ通算制度においては繰戻し還付の対象となる各通算法人の欠損事業年度の欠損金額の合計額を、還付所得事業年度の所得の金額の比で各通算法人へ配分し、還付される法人税を計算することになります。したがって、グループ通算制度においては欠損事業年度において当該通算法人に欠損金額が発生していない場合であっても欠損金の繰戻し還付の適用があり、欠損が生じた通算法人と還付を受ける通算法人とが異なることになるため、通算税効果額が生じることになります。

離脱時の欠損金の取扱い

Q32 連結納税制度とグループ通算制度の離脱時における欠損金の取扱いについて違いを教えてください。

ポイント

- グループ通算制度においても連結納税制度と同様に、離脱時におけるその法人に帰属する繰越欠損金は離脱法人の繰越欠損金として引き継がれる。
- グループ通算制度開始・加入時に切り捨てられた欠損金についても連結納税制度と同様に、離脱後においてもないものとされる。

A 1. 離脱時におけるその法人に帰属する繰越欠損金の取扱い

グループ通算制度においても連結納税制度と同様に、離脱時におけるその法人に帰属する繰越欠損金は離脱法人の繰越欠損金として引き継がれることになります。

連結納税制度においては、連結子法人が連結納税から離脱した場合（帳簿の不備等により国税庁長官の職権で連結納税の承認を取り消された場合を除きます。）には、10年以内に発生した連結欠損金のうち、その法人に帰属する金額（連結欠損金個別帰属額）については、その法人単体の繰越欠損金として引き継がれます（旧法法57⑥）。

一方、グループ通算制度においても、通算子法人がグループ通算から離脱した場合には、青色申告の承認の取消しによりグループ通算の承認が取り消された場合を除き、その法人に帰属する欠損金は、離脱後も引き継がれることになります（法法57⑨）。

2. 制度開始・加入時に切り捨てられた欠損金の取扱い

連結納税制度においては、連結納税の開始・加入前に生じたその法人の欠損金で、連結納税制度の開始・加入時に切り捨てられた欠損金は、連結納税から離脱した場合においてもないものとされます（旧法法57⑨二）。

一方、グループ通算制度においても、グループ通算制度の開始・加入前に生じたその法人の欠損金で、グループ通算制度の開始・加入時に切り捨てられた欠損金は、グループ通算制度から離脱した場合にはないものとされます（法法57⑥）。

ただし、いずれの制度においても子法人が制度開始又は加入後、最初の事業年度終了の日までに離脱した場合には、欠損金は切り捨てられないため、引き続き使用することができます。

離脱時の時価評価の導入

Q33 連結納税制度とグループ通算制度の離脱時の時価評価の取扱いについて違いを教えてください。

ポイント

- 連結納税制度においては離脱時の時価評価は不要であったが、グループ通算制度においては、損失の二重計上の防止を目的に、離脱した法人の通算終了直前事業年度において以下のいずれかに該当する場合は、時価評価が必要になる。
  （1）通算終了直前事業年度終了の時前に行う主要な事業が離脱法人において引き続き行われることが見込まれていない場合
  （2）離脱した法人の株式等を有する他の通算法人において、通算終了直前事業年度終了の時後に当該株式等の譲渡又は評価換えによる損失が生じることが見込まれる場合

A 連結納税制度においては離脱時の時価評価は不要でしたが、グループ通算制度においては、一定の場合に、離脱した法人の通算終了直前事業年度において時価評価を行います。具体的には①通算終了直前事業年度終了の時前に行う主要な事業が離脱法人において引き続き行われることが見込まれていない場合には、固定資産・棚卸資産である土地・有価証券・金銭債権及び繰延資産（帳簿価額1,000万円未満の資産その他一定の資産を除きます。）が、②離脱した法人の株式等を有する他の通算法人において、通算終了直前事業年度終了の時後に当該株式等の譲渡又は評価換えによる損失が生じることが見込まれる場合には、前述の資産のうち帳簿価額が10億円を超える資産で、譲渡等の事由が生ずることが見込まれているものが時価評価の対象になります（法法64の13）（詳細はQ24参照）。

連結納税制度では、①連結親法人が、離脱する子法人株式を売却することにより株式の譲渡損を計上し、②その後、連結グループから離脱する子法人が、所有する含み損のある資産を離脱後に売却し、その含み損を実現することで、親法人・子法人において損失の二重計上が可能となっていました（【図表１】（１）参照）。

そこで、組織再編税制との整合性を図りつつ損失の二重計上を防止するために、投資簿価修正の見直しと合わせて、離脱時に一定の事由に該当する資産を所有している場合は、離脱法人において時価評価を行う措置が設けられています。

【図表１】

（1）連結納税制度の場合

前提：離脱時の投資簿価修正をすべき金額はないものとする。
　　　離脱日（売却日）は親法人の翌事業年度開始日

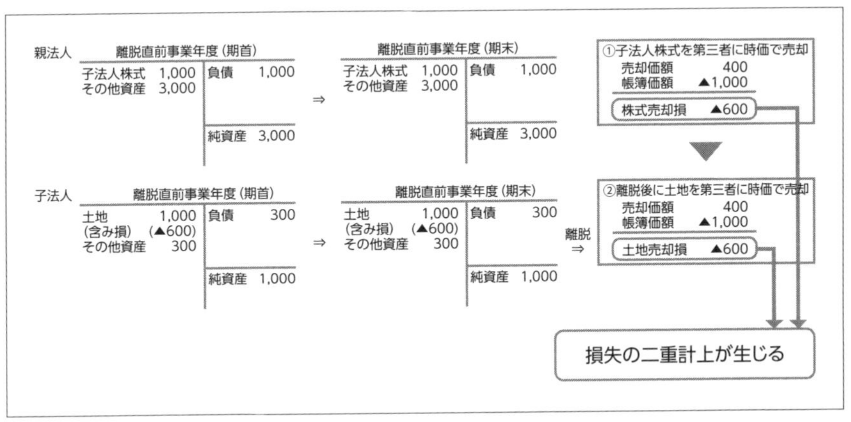

（2）グループ通算制度の場合

前提：離脱日（売却日）は親法人の翌事業年度開始日

　　　子法人が所有している土地は離脱時の時価評価対象資産に該当

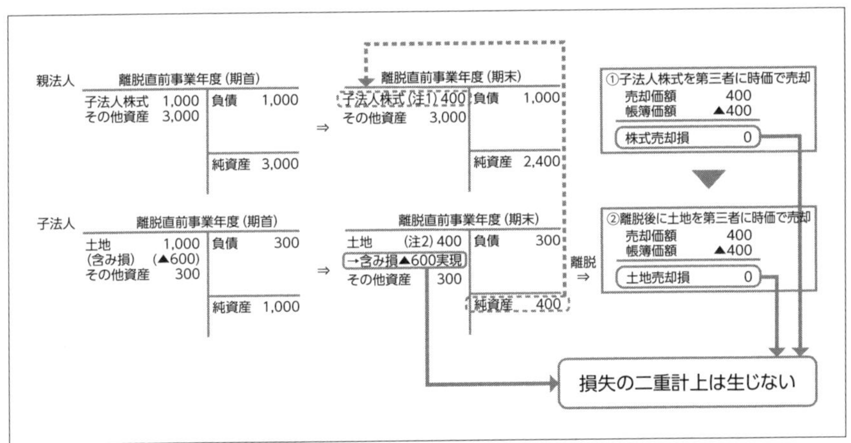

（注１）　親法人が所有している離脱法人株式の離脱直前の帳簿価額を離脱法人の簿価純資産価額に修正（投資簿価修正、Q25参照）

（注２）　離脱に伴う土地の時価評価
　　　1,000－600（土地含み損）＝400

投資簿価修正の変更点

Q34

連結納税制度とグループ通算制度の投資簿価修正の変更点を教えてください。
また、グループ法人税制の寄附修正との違いも教えてください。

ポイント

- 連結納税制度においては、連結期間中における連結子法人の利益積立金額の増減額が投資簿価修正の対象となる。
- グループ通算制度においては、通算子法人株式の帳簿価額と当該通算子法人の離脱直前の簿価純資産価額との差額が修正の対象となる。
- グループ法人税制においては、受贈益の益金不算入（寄附金の損金不算入）の対象となった金額のみが寄附修正の対象となる。

A 1. 連結納税制度における取扱い

（1）制度の概要

投資簿価修正とは、連結グループ内における利益・損失の二重計上を排除する目的で設けられた制度です。連結期間中の連結子法人の利益積立金額の増減額を連結親法人における連結子法人株式の帳簿価額に加減することにより、利益・損失の二重計上を排除する仕組みになっています。

【具体例】

前提

・連結親法人　P社、連結子法人　S社

・P社はM&AによりS社株式を100で購入

・S社の連結グループ加入後の利益は20

・P社はS社株式を120（純資産価額）で売却

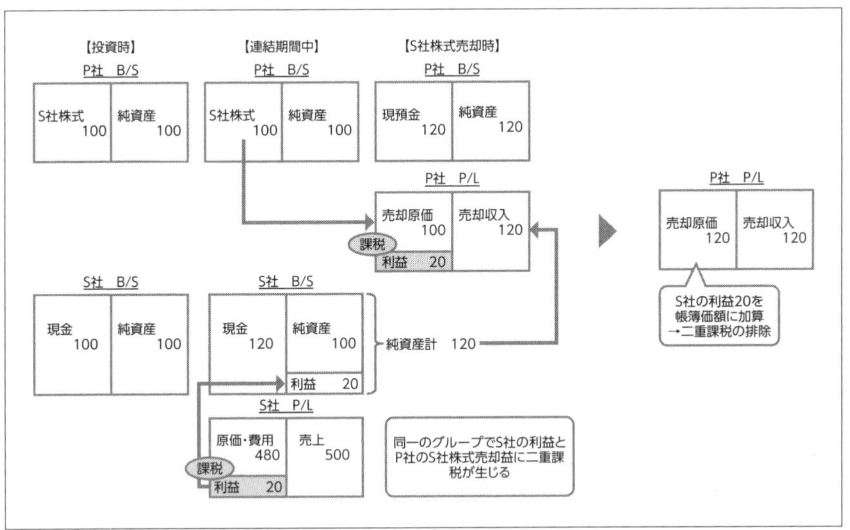

(2)投資簿価修正が必要な場合

以下の事由が生じた場合には、連結子法人の株式を保有するすべての連結法人において投資簿価修正を行う必要があります（旧法令９②）。

①　連結子法人株式の全部又は一部を譲渡したこと

②　連結子法人株式について評価替えをしたこと

③　連結子法人との間の完全支配関係がなくなったこと

④　連結子法人にみなし配当事由（旧法法24①）が生じたこと

⑤　連結法人の株式を直接又は間接に保有する連結子法人に①から④の事由が生じたこと

(3)対象金額

以下の算式により計算した金額が投資簿価修正の対象となります（旧法令９③）。

$$\text{連結期間中の連結子法人の連結個別利益積立金額の増減額}^{(注)} \times \frac{\text{直前の当該連結子法人株式の保有数}}{\text{直前の連結子法人の発行済株式総数}}$$

（注）　既に修正した金額がある場合には、その修正額を控除した金額

(4)留意点

上述のとおり、投資簿価修正が必要になるのは損益通算を通じて連結グループ内における利益・損失が二重計上されることを排除するためです。

一方で、地方税においては連結納税制度がなく、連結グループ内の損益通算が行われないため、投資簿価修正を行わなくとも損益の二重計上は生じません。

しかし、連結納税制度の適用を受けている法人の地方税は連結所得金額を基礎として計算することとされているため、法人税において投資簿価修正が行われた場合にはその影響を受けることとなります。そのため、地方税においては逆に損益の二重計上が生ずることとなります。

連結納税制度を採用する場合には、この点についても十分に検討することが重要です。

2. グループ通算制度における取扱い

(1)改正の概要

グループ通算制度においては、通算親法人における通算子法人株式の離脱直前の帳簿価額は当該離脱する通算子法人の簿価純資産価額に相当する金額とされます。すなわち、通算親法人における通算子法人株式の帳簿価額が当該通算子法人の離脱直前の簿価純資産価額に満たない場合はその満たない金額（簿価純資産不足額）が、超える場合はその超える金額（簿価純資産超過額）が投資簿価修正の対象となります（法令119の３⑤）。

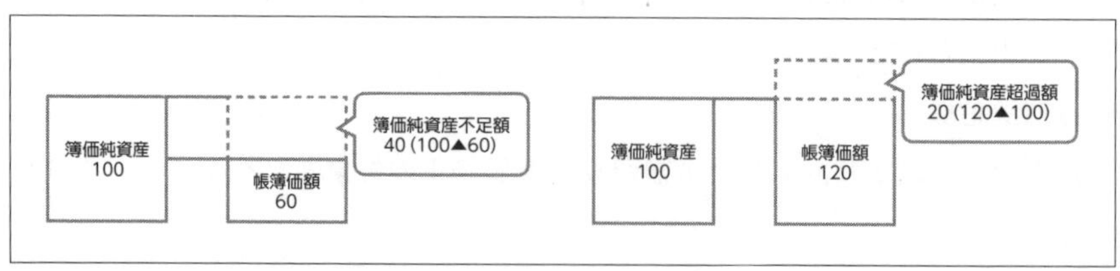

(2)投資簿価修正が必要な場合

グループ通算制度においては、通算子法人につき通算承認の効力が失われる場合に投資簿価修正が必要になります（法令119の３⑤）。具体的には次のような場合が考えられます（法法64の10①⑤⑥）。

①　やむを得ない理由によりグループ通算制度の適用をやめようとする場合

②　通算法人が青色申告の承認を取り消された場合

③　通算親法人が解散した場合

④　通算親法人と他の内国法人との間に当該他の内国法人による完全支配関係が生じた場合

⑤　通算子法人が解散した場合

⑥　通算子法人が通算親法人との間に当該通算親法人による完全支配関係を有しなくなった場合

(3)対象金額

以下の算式により計算した金額が投資簿価修正の対象となります（法令119の３⑤）。

離脱直前の帳簿価額（＋簿価純資産不足額(注１)又は▲簿価純資産超過額(注２)）

（注１）　簿価純資産不足額

簿価純資産価額(注３)▲離脱直前の帳簿価額

（注２）　簿価純資産超過額

離脱直前の帳簿価額▲簿価純資産価額(注３)

（注３）　簿価純資産価額

$$\left(\begin{array}{l}\text{資産の帳簿価額}\\\text{の合計額}^{(注4)}\end{array}▲\begin{array}{l}\text{負債の帳簿価額}\\\text{の合計額}^{(注4)}\end{array}\right)\times\frac{\text{直前の当該通算子法人株式の保有数}}{\text{直前の通算子法人の発行済株式総数}}$$

（注４）　資産・負債の帳簿価額の合計額

通算子法人の通算承認の効力を失った日の前日の属する事業年度終了時において有するもの（負債は新株予約権に係る義務を含む）の合計額

(4)留意点

①　改正の影響

投資簿価修正の対象金額が利益積立金額の増減額から通算子法人の簿価純資産価額と当該通算子法人株式の帳簿価額との差額とされました。グループ通算制度では、M&Aにより簿価純資産価額を超える金額で取得した通算子法人株式を外部に売却する場合に、通算親法人においてのれん（買収プレミア）部分が損金（譲渡原価）に算入されないこととされます。このような場合には、連結納税制度に比べグループ通算制度の方が利益が過大又は損失が過少に計上されるため、注意が必要です。

【設例】

前提

・通算親法人　P社、通算子法人　S社

・S社株式の購入価額　100（P社の純資産60にのれん40を加えて取得）

・S社株式の売却価額　120

・P社の加入直前の簿価純資産価額　60

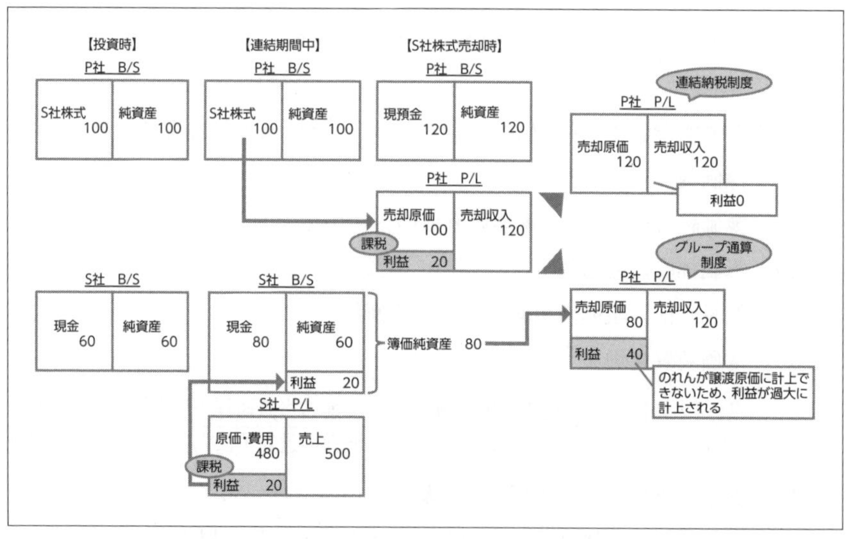

② 地方税

連結納税制度と同様に、グループ通算制度においても投資簿価修正を行った場合には、地方税がその影響を受けることとなり、損益の二重計上が生じます。

上述の通り、投資簿価修正の対象金額が改正されたことから、地方税において生じる損益の二重計上の金額も過大又は過少になります。

グループ通算制度の適用にあたってはこの点も検討し判断することが重

要です。

③　経過措置

連結納税制度からグループ通算制度に移行した場合に、通算親法人が投資簿価修正により利益積立金額に加算又は減算された金額を有するときは、グループ通算制度移行後もその加算又は減算された金額を引き継ぐこととされています（R2改正令附４④）。

3. グループ法人税制における取扱い（寄附修正）

(1)制度の概要

寄附修正とは、グループ法人（以下「子法人」といいます。）において（２）の事由が生じた場合に、そのグループ法人の株式を保有する法人（以下「親法人」といいます。）において子法人株式の帳簿価額を一定金額修正するという制度です（法令９①七）。これは、グループ内で寄附等を行うことにより、その後その寄附等を行った法人の株式を売却した際の譲渡損が過大（又は譲渡益が過少）に計上されることを防ぐために設けられたものです。

(2)寄附修正が必要な場合

以下の事由が生じた場合には、親法人において寄附修正が必要になります（法９①七）。なお、連結納税制度又はグループ通算制度を適用している法人間においてこの事由が生じた場合には、投資簿価修正が行われるため寄附修正は不要とされます。

①　子法人が法人による完全支配関係のある他の内国法人から益金不算入の対象となる受贈益の額を受けたこと

②　子法人が法人による完全支配関係のある他の内国法人に対して損金不算入の対象となる寄附金の額を支出したこと

(3)対象金額

（益金不算入の対象となる受贈益の額×持分割合）▲（損金不算入の対象となる寄附金の額×持分割合）

4. 各制度の比較

各制度を比較すると次の表のようになります。

項目	連結納税制度	グループ通算制度	グループ法人税制
目的	損益の二重計上排除	損益の二重計上排除	譲渡損の過大計上（又は譲渡益の過少計上）の防止
修正が必要な場合	・連結子法人株式を譲渡する場合 ・連結子法人株式の評価損益を計上する場合 ・完全支配関係がなくなった場合 ・みなし配当事由が生じた場合	・通算子法人が通算グループから離脱する場合	・グループ法人間において損金不算入の対象となる寄附金を支出した場合 ・グループ法人間において益金不算入の対象となる受贈益を受けた場合
対象金額	連結期間中の利積増減額	簿価純資産と帳簿価額との差額	寄附額又は受贈益

みなし事業年度の簡素化

Q35 連結納税制度とグループ通算制度の事業年度及びみなし事業年度の取扱いについて違いを教えてください。

ポイント

- グループ通算制度においては、連結納税制度と同様に、通算親法人の事業年度に合わせた事業年度となる。
- グループ通算制度においては、事業年度の中途で親法人との間に完全支配関係を有することとなった場合に、加入する法人の会計期間の末日の翌日からグループ通算制度に加入することができる簡便的な取扱いが追加された。

・連結納税制度において、離脱法人の離脱日に開始する事業年度終了の日を親法人の事業年度終了の日とされていた措置が、グループ通算制度においては廃止され、離脱法人の事業年度終了の日となる。

A　1. 事業年度

グループ通算制度が適用される法人の事業年度は、連結納税制度と同様に、親法人の事業年度に合わせた事業年度で申告を行います（法法14③）。

したがって、通算親法人と事業年度が異なる通算子法人は、通算親法人の事業年度に合わせて個別申告方式での申告を行うことになります。

2. 開始・加入時のみなし事業年度

グループ通算制度における開始・加入時のみなし事業年度の原則的な取扱いは、連結納税制度と同様です（詳細はQ43参照）。なお、連結納税制度では、事業年度の中途で親法人との間に完全支配関係を有することとなった場合に、月次決算期間（会計期間をその開始の日以後一月ごとに区分した各期間）の末日の翌日から連結納税制度に加入することができる簡便的な取扱いがありましたが、グループ通算制度では、その加入する法人の会計期間の末日の翌日からグループ通算制度に加入することができる更なる簡便的な取扱いが追加されました（法法14⑧一ロ）。

【図表１】両制度における加入時の子法人のみなし事業年度

	連結納税制度	グループ通算制度
原則	完全支配関係を有することとなった日（加入日）の前日の属する事業年度開始の日から当該前日までの期間	
特例①	加入日の前日の属する事業年度開始の日から当該前日の属する月次決算期間の末日までの期間	
特例②（新設）		加入日の前日の属する事業年度開始の日から当該前日の属する会計期間の末日までの期間

上記の特例②が新たに設けられたことにより、みなし事業年度を極力生じな

いようにすることが可能となり、連結納税制度と比較し事務負担が軽減されることになります（【図表２】参照)。また、特例②を適用し、かつ親法人と子法人の決算日が同一である場合には、変則的な事業年度（子法人本来の事業年度末日とは異なる事業年度）は生じないことになります。

【図表２】線表による比較

前提：親法人３月末決算、子法人６月末決算、完全支配関係発生12月５日

(1)連結納税制度において特例①を適用した場合

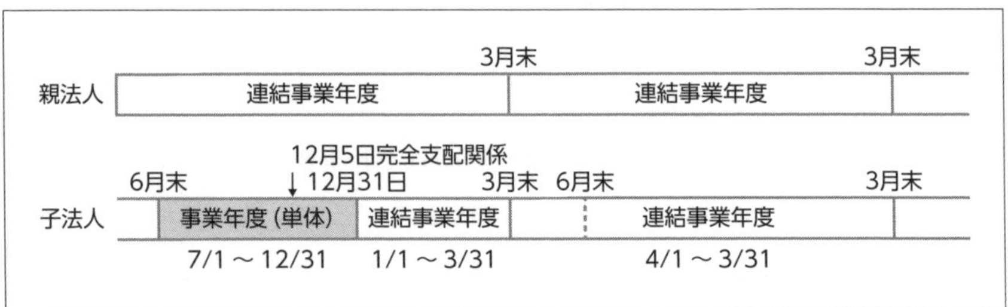

(2)グループ通算制度において特例②（新設）を適用した場合

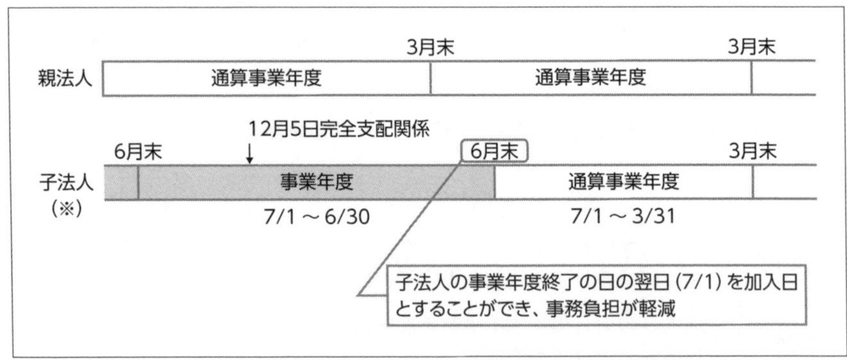

※加入時期の特例を適用する場合には、子法人（S1社）が発行済株式又は出資を直接又は間接に保有する法人（S2社）（S1社の加入日から事業年度の末日までに通算親法人との間に完全支配関係を有するものとなったものに限ります。）の加入日は、S2社の事業年度終了の日の翌日ではなく、S1社の事業年度終了の日の翌日となります（法法14⑧一)。

また、特例①②の適用を受けるためには、連結納税制度と同様に、原則的な

加入日に基づく単体申告の最終事業年度に係る申告期限までに、通算親法人が一定の書類を所轄税務署長に提出する必要があります（法法14⑧）。

3. 離脱時のみなし事業年度

連結納税制度において、離脱法人の離脱日に開始する事業年度終了の日を親法人の事業年度終了の日とされていた措置が、グループ通算制度においては廃止され、離脱法人の事業年度終了の日となります（法法14④二）。

この措置により親法人と子法人の決算日が異なる場合でも、親法人の事業年度終了の日にみなし事業年度を設定する必要がなくなり、連結納税制度と比較し事務負担が軽減されることになります（【図表４】参照）。

【図表３】両制度における離脱時の子法人のみなし事業年度

<table>
<tr><th></th><th>連結納税制度</th><th>グループ通算制度</th></tr>
<tr><td>離脱直前の事業年度</td><td colspan="2">（連結）事業年度開始の日から離脱日の前日までの期間</td></tr>
<tr><td>離脱後最初の事業年度</td><td>離脱日から連結事業年度終了の日までの期間</td><td>離脱日から子法人の事業年度終了の日までの期間</td></tr>
<tr><td>翌事業年度</td><td>その終了の日から子法人の事業年度終了の日までの期間</td><td rowspan="2">通常の事業年度</td></tr>
<tr><td>翌々事業年度以降</td><td>通常の事業年度</td></tr>
</table>

【図表４】線表による比較

前提：親法人３月末決算、子法人６月末決算、グループ離脱日12月５日

(1)連結納税制度

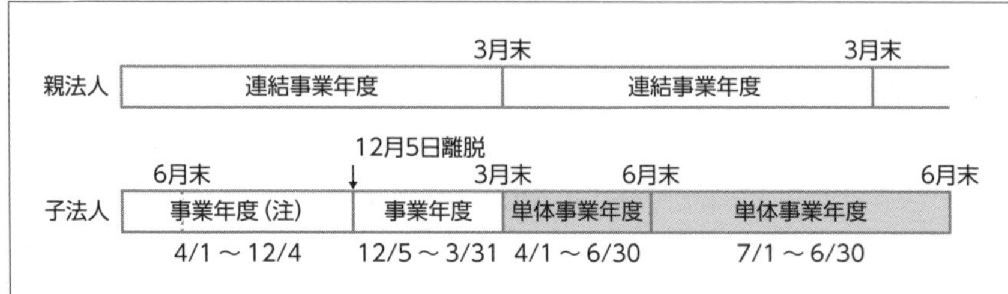

（注）　連結法人としての単体申告

(2)グループ通算制度

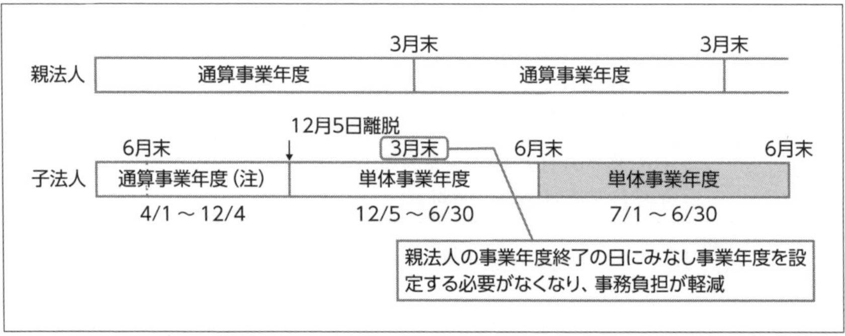

（注）　損益通算等の適用はありません。

地方税の計算方法の比較

Q36　**地方税について、連結納税制度とグループ通算制度の計算方法の違いを教えてください。**

ポイント

- 事業税（所得割）については、連結納税制度、グループ通算制度、いずれも次のような取扱いとなっており、計算の仕組みに大きな違いはない。
  （1）損益計算、欠損金の通算を適用しない場合の所得金額に基づいて事業税（所得割）を計算する。付加価値割の単年度損益についても同様となる。
  （2）開始・加入前の繰越欠損金の切捨て（新たな事業を開始した場合の切捨てを含む）は適用されない。
  （3）事業税の繰越欠損金を法人税とは別に計算する点も同様となる。
- 住民税（法人税割）については、損益通算及び欠損金の通算がプロラタ計算になることによって、法人税割の課税標準（法人税額）の計算過程が大きく変わるが、計算結果は同様となる。
  （1）法人税割の課税標準を法人税額とする。
  （2）法人税割の課税標準となる法人税額の算定について、損益通算及び欠損金の通算の影響が反映されないように一定の項目の控除又は加算を行う。

A　1. 連結納税制度における地方税の取扱い

連結納税制度は、連結納税グループの法人の所得と欠損を通算できる制度ですが、あくまでも法人税単独の制度です（旧法法４の２）。住民税、事業税については、地域における受益と負担との関係等に配慮し、法人税の計算とは独立して行うことが基本であり、そのための補正計算を行う仕組みが地方税法に規定されています。ただし、納税者の事務負担を考慮して、基本的には単体法人を納税単位とするものの、連結法人税における事業年度に従って、各連結法人に配分された個別所得金額及び連結法人税個別帰属額を基礎として計算した金額を課税標準として用いて計算します（地法23①三、72の23①、292①三）。

事業税の課税標準である個別所得金額は、連結欠損金の個別帰属額を控除する前の所得金額です（地法72の23①）。また、住民税の課税標準である連結法人税個別帰属額を基礎として計算した金額は、個別帰属法人税額と呼ばれ、連結法人税個別帰属額に所得税額控除、外国税額控除の個別帰属額を足し戻したものに試験研究費の税額控除の個別帰属額など、一定の調整を行った金額です（地法23①四の二、292①四の二）。これらの個別所得金額及び個別帰属法人税額は、他の連結法人の所得と欠損を通算した後の金額ではないため、地方税では連結納税の損益通算による効果は受けません。

以上により、住民税・事業税は、基本的には次の算式で算定されます。

（1）住民税＝個別帰属法人税額×住民税率＋均等割

（2）事業税＝個別所得金額×事業税率（＋付加価値割＋資本割）

繰越欠損金についても事業税においては単体納税と同様に法人税とは独立して計算する仕組みとなっており、住民税においても住民税独自の欠損金（控除対象個別帰属税額、控除対象個別帰属調整額）として法人税とは独立して計算が行われます（地法53⑨、72の23④、321の８⑨）。

2. グループ通算制度における地方税の取扱い

(1)事業税（所得割）

通算法人の事業税（所得割）の課税標準は、各事業年度の益金の額から損金の額を控除した金額によるものとし、当該各事業年度の法人税の課税標準である所得の計算（法人税における損益通算、欠損金の通算等を除きます。）の例により算定するものとされていることから、事業税の計算の仕組みは連結納税制度と変わりません（地法72の23）。

付加価値割の単年度損益も所得割の計算と同様に損益通算及び欠損金の通算等の前の所得金額を用います（地法72の18）。

(2)住民税（法人税割）

損益通算及び欠損金の通算がプロラタ計算になることによって、法人税割の課税標準（法人税額）の計算過程が複雑となっておりますが、繰越欠損金の切捨てや損益通算等の影響を生じさせないために行う点では連結納税制度と同様の調整となります。

①　法人税割の課税標準を法人税額とします（地法23、292）。

②　損益通算の調整

・グループ通算制度において損益通算により損金算入された通算対象欠損金額がある場合は、加算対象通算対象欠損調整額を加算します（地法53⑪⑫、321の８⑪⑫）。これによって、他の通算法人の欠損金額を通算する前の所得の金額に基づいた法人税額を計算することになります。

加算対象通算対象欠損調整額＝通算対象欠損金額×法人税率

・一方で損益通算により益金算入された通算対象所得金額は、住民税独自の欠損金として10年間繰り越すことができ、①の法人税額が発生した事業年度に控除対象通算対象所得調整額として法人税額から控除することになります（地法53⑬⑭、321の８⑬⑭）。この取扱いは連結納税制度における住民税独自の繰越欠損金（控除対象個別帰属税額）と同様となっています。

控除対象通算対象所得調整額＝通算対象所得金額×法人税率

③　欠損金の通算の調整

・グループ通算制度において欠損金の通算により損金算入された被配賦欠損金控除額がある場合は、加算対象被配賦欠損調整額を加算します（地法53⑰⑱、321の８⑰⑱）。被配賦欠損金控除額とは、非特定欠損金配賦額が非特定欠損金の期首残高を超える部分の金額に非特定損金算入割合を乗じて計算した金額をいいます（つまり、他の通算法人から配賦された非特定欠損金のうち損金算入された金額をいいます）。これによって、他の通算法人の非特定欠損金を通算する前の所得金額に基づいて法人税額を計算することになります。

加算対象被配賦欠損調整額＝被配賦欠損金控除額×法人税率

・一方で欠損金の通算により他の通算法人へ配賦して損金算入された非特定欠損金は、配賦法人側の住民税独自の欠損金とされ、①の法人税額が

第２章

発生した事業年度に控除対象配賦欠損調整額として法人税額から控除することになります（地法53⑲⑳、321の８⑲⑳）。この取扱いはグループ通算制度において新たに生ずることとなった調整になります。

控除対象配賦欠損調整額＝配賦欠損金控除額×法人税率

④　開始・加入に伴い切り捨てられた欠損金の調整

法人税割の課税標準となる法人税額の算定について、当該事業年度開始日前10年内に開始した事業年度において生じた通算適用前欠損金額（開始・加入に伴い切り捨てられた欠損金額）がある場合は、①の法人税額が発生した事業年度に控除対象通算適用前欠損調整額として法人税額から控除することになります（地法53③④、321の８③④）。この取扱いは連結納税制度における住民税独自の繰越欠損金（控除対象個別帰属調整額）と同様となっています。なお、通算適用前欠損金額には、法人税で新たな事業を開始した場合に切り捨てられた繰越欠損金も含めます。

なお、住民税独自の欠損金は、大法人でも所得金額の50％の上限は課せられておらず、中小法人等と同様に課税標準である法人税額の100％を限度として控除することが可能であり、単体納税に比べて早期に欠損金の繰越控除が可能となる場合があります。この点についても連結納税制度の取扱いが引き継がれています。

第3章
グループ通算制度の基本的な仕組み

適用法人の範囲　通算親法人

Q37　**通算親法人の範囲及び留意点について教えてください。**

ポイント

- 通算親法人には、内国法人（普通法人又は協同組合等に限る。）のみがなれる。
- 通算親法人には、グループ通算制度の適用対象となる法人集団（以下、「通算グループ」という。）の頂点に位置する法人がなる。すなわち、法人が任意に通算親法人を選択することはできない。
- 外国法人の子会社であっても、通算グループ内で頂点に位置する内国法人は通算親法人となれる。
- グループ通算制度や青色申告の取りやめから一定期間を経過していない法人など、通算親法人となれない法人の規定がある。

A　1. 通算親法人

通算親法人となれるのは内国法人である普通法人と協同組合等に限られます。公共法人や公益法人等、外国法人は、通算親法人にはなれません（法法64の9①）。

グループ通算制度の適用範囲は、法人による完全支配関係がある範囲に限定されており、グループ法人単体課税制度のように個人株主による完全支配関係がある法人間においては適用されません。

■図１

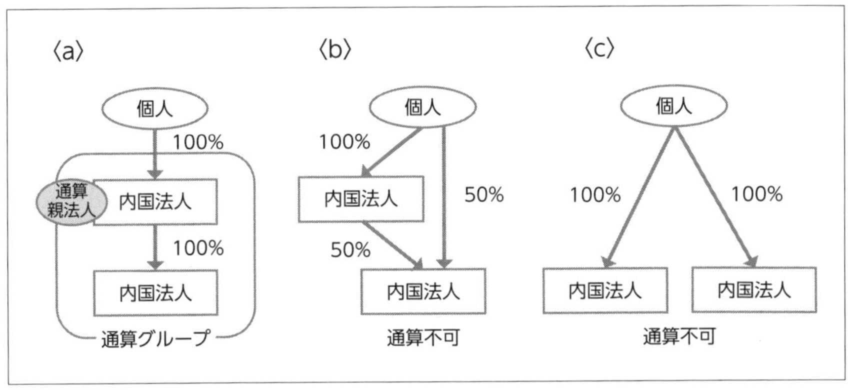

また、他の普通法人（外国法人を除きます。）や協同組合等による完全支配関係がある法人は通算親法人となれないこととされているため、法人が任意に通算親法人を選択することはできません（法法64の９①二）。その通算グループの頂点に位置する法人が通算親法人となります。

■図２

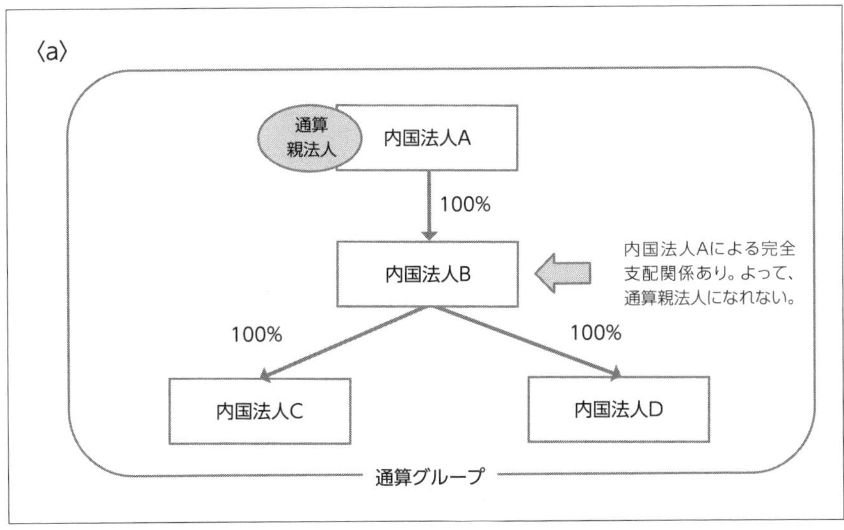

2. 外国法人の子会社

外国法人は通算親法人にはなれませんが、外国法人に支配されている内国法人であっても、通算グループの頂点に位置する法人は通算親法人となることができます（法法64の９①）。よって、外資系企業グループにおいては、国内の通算グループについてのみ、グループ通算制度の適用を受けることは可能です。

■図３

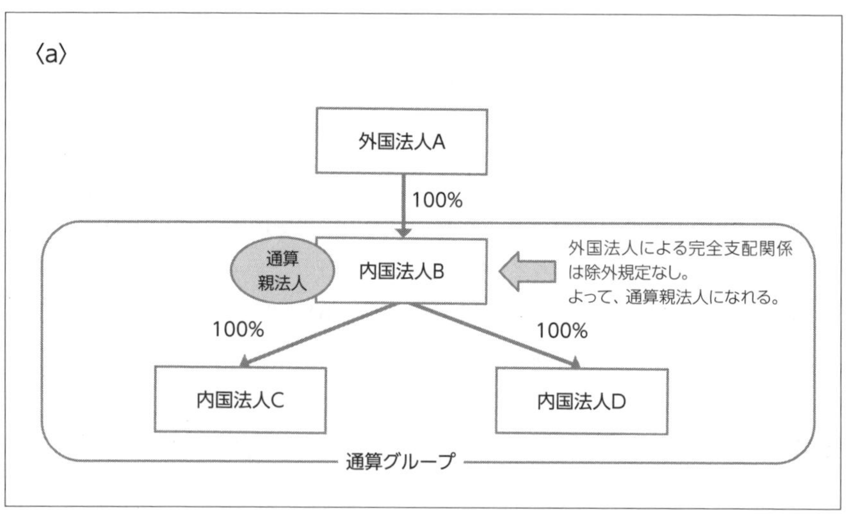

3. 通算親法人になれない法人

内国法人である普通法人や協同組合等であっても、次に掲げる法人は通算親法人にはなれません。

（１）清算中の法人（法法64の９①一）

（２）普通法人（外国法人を除く）又は協同組合等による完全支配関係がある法人（法法64の９①二）

（３）やむを得ない事情によりグループ通算制度を取りやめた法人で、その取りやめから５年を経過していないもの（法法64の９①三）

（４）青色申告の承認の取消しの通知を受けた法人で、その取消しから５年を経過していないもの（法法64の９①四）

（５）青色申告を取りやめた法人で、その取りやめから１年を経過していないもの（法法64の９①五）

（６）投資法人（法法64の９①六）

（７）特定目的会社（法法64の９①七）

（８）法人課税信託（投資信託又は特定目的信託に限る）に係る受託法人（法令131の11①）

適用法人の範囲　通算子法人

Q38　**通算子法人の範囲及び留意点について教えてください。**

ポイント

- **グループ通算制度の適用を受けるときは、通算親法人となる法人との間に完全支配関係がある内国法人（普通法人に限る。）は通算子法人となることが強制され、法人が任意に通算子法人を選択することはできない。**
- **グループ通算制度や青色申告の取りやめから一定期間を経過していない法人など、通算子法人となれない法人（以下「通算除外法人」という。）の規定がある。**
- **通算除外法人や外国法人を経由した100％内国子会社は通算子法人とはなれない。**

A　1. 通算子法人

グループ通算制度の適用を受けるときは、通算親法人による完全支配関係がある内国法人（普通法人に限ります。）のすべてが通算子法人となります（法64の９①）。法人の任意による通算子法人の選択はできません。

通算子法人は内国法人に限定されていますので、外国法人は通算子法人にはなれません（法64の９①）。

また、通算子法人の範囲から普通法人以外の法人が除外されていることから、通算子法人は内国法人である普通法人に限定されます。公共法人、公益法人等及び協同組合等は通算子法人にはなれません（法64の９①八）。

一般財団法人（非営利型を除きます。）は、普通法人に該当しますが、株式等が存在せず完全支配関係を有することになりませんので通算子法人になれません。

2. 通算除外法人

内国法人であっても、次に掲げる法人は通算子法人にはなれません。なお、通算親法人とは異なり、清算中の法人は除外されていませんので、清算中の法人であっても通算子法人となることができます。

（1）やむを得ない事情によりグループ通算制度を取りやめた法人で、その取りやめから５年を経過していないもの（法64の９①三）

（2）青色申告の承認の取消しの通知を受けた法人で、その取消しから５年を経過していないもの（法64の９①四）

（3）青色申告を取りやめた法人で、その取りやめから１年を経過していないもの（法64の９①五）

（4）投資法人（法64の９①六）

（5）特定目的会社（法64の９①七）

（6）普通法人以外の法人（法64の９①八）

（7）破産手続開始の決定を受けた法人（法64の９①九）

（8）通算親法人による完全支配関係がなくなったことによって、グループ通算制度の承認の効力を失った法人で、その失った日から５年を経過していないもの（法令131の11③一）

（9）法人課税信託（投資信託又は特定目的信託に限る）に係る受託法人（法令131の11③二）

3. 通算除外法人や外国法人が介在する場合

グループ通算制度における完全支配関係は、法人による完全支配関係であること、通算除外法人及び外国法人が介在しない完全支配関係であることとされておりその範囲が限定されています（法法64の９①、法令131の11②）。グループ法人単体課税制度における完全支配関係とは範囲が異なりますので注意が必要です。

よって、図１〈a〉のような一の個人株主の支配下にある兄弟会社（内国法人Ａと内国法人Ｂ）や〈b〉のような通算除外法人や外国法人を介在した内国子会社（内国法人Ｃと内国法人Ｅ）は、通算子法人にはなれません。

■図１

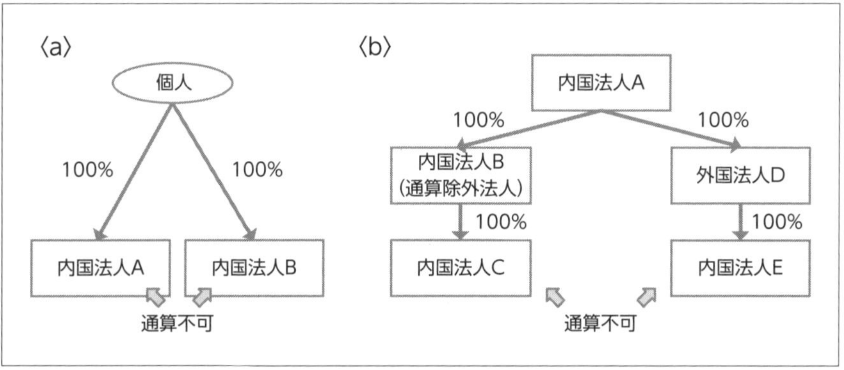

通算制度を適用する場合の申請、承認

Q39　**グループ通算制度を適用しようとする場合の申請方法、承認の手続き、及び申請の却下について教えて下さい。**

ポイント

- グループ通算制度の承認を受けようとするときは、グループ通算制度の適用を受けようとする親法人の最初の事業年度開始の日の３月前の日までに、親法人等の全ての法人の連名で、承認申請書を国税庁長官に提出する必要がある。
- 最初の事業年度開始の日の前日までにその申請についての通算承認又は

却下の処分がなかったときは、その親法人等の全てについて、その開始の日において通算承認があったものとみなされ、同日からその効力が生じる。

・国税庁長官は、承認申請書の提出があった場合において、通算予定法人のいずれかがその申請を行っていないこと等に該当する事実があるときは、その申請を却下することができる。

A 1. 原則的な取扱い

内国法人がグループ通算制度の適用を受けようとする場合には、通算親法人となる内国法人及びその内国法人との間に完全支配関係がある通算子法人となる内国法人の全てが、国税庁長官の承認を受けなければなりません。

グループ通算制度の承認を受けようとする場合には、通算親法人となる法人のグループ通算制度の適用を受けようとする最初の事業年度開始の日の3月前の日までに、その通算親法人及び通算子法人となる内国法人の全ての法人の連名で、通算親法人の納税地の所轄税務署長を経由して、申請書を国税庁長官に提出しなければなりません（法64の9①②）。

■親法人3月末決算で、4月よりグループ通算制度を開始する場合

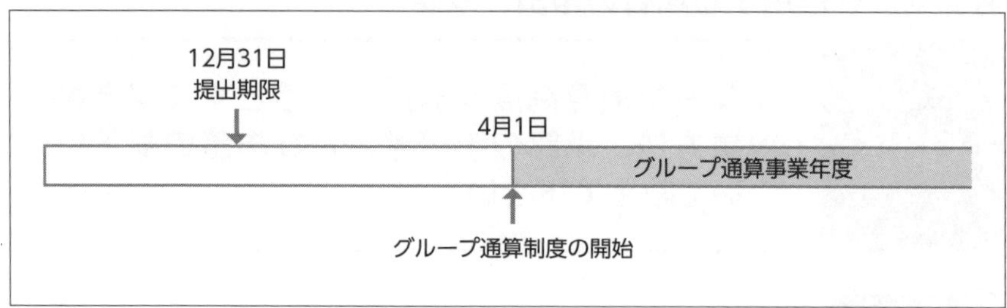

なお、グループ通算制度の適用を受けようとする最初の親法人の事業年度が、設立事業年度である場合の承認申請書の提出は、当該設立事業年度開始の日から1月を経過する日と当該設立事業年度終了の日から2月前の日とのいずれか早い日とされます。

また、当該通算制度の適用を受けようとする最初の事業年度が、親法人の設立事業年度の翌事業年度である場合（当該設立事業年度が３月に満たない場合に限ります。）には、当該設立事業年度終了の日と当該設立事業年度の翌事業年度終了日から２月前の日とのいずれか早い日とされます（法法64の９⑦）。

2. 申請の通算承認

申請書の提出があった場合において、グループ通算制度の適用を受ける最初の事業年度開始の日の前日までにその申請につき通算承認又は却下の処分がなかったときは、親法人及び子法人の全てにつき、その開始の日においてその通算承認があったものとみなされます。また、通算承認は親法人及び子法人の全てにつき、その開始の日からその効力が生じます（法法64の９⑤⑥）。

3. 申請の却下

国税庁長官は、申請書の提出があった場合において、次のいずれかに該当する事実があるときは、その申請を却下することができます（法法64の９③）。

（1）通算予定法人のいずれかがその申請を行っていないこと。

（2）その申請を行っている法人に通算予定法人以外の法人が含まれていること。

（3）その申請を行っている通算予定法人につき次のいずれかに該当する事実があること。

① 所得の金額又は欠損金額及び法人税の額の計算が適正に行われ難いと認められること。

② 損益通算及び欠損金の通算の適用を受けようとする事業年度において、帳簿書類の備え付け、記録又は保存が青色申告法人の帳簿書類に規定するところに従って行われることが見込まれないこと。

③ その備え付ける帳簿書類に取引の全部又は一部を隠蔽し、又は仮装して記載し、又は記録していることその他不実の記載又は記録があると認められる相当の理由があること。

④ 法人税の負担を不当に減少させる結果となると認められること。

通算制度を適用している場合の加入の取扱い

Q40

グループ通算制度を適用している法人において、新たに完全支配関係のある子法人を有することとなった場合の通算承認の取扱い、及び通算制度を取りやめる場合について教えて下さい。

ポイント

- 子法人が通算親法人との間に完全支配関係を有することとなった場合には、その完全支配関係を有することとなった日において通算承認があったものとみなされ、同日からその効力が生じる。
- 加入時期の特例の適用を受ける場合には、加入日の前日に属する特例決算期間の末日の翌日において通算承認があったものとみなされ、同日からその効力が生じる。
- 通算法人は、やむを得ない事情があるときは、国税庁長官の承認を受けてグループ通算制度の適用を受けることをやめることができる。その承認を受けた日の属する事業年度終了の日の翌日から、通算承認の効力は失われる。

A　1. 通算承認の原則

内国法人が通算親法人との間に完全支配関係を有することとなった場合、その内国法人については、完全支配関係を有することとなった日において通算承認があったものとみなされます。また、その通算承認は、完全支配関係を有することとなった日から、その効力が生ずるものとされます（法法64の9⑪)。

■【原則】３月決算法人において、12月15日完全支配関係が生じたケース

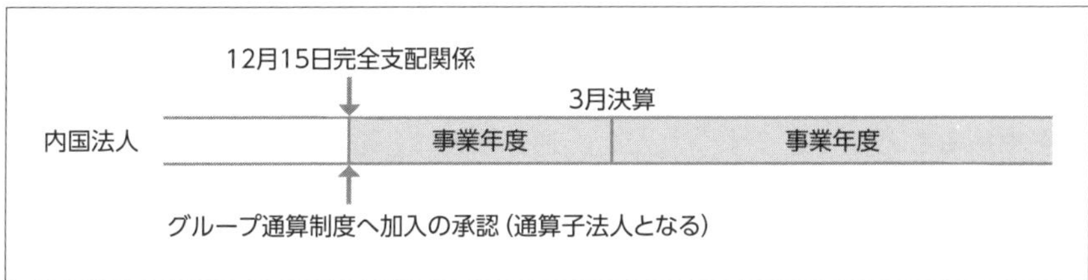

2. 加入時期の特例

加入時期の特例の適用を受ける場合には、加入日の前日に属する特例決算期間(注)の末日の翌日において通算承認があったものとみなされ、同日からその効力が生じます（法法64の９⑪）。

（注）特例決算期間とは、その内国法人の（１）月次決算期間（会計期間をその開始の日以後１月ごとに区分した各期間をいいます。）又は、（２）会計期間をいい、かつ、加入時期の特例の適用を受ける旨の届出書に記載している期間をいいます（法法14⑧一）。

■【特例（1）】特例決算期間の月次決算期間を１月ごとにした場合

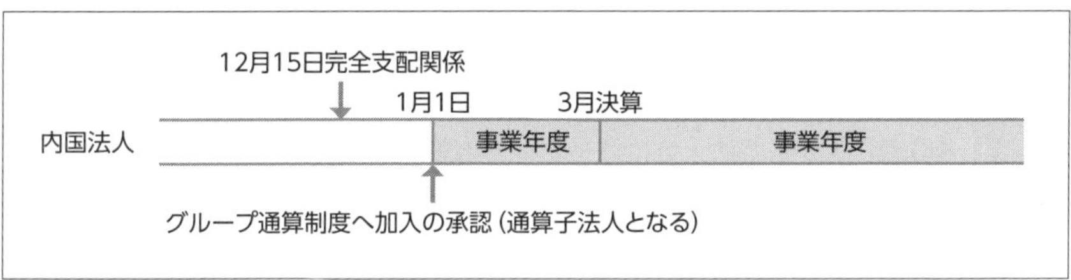

■【特例（2）】特例決算期間の期間を会計期間（３月決算）にした場合

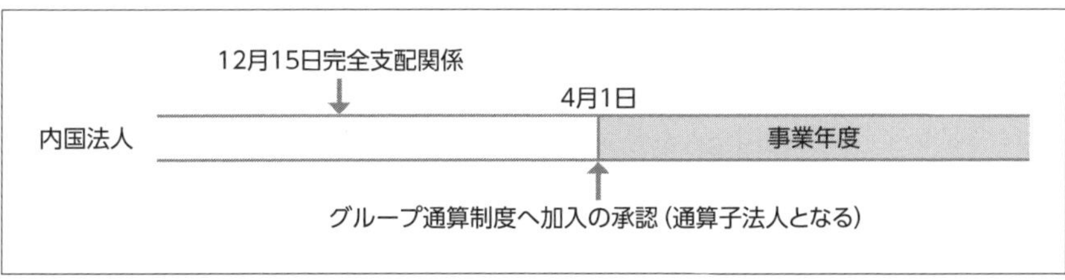

3. グループ通算制度の取りやめ等

グループ通算制度を適用している法人は、やむを得ない事情があると認められるときは、国税庁長官の承認を受けて、グループ通算制度の適用を受けることをやめることができます。ただし、通算法人は、取りやめの承認を受けようとするときは、通算法人の全ての連名で、その理由を記載した申請書を通算親法人の納税地の所轄税務署長を経由して、国税庁長官に提出しなければなりません。

国税庁長官は、申請書の提出があった場合において、やめることにつきやむを得ない事情がないと認めるときは、その申請を却下することができます。国税庁長官より承認を受けた場合には、その承認を受けた日の属する事業年度終了の日の翌日から、その効力が失われます（法法64の10①～④）。

また、青色申告の承認の取消しの通知を受けた通算法人についても、その通知を受けた日から通算承認の効力が失われます（法法64の10⑤）。

また、次に掲げる事実が生じた場合には、通算法人については、通算承認は、当該各号に定める日から、その効力を失うことになります（法法64の10⑥）。

	通算制度取りやめの事実	効力を失う日	対象法人
1	通算親法人の解散	その解散の日の翌日	通算親法人及び他の通算法人の全て
2	通算親法人が公益法人等に該当することとなったこと	その該当することとなった日	通算親法人及び他の通算法人の全て
3	通算親法人と内国法人との間に当該内国法人による完全支配関係が生じたこと	その生じた日	通算親法人及び他の通算法人の全て
4	通算親法人と内国法人（公益法人等に限る）との間に当該内国法人による完全支配関係がある場合において、当該内国法人が普通法人又は協同組合に該当することとなったこと	その該当することとなった日	通算親法人及び他の通算法人の全て

5	通算子法人の解散（合併又は破産手続開始の決定による解散に限る）又は残余財産の確定	その解散の日の翌日又はその残余財産の確定の日の翌日	その通算子法人
6	通算子法人が通算親法人との間に当該通算親法人による通算完全支配関係を有しなくなったこと	その有しなくなった日	その通算子法人
7	通算子法人について５や６に掲げる事実又は青色申告の承認の取消しの通知を受けてにより通算承認が効力を失ったことに基因して通算法人が通算親法人のみとなったこと	その通算親法人のみとなった日	通算親法人

連結納税制度を適用している場合の経過措置

Q41　連結納税制度の承認を受けている連結法人のグループ通算制度移行時における通算承認の方法等の経過措置の取扱いについて教えてください。

！ポイント

- 連結納税制度の承認を受けている法人については、原則として、令和４年４月１日以後最初に開始する事業年度の開始の日において、通算承認があったものとみなされる。
- また、その法人が青色申告の承認を受けていない場合には、同日において青色申告の承認があったものとみなされる。
- 連結法人は、その連結法人に係る連結親法人が令和４年４月１日以後最初に開始する事業年度開始の日の前日までに税務署長に届出書を提出することにより、グループ通算制度を適用しない法人となることができる。

A 1. 通算承認に関する経過措置

令和４年３月31日において連結親法人に該当する内国法人及び同日の属する連結親法人事業年度終了の日において当該内国法人との間に連結完全支配関係がある連結子法人については、同日の翌日において、国税庁長官による通算承認があったものとみなされます（改正法附則29①）。

また、青色申告の承認を受けていない内国法人が通算承認を受けた場合には、当該承認の効力が生じた日において青色申告の承認があったものとみなされます（法法125②）。

2. グループ通算制度を適用しない場合

連結親法人が令和４年４月１日以後最初に開始する事業年度開始の日の前日までに、一定の事項を記載した届出書を納税地の所轄税務署長に提出した場合には、当該連結親法人及びその連結親法人との間に連結完全支配関係がある連結子法人については、グループ通算制度は適用されません（改正法附則29②）。

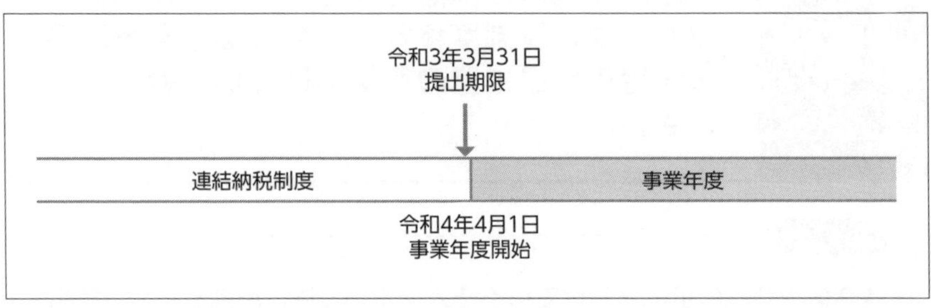

通算制度における事業年度の特例

Q42 通算親法人と通算子法人の事業年度の関係について、教えて下さい。

ポイント

- 通算子法人で通算親法人の事業年度開始の時に、その通算親法人との間に通算完全支配関係がある通算子法人の事業年度は、その親法人の事業年度開始の日に開始するものとされる。
- 通算子法人で通算親法人の事業年度終了の時に、その通算親法人との間に通算完全支配関係がある通算子法人の事業年度は、その親法人の事業年度終了の日に終了するものとされる。
- 通算子法人である期間については、その通算子法人の会計期間等による事業年度で区切られないため、通算親法人の事業年度と同じ期間がその通算子法人の事業年度となる。

A　1. 通算子法人の事業年度

通算親法人の事業年度開始の時にその通算親法人との間に通算完全支配関係[注]がある通算子法人の事業年度は、通算親法人の事業年度開始の日に開始するものとされ、通算親法人の事業年度終了の日に終了するものされます（法法14③）。

したがって、通算親法人と事業年度が異なる通算子法人は、通算親法人の事業年度に合わせて個別申告方式での申告を行うことになります。

（注）　通算完全支配関係とは、通算親法人と通算子法人との間の完全支配関係、又は通算親法人との間に完全支配関係がある通算子法人相互の関係をいいます（法法２）。

■通算親法人と通算子法人との間に継続して通算完全支配関係がある場合

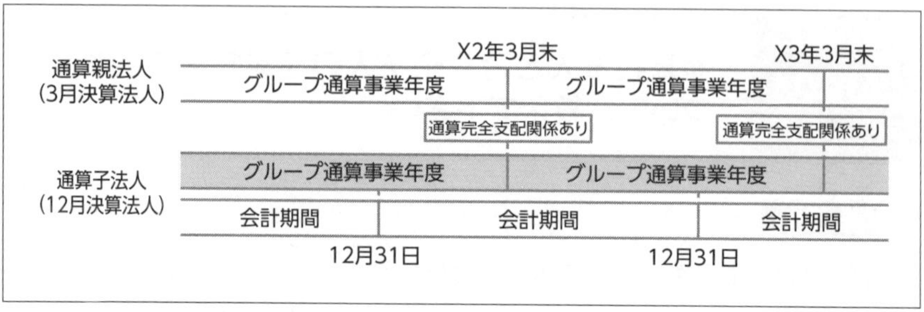

		X2年3月末		X3年3月末
通算親法人（3月決算法人）	グループ通算事業年度		グループ通算事業年度	
		通算完全支配関係あり		通算完全支配関係あり
通算子法人（12月決算法人）	グループ通算事業年度		グループ通算事業年度	
	会計期間	会計期間		会計期間
	12月31日		12月31日	

新たに加入する場合の事業年度の特例

Q43　通算子法人がグループ通算制度への加入・離脱した場合における事業年度の取扱いについて教えて下さい。

ポイント

・内国法人において、下記（1）、（2）の事実が生じた場合の事業年度は、その事実が生じたそれぞれに定める日の前日に終了し、これに続く事業年度は、それぞれ次に定める日から開始する。

（1）内国法人が通算親法人との間にその通算親法人による完全支配関係を有することとなった場合には、その有することとなった日（以下「加入日」という）

（2）内国法人が通算親法人との間にその通算親法人による通算完全支配関係を有しなくなった場合には、その有しなくなった日（以下「離脱日」という）

A　1. 通算子法人の事業年度

次の（1）、（2）の事実が生じた場合には、その事実が生じた内国法人の事業年度は、それぞれ次に定める日の前日に終了し、これに続く事業年度は、一定の場合を除き、それぞれの次に定める日から開始するものとされます（法法

14④）。

（１）内国法人が通算親法人との間にその通算親法人による完全支配関係を有することとなったときは、その有することとなった日に事業年度が開始するものとされます。

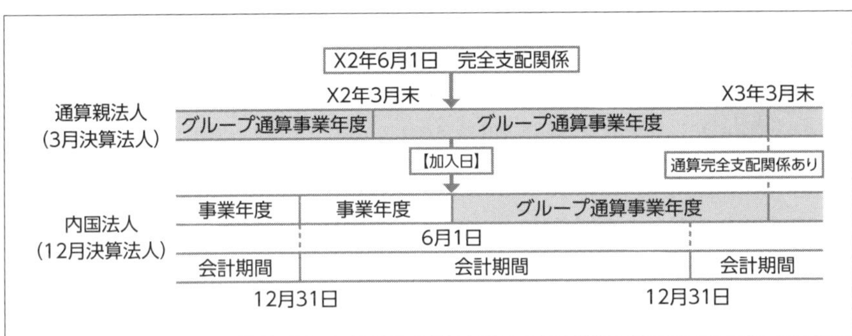

（２）内国法人が通算親法人との間にその通算親法人による通算完全支配関係を有しないことになったときは、その有しなくなった日に事業年度が終了するものとされます。

X2年7月31日　離脱
X2年3月末
X3年3月末
通算親法人
（3月決算法人）
グループ通算事業年度
グループ通算事業年度
通算完全支配関係あり
【離脱日】
内国法人
（12月決算法人）
グループ通算事業年度
グループ通算事業年度
事業年度
事業年度
7月31日
会計期間
会計期間
会計期間
12月31日
12月31日

新たに加入する場合の加入時期の特例

Q44

内国法人がグループ通算制度に加入することになった場合において、その加入時期についての特例が受けられると聞きましたが、その特例の内容について教えて下さい。

ポイント

・内国法人が通算親法人との間にその通算親法人による完全支配関係を有することとなった場合等において、その内国法人の加入日の前日の属する事業年度に係る確定申告書の提出期限となる日までに、通算親法人等が加入時期の特例の適用を受ける旨の届出書を提出したときは、通算承認については、それぞれ次の通り取り扱われる。

（1）その加入日からその加入日の前日の属する特例決算期間の末日まで継続して、その通算親法人の間にその通算親法人による完全支配関係がある場合は、その加入日の前日の属する特例決算期間の末日の翌日をもって、通算承認された日となる。

（2）上記（1）以外の場合で、特例決算期間の中途において、その通算親法人による完全支配関係を有しないこととなった内国法人は、通算子法人とはならず、その内国法人の会計期間等による事業年度となる。

A 加入時期の特例

内国法人が加入時期の特例を受ける場合は、その内国法人が加入時期の特例の適用がないものとした場合に加入日の前日の属する事業年度に係る確定申告書の提出期限となる日までに、通算親法人が加入時期の特例の適用を受ける旨の届出書を納税地の所轄税務署長に提出する必要があります。

1．その加入日からその加入日の前日の属する特例決算期間(注)の末日まで継続してその内国法人とその通算親法人との間にその通算親法人による完全支配関係がある場合は、その加入日の前日の属する特例決算期間(注)の末日の翌日をもって完全支配関係を有する日に定められます（法法14⑧）。

■通算親法人及び内国法人が３月決算の場合で、特例決算期間を会計期間とした場合

X2年6月1日　完全支配関係
X2年4月1日
X3年4月1日
通算親法人
(3月決算法人)
グループ通算事業年度
グループ通算事業年度
グループ通算事業年度
【加入日】
通算完全支配関係あり
内国法人
(同上)
事業年度
特例決算期間
グループ通算事業年度
会計期間
会計期間
会計期間
特例計算期間の翌日

また、内国法人と他の内国法人との間に当該内国法人による完全支配関係がある場合において、当該内国法人が当該加入時期の特例の適用を受けるときは、当該他の内国法人もその特例の適用を受けることになります（個通2-4）。

2．前項以外の場合として、特例決算期間(注)の中途において、その通算親法人との間にその通算親法人による完全支配関係を有しないこととなった内国法人は、通算子法人とならず、その会計期間等による事業年度となります。

■通算親法人及び内国法人が３月決算の場合で、特例決算期間を会計期間とした場合

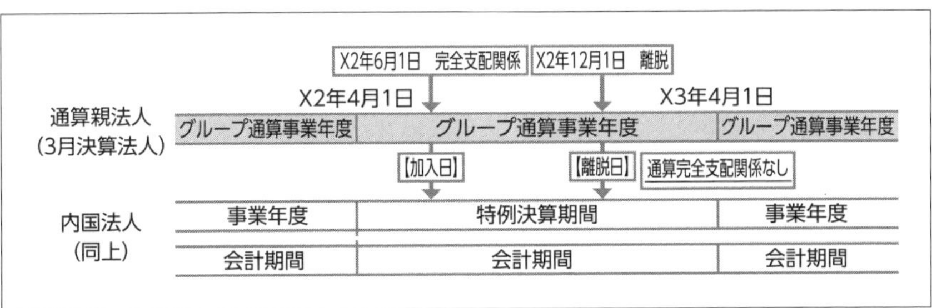

(注)　特例決算期間とは、その内国法人の（１）月次決算期間（会計期間をその開始の日以後１月ごとに区分した各期間をいいます。）又は、（２）会計期間をいい、かつ、加入時期の特例の適用を受ける旨の届出書に記載して

いる期間をいいます。

申告・納付等の手続き

Q45　通算グループ内の各通算法人における申告・納付・連帯納付責任等の手続きについて教えてください。

ポイント

- グループ通算制度の適用を受ける通算グループ内の各通算法人を納税単位として、その各通算法人が個別に法人税額の計算及び申告を行う。
- 通算法人は、事業年度開始の時における資本金の額又は出資金の額が１億円超であるか否かにかかわらず電子情報処理組織（e-Tax）を使用する方法により納税申告書を提出する必要がある。
- 通算法人は、他の通算法人の各事業年度の法人税について、連帯納付の責任を負う。

A　1. 納税単位

グループ通算制度においては、その適用を受ける通算グループ内の各通算法人を納税単位として、その各通算法人が個別に法人税額の計算及び申告を行います（法法２の12の６の７、２の12の７、74）。連結納税制度では連結納税制度を選択した企業グループを一体として所得及び税額を計算し連結親法人が申告・納付を行っていましたが、グループ通算制度ではグループ通算制度を選択した企業グループの各法人それぞれが所得及び税額を計算し、それぞれの法人の所轄税務署に対して申告・納付を行います。

2. 電子申告

その事業年度開始の時において資本金の額又は出資金の額が１億円を超える等の一定の法人は電子申告（電子情報処理組織（「e-Tax」）を使用する方法）

が義務付けられます（法法75の３）が、通算法人は、事業年度開始の時における資本金の額又は出資金の額が１億円超であるか否かにかかわらず、電子申告による申告書の提出を行う必要があります（法法75の４①②）。

3. 連帯納付

通算法人は、他の通算法人の各事業年度の法人税（その通算法人と当該他の通算法人との間に通算完全支配関係がある期間内に納税義務が成立したものに限ります。）について、連帯納付の責任を負います（法法152①）。また、グループ通算制度の取りやめ等によって通算承認の効力を失った場合であっても、当該通算承認の効力を失う日前に終了した他の通算法人の各事業年度の所得に対する法人税（当該通算法人が当該他の通算法人との間に通算完全支配関係がある期間内に納税義務が成立したものに限ります。）について連帯納付の責任の規定が適用されます（個通2-75）。

制度の移行に伴う経過措置

Q46　現在連結納税制度を適用している場合に、グループ通算制度に移行する際の経過措置について教えてください。

ポイント

- 連結納税制度を適用している連結グループは、自動的にグループ通算制度へ移行する。また青色申告の承認を受けていない場合には移行同時に承認があったものとされる。
- 通算承認があったものとみなされた連結親法人が、連結確定申告書の提出期限の延長特例及び延長期間の指定の規定の適用を受けている場合には、グループ通算制度へ移行するグループ内の全ての通算法人について、延長特例の適用及び延長期間の指定を受けたものとみなされる。
- グループ通算制度を望まない連結グループは、税務署長に届け出ることでグループ通算制度を適用しない単体納税法人になることができる。

A 1. 連結納税制度からのみなし承認

既に連結納税制度の承認を受けている企業グループについては、原則として、令和4年4月1日以後最初に開始する事業年度の開始の日において、通算承認があったものとみなされ、同日からその効力が生じます（R2改正法附29①）。また、連結納税制度を選択している期間中に設立されて連結グループに加入した法人など、通算承認があったものとみなされた時点において青色申告の承認を受けていない法人については、同日において青色申告の承認があったものとみなされます（法法125②）。

2. 延長特例の適用等

1.の規定において通算承認があったものとみなされた連結親法人が、連結確定申告書の提出期限の延長特例及び延長期間の指定（旧法法81の24①）の規定の適用を受けている場合には、グループ通算制度へ移行するグループ内の全ての通算法人について、延長特例の適用及び延長期間の指定を受けたものとみなされます（R2改正法附34①②）。

3. グループ通算制度の不適用

連結法人は、その連結法人に係る連結親法人が令和4年4月1日以後最初に開始する事業年度開始の日の前日までに税務署長に届出書を提出することにより、グループ通算制度を適用しない法人となることができます（R2改正法附29②）。ただし、この場合には青色申告の承認があったものとみなされないため、連結納税制度を選択している期間中に連結親法人又は連結子法人が設立した連結法人など、青色申告の承認を受けていない法人については個別に申請を行う必要があります。

損益通算：グループ全体で所得金額が発生する場合の取扱い

Q47　**グループ通算制度を適用した場合に、グループ全体で所得金額が発生したときの損益通算の計算方法について教えて下さい。**

ポイント

- グループ通算制度では、各事業年度で発生したグループ内法人の所得と欠損を損益通算により相殺処理を行う。
- 所得が発生した法人では、各欠損法人の欠損金額の合計額が、各所得法人の所得の金額の比で配分され（プロラタ計算）、各所得法人で損金算入される。
- 欠損が発生した法人では、前述の計算で損金算入された金額の合計額（使用した欠損金の合計額）が各欠損法人の欠損金額の比で配分され（プロラタ計算）、各欠損法人で益金算入される。

A　グループ通算制度を導入した場合、各事業年度において、所得が生じた法人と欠損が生じた法人の両方が存するときは、所得が生じた法人は、欠損が生じた法人の欠損を利用して所得を減額させることができます。法人税法上、これを「損益通算」とよび、グループ通算制度を採用する大きなメリットの一つといえます。

損益通算を行った結果、グループ内で発生した所得金額の合計額と欠損金額の合計額を比較して、所得金額の合計額の方が大きく欠損金額の合計額をすべて使い切ってしまう場合（所得金額の合計額が欠損金額の合計額と同額になる場合を含みます）と、欠損金額の合計額の方が大きく欠損金額が一部残ってしまう場合の２通りの状況が考えられますが、前者のケースはこのQ47で、後者のケースは次のQ48で説明します。

1. 計算のステップ

(1)基本的な考え方

親会社とその100％子会社の２社のみでグループ通算制度を採用しているものとし、ある事業年度において、親会社（通算親法人）に100の所得、子会社（通算子法人）に80の欠損が生じたというシンプルなケースで説明します。

（所得法人（通算親法人）の処理）

所得法人（通算親法人）側で、使用する欠損金額（「通算対象欠損金額」といいます。）を計算し、損金算入を行います（法法64の５①）。

このケースでは、欠損法人（通算子法人）の欠損80を所得法人（通算親法人）の所得100を限度に所得法人（通算親法人）側で損金算入します。欠損80の方が所得100より小さいため、所得法人（通算親法人）において80（全額）の損金算入を行います。結果、所得は20（＝100▲80）となります。

（欠損法人（通算子法人）の処理）

欠損法人（通算子法人）側で、使用された欠損金額（「通算対象所得金額」といいます。）を計算し、益金算入を行います（法法64の５③）。

このケースでは、所得法人（通算親法人）の所得100を欠損法人（通算子法人）の欠損80を限度に欠損法人（通算子法人）側で益金算入します。欠損80の方が所得100より小さいため、欠損法人（通算子法人）において限度額の80の益金算入を行います。結果、所得は０（＝▲80＋80）となり欠損は残りません。

このように、所得金額と欠損金額を比較して所得金額が大きいケースでは、欠損金額相当額を所得法人において損金算入し、同額を欠損法人において益金算入することとなります。

以上がシンプルなケースとなりますが、実際はグループ内に複数の法人が存在し、そのうち複数社で所得が、残り複数社で欠損が生じるケースがあります。その場合にどのように各社に欠損を配分するかですが、使用する欠損（通算対象欠損金額）を所得法人各社の所得金額の比で配分して損金算入します。一方で使用された欠損（通算対象所得金額）は欠損法人各社の欠損金額の比で配分して益金算入します。所謂プロラタ計算を行うこととなります。具体的な計算方法は以下の（２）（３）の通りです。

（2）通算対象欠損金額の計算方法（法法64の５②）

損益通算により、各所得法人が損金算入する金額は以下の計算式で求めます。

$$\text{全欠損法人の欠損金額の合計額 A（C を限度）} \times \frac{\text{各所得法人の所得金額 B}}{\text{全所得法人の所得金額の合計額 C}}$$

上記計算式の「所得金額」は損益通算及び欠損金の控除前の所得の金額（「通算前所得金額」といいます。）を用います。また、「欠損金額」は損益通算前の欠損金額（「通算前欠損金額」といいます。）を用います（以下（３）において同様。）。

（3）通算対象所得金額の計算方法（法法64の５④）

損益通算により、各欠損法人が益金算入する金額は以下の計算式で求めます。

$$\text{全所得法人の所得金額の合計額 A（C を限度）} \times \frac{\text{各欠損法人の欠損金額 B}}{\text{全欠損法人の欠損金額の合計額 C}}$$

（4）離脱時の取扱い

例えば、通算親法人（３月決算）が、通算子法人の株式を X1年10月１日にグループ外の第三者に譲渡するなどして、通算子法人が離脱する場合には、通算子法人は X1年４月１日から X1年９月30日までの期間について、通算法人として申告を行う必要がありますが、その際に損益通算の規定の適用はありません（法法64の５①③、個通2-20）。

（5）期限内申告書を提出しなかった法人に係る損益通算の取扱い（個通2-21）

通算グループ内のある法人において期限内申告書を提出することができなかった場合には、当該法人の通算前所得金額及び通算前欠損金額はゼロとなり、遮断措置の規定の濫用を防止するために遮断措置の不適用（全体再計算）が適用される場合（Q53参照）を除き、損益通算によって当該法人の損金の額又は益金の額に算入される金額はないこととなります。

2. 計算例

グループ全体で所得金額が発生する前提で、損益通算を行った場合の計算過程について以下具体例を用いて説明します。

【計算例】

P社、S1社、S2社、S3社の4社でグループ通算制度を適用しており、ある事業年度において、P社とS1社がそれぞれ500と300の所得が発生し、S2社とS3社がそれぞれ300と100の欠損が発生したものとします。

この場合の各社の損益通算の計算、損益通算後の所得金額は以下の表の通りです。

<table>
<tr><th>P社</th><th>S1社</th><th>S2社</th><th>S3社</th></tr>
<tr><td>所得　500</td><td>所得　300</td><td>欠損　▲300</td><td>欠損　▲100</td></tr>
<tr><td colspan="2">所得の合計額　800</td><td colspan="2">欠損の合計額　▲400</td></tr>
<tr><td colspan="4">所得の合計額800＞欠損の合計額400のため、400を限度に損益通算</td></tr>
<tr><td colspan="2">通算対象欠損金額を所得法人各社の所得金額の比で配分して損金算入</td><td colspan="2">通算対象所得金額を欠損法人各社の欠損金額の比で配分して益金算入</td></tr>
<tr><td>損金算入額
▲400×500/800
=▲250</td><td>損金算入額
▲400×300/800
=▲150</td><td>益金算入額
400×300/400
=300</td><td>益金算入額
400×100/400
=100</td></tr>
<tr><td colspan="4">損益通算後の所得金額</td></tr>
<tr><td>500▲250=250</td><td>300▲150=150</td><td>▲300+300=0</td><td>▲100+100=0</td></tr>
</table>

以上の結果、P社とS1社は損益通算によって当該事業年度の所得金額が減少し、一方でS2社とS3社は損益通算によって翌事業年度に繰り越す欠損金がゼロとなります。

損益通算：グループ全体で欠損金額が発生する場合の取扱い

Q48　グループ通算制度を適用した場合に、グループ全体で欠損金額が発生したときの損益通算の計算方法について教えて下さい。

ポイント

・グループ全体で欠損金額が発生する場合には、所得が発生した法人の所得金額の合計額を限度として欠損を使用することができる。
・使用する欠損金に限度があることを除き、損益通算の計算方法はグループ全体で所得金額が発生する場合（Q47）と同様である。

A　損益通算を行った結果、グループ内で発生した所得金額の合計額と欠損金額の合計額を比較して、欠損金額の合計額の方が大きく欠損金額が一部残ってしまう場合について説明します。

1. 基本的な考え方

親会社とその100％子会社の２社のみでグループ通算制度を採用しているものとし、ある事業年度において、親会社に80の所得、子会社に100の欠損が生じたというシンプルなケースで説明します。

（所得法人（通算親法人）の処理）

所得法人（通算親法人）側で、通算対象欠損金額を計算し、損金算入を行います（法法64の５①）。

このケースでは、欠損法人（通算子法人）の欠損100を所得法人（通算親法人）の所得80を限度に所得法人（通算親法人）側で損金算入します。所得80の方が欠損100より小さいため、所得法人（通算親法人）において限度額の80の損金算入を行います。結果、所得は０（＝80▲80）となります。

（欠損法人（通算子法人）の処理）

欠損法人（通算子法人）側で、通算対象所得金額を計算し、益金算入を行います（法法64の5③）。

このケースでは、所得法人（通算親法人）の所得80を欠損法人（通算子法人）の欠損100を限度に欠損法人（通算子法人）側で益金算入します。所得80の方が欠損100より小さいため、欠損法人（通算子法人）において80の益金算入を行います。結果、使用しきれず残る欠損が20（＝▲100＋80）となります。

このように、所得金額と欠損金額を比較して欠損金額が大きいケースでは、所得金額相当額を所得法人において損金算入し、同額を欠損法人において益金算入することとなります。

以上がシンプルなケースとなりますが、実際はグループ内に複数の法人が存在し、そのうち複数社で所得が、残り複数社で欠損が生じるケースがあります。その場合にどのように各社に欠損を配分するかですが、Q47と同様にプロラタ計算を行います。

2. 計算例

グループ全体で欠損金額が発生する前提で、損益通算を行った場合の計算過程について具体例を用いて説明します。

【計算例】

P社、S1社、S2社、S3社の4社でグループ通算制度を適用しており、ある事業年度において、P社とS1社がそれぞれ300と100の所得が発生し、S2社とS3社がそれぞれ500と300の欠損が発生したものとします。

この場合の各社の損益通算の計算、損益通算後の所得金額及び欠損金額は以下の表の通りです。

P社	S1社	S2社	S3社
所得　300	所得　100	欠損　▲500	欠損　▲300
所得の合計額　400		欠損の合計額　▲800	
所得の合計額400＜欠損の合計額800のため、400を限度に損益通算			
通算対象欠損金額を所得法人各社の所得金額の比で配分して損金算入		通算対象所得金額を欠損法人各社の欠損金額の比で配分して益金算入	
損金算入額 ▲400×300/400 ＝▲300	損金算入額 ▲400×100/400 ＝▲100	益金算入額 400×500/800 ＝250	益金算入額 400×300/800 ＝150
損益通算後の所得金額（欠損金額）			
300▲300＝０	100▲100＝０	▲500＋250＝▲250	▲300＋150＝▲150

以上の結果、Ｐ社とS1社は損益通算によって当該事業年度の所得金額がゼロとなり、一方でS2社とS3社は損益通算によって翌事業年度に繰り越す欠損金がそれぞれ250と150となります。

損益通算の遮断措置

Q49

通算グループ内の一法人に、確定申告後に税務調査があるなどして、修正申告を行ったり、更正を受けたりした場合はどのように計算されますか。

ポイント

- 修正申告や更正（修更正）があり、所得や欠損の金額が当初の確定申告書に記載した金額と異なることとなった場合でも、損益通算の計算上は、当初申告の金額を変更しない（遮断される）。
- これにより、修更正が生じた場合には、それが行われた一法人のみの是正で足り、通算グループ内の他の法人の所得金額や税額に影響を及ぼさずに済むこととなる。

第３章

・ただし、一定の場合には、損益通算の遮断措置が適用されない（Q53参照）。

A　連結納税制度は、完全支配関係にある企業グループを1つの納税単位として、グループ内の全法人が共同して法人税額の計算及び申告を行い、その中で所得と欠損を相殺処理する計算の仕組みとなっています。そのため、確定申告後に税務調査などで、グループ内の1社でも修更正により所得金額又は欠損金額に変更があった場合には、グループ内の全法人で計算のやり直しを行う必要があり、そのことが事務負担になっているという問題点がありました。

グループ通算制度では、この問題を解消する仕組みが採用されています。具体的には、税務調査などにより後発的に修更正事由が生じた場合に、原則として、その修更正が生じた法人のみで計算のやり直しを完結させ、他の法人にはその影響を及ぼさないこととされています。このことを「遮断措置」とよび、損益通算や欠損金の通算、外国税額控除、研究開発税制等の計算で採用されている仕組みです（法法64の5⑤ほか）。

以下、具体例で説明します。

P社、S1社、S2社、S3社の4社でグループ通算制度を適用しており、ある事業年度において、当初申告では、P社とS1社がそれぞれ500と300の所得が発生し、S2社とS3社がそれぞれ300と100の欠損が発生したものとします。

この場合の各社の損益通算の計算、損益通算後の所得金額は以下の表の通りです。

P社	S1社	S2社	S3社
所得　500	所得　300	欠損　▲300	欠損　▲100
所得の合計額　800		欠損の合計額　▲400	
通算対象欠損金額を所得法人各社の所得金額の比で配分して損金算入		通算対象所得金額を欠損法人各社の欠損金額の比で配分して益金算入	
損金算入額 ▲400×500/800 ＝▲250	損金算入額 ▲400×300/800 ＝▲150	益金算入額 400×300/400 ＝300	益金算入額 400×100/400 ＝100
損益通算後の所得金額			
500▲250＝250	300▲150＝150	▲300＋300＝０	▲100＋100＝０

その後、S2社に対して税務調査が行われ、欠損金額300のうち100が否認され、欠損金額を200とする修正申告を行ったとします。このとき、損益通算の遮断措置により、以下の表の通り計算されます。

P社	S1社	S2社	S3社
所得　500	所得　300	欠損　~~▲300~~ →　▲200	欠損　▲100
当初申告で行った損益通算の金額は変更しない（遮断措置）			
損金算入額 ▲400×500/800 ＝▲250	損金算入額 ▲400×300/800 ＝▲150	益金算入額 400×300/400 ＝300	益金算入額 400×100/400 ＝100
損益通算後の所得金額			
500▲250＝250	300▲150＝150	▲200＋300＝100	▲100＋100＝０

このように、グループ内の一法人に修更正事由が生じた場合、損益通算で用いる金額を当初申告の金額から変更させないことで、修更正がない他の法人には計算の影響を及ぼさず、修更正があった法人（このケースではS2社）のみで是正を行うこととなります。

なお、一定の場合には、損益通算の遮断措置を行わないこととされています（Q53参照）。

欠損金の繰越控除の計算

Q50 グループ通算制度を適用した場合の欠損金の繰越控除の計算方法を教えてください。

ポイント

・各通算法人の繰越控除の適用を受ける欠損金額は、その通算法人の特定欠損金額と非特定欠損金額（グループ全体の特定欠損金額以外の欠損金額の合計額を特定欠損金額等控除後の損金算入限度額の比で配分した金額）の合計額とされる。

・各通算法人の繰越控除額（損金算入額）は、次の金額が限度とされる。

（1）特定欠損金額

各通算法人の損金算入限度額の合計額を各通算法人の特定欠損金額のうち欠損控除前所得金額に達するまでの金額の比で配分した金額

（2）非特定欠損金額

各通算法人の特定欠損金額の繰越控除後の損金算入限度額の合計額を各通算法人の非特定欠損金額の比で配分した金額

・連結納税制度における特定連結欠損金個別帰属額は、グループ通算制度における特定欠損金額とみなし、連結納税制度における非特定連結欠損金個別帰属額はグループ通算制度における非特定欠損金額とみなす経過措置がある。

A 1. 概要

内国法人の各事業年度開始の日前10年以内に開始した事業年度において生じた欠損金額がある場合、損金算入限度額（中小法人等を除き、欠損金の繰越控除適用前の所得金額の50％相当額）を限度として、当該各事業年度の所得金額の計算上、損金の額に算入されます（法法57①）。

この点、グループ通算制度を適用している場合であっても、各通算法人において欠損金の繰越控除額（損金算入額）の計算を行うのは単体納税と同様ですが（法法57①)、その適用上、欠損金額は特定欠損金額と特定欠損金額以外の欠損金額に区別され、特定欠損金額以外の欠損金額についてはグループ通算法人間で配分（ここで特定欠損金額以外の欠損金額の授受が行われ、各通算法人に配賦された後の特定欠損金額以外の欠損金額を非特定欠損金額といいます。）が行われるとともに、損金算入限度額もグループ通算法人間で配分する調整が必要です（法法64の７①二三)。なお、特定欠損金額については、通算法人間での授受は行われないため、自己の所得金額から控除されるのみとなります。

2. 繰越期限

繰越控除される欠損金額は、各事業年度開始の日前10年以内に開始した事業年度において生じた欠損金額です（法法57①)。グループ通算制度を適用している場合、通算法人の事業年度で10年内事業年度の期間内にその開始の日がある事業年度（この事業年度を対応事業年度といいます。）において生じた欠損金額が繰越控除の対象となります（法法64の７①一二)。

10年内事業年度とは、通算法人の適用事業年度開始の日前10年以内に開始した各事業年度のことをいいますが、通算子法人の適用事業年度開始の日前10年以内に開始した事業年度の開始日・終了日のいずれかが通算親法人のその事業年度の開始日・終了日と異なる場合には、通算親法人の10年内事業年度の期間が、その通算子法人の10年内事業年度の期間とされます（法法64の７①一)。

3. 古いものから順に控除

欠損金の生じた事業年度が２以上ある場合、そのうち最も古い事業年度において生じた欠損金額相当額から順次損金の額に算入します（法法57①、法基通12-1-1)。

4. 損金算入限度額

原則として損金算入限度額は欠損金控除前所得金額の50％とされています。ただし、中小法人等(注１)に該当する場合又は新設法人の特例事業年度の適用がある場合(注２)については欠損金控除前所得金額の100％を損金算入限度額とされます（法法57⑪）。

（注１）　資本金が１億円以下である普通法人をいいます。ただし、①大法人との間にその大法人による完全支配関係がある普通法人又は普通法人との間に完全支配関係がある全ての大法人が有する株式の全部をその全ての大法人のうちいずれか一の法人が有するものとみなした場合において当該いずれか一の法人と当該普通法人との間に当該いずれか一の法人による完全支配関係があることとなるときの当該普通法人に該当するもの及び②大通算法人（Q55参照）は除かれます（法法57⑪一）。

（注２）　資本金が１億円を超える場合であっても、設立日から７年を経過する日までの期間内の日の属する事業年度については、上場等した場合を除いて所得金額の100％まで控除できることとされています。ただし、（注１）①に該当する通算法人及び他の通算法人のいずれかが設立日から７年を経過している場合の通算法人等はこの適用を受けることはできません（法法57⑪三）。

5. 10年内事業年度において生じた欠損金額の計算

繰越控除される欠損金額は、適用事業年度開始の日前10年以内に開始した各事業年度（10年内事業年度）において生じた欠損金額ですが、その欠損金額は特定欠損金額と非特定欠損金額の合計額とされます（法法64の７①二）。

(1) 特定欠損金額

通算法人の対応事業年度（当該通算法人の10年内事業年度の期間内に開始日がある事業年度。2. 参照）において生じた欠損金額のうち特定欠損金額はその通算法人の欠損金額とされ、他の通算法人との配分は行われません。したがって、当該通算法人の所得金額から控除されるのみとなります。

特定欠損金額とは以下の金額をいいます（法法64の７②）。

①　時価評価除外法人の開始前・加入前に生じた欠損金額

②　通算完全支配関係のない法人を被合併法人とする適格合併を行ったこと等により引き継ぐ欠損金額

③　損益通算の対象となる欠損金額の特例（法法64の６）によりないものと

された金額

なお、欠損金額からは、過去の事業年度において既に損金算入された金額、適格組織再編成等が行われたことにより欠損金の使用制限規制の適用を受けた金額、グループ通算制度の開始・加入によりないものとされた金額、欠損金の繰戻還付により還付を受けるべき金額の計算の基礎となったもの等は除かれます（法法64の７①二イ、法法57①④～⑥⑧⑨、法法58①、法法57の２①、法法80）。

(２)非特定欠損金額

10年内事業年度に生じた特定欠損金額以外の欠損金額は10年内事業年度ごとに以下に示す算式により各通算法人への配分計算が行われ、基本的には配分後の当該欠損金額が非特定欠損金額となります。

$$\text{非特定欠損金配賦額} = \text{通算グループ全体の特定欠損金額以外の欠損金額の合計額} \times \frac{\text{当該通算法人の適用事業年度の損金算入限度額}^{(注)}}{\text{各通算法人の適用事業年度の損金算入限度額の合計額}^{(注)}}$$

（注）　その10年内事業年度より古い事業年度に係る欠損金額で損金算入される金額及びその10年内事業年度に係る対応事業年度の特定欠損金額で損金算入される金額がある場合にはその金額を控除します。

非特定欠損金額の配分計算は10年内事業年度のうち古い事業年度から行われ、新しい事業年度では、分子、分母の損金算入限度額からより古い事業年度の損金算入額及び対応事業年度の特定欠損金額の損金算入額を控除して配賦計算します。なお、通算グループ全体の損金算入限度額（分母）がゼロである場合には配賦計算は行われず、通算法人の特定欠損金額以外の欠損金額がそのまま、その通算法人の非特定欠損金額となります。

6. 控除限度額

10年内事業年度において生じた特定欠損金額と非特定欠損金額の繰越控除額は、それぞれ以下の金額が限度額とされ、限度額を超える部分の金額は損金に算入されません（法法64の７①三、法法57①）。

(1)特定欠損金額に係る限度額（特定損金算入限度額）

特定欠損金額に係る限度額は、以下の算式の通り、10年内事業年度ごとに各通算法人の損金算入限度額の合計額を各通算法人の特定欠損金額のうち欠損控除前所得金額に達するまでの金額の比で配分した金額とされます。したがって、以下の算式により計算した通算法人の特定損金算入限度額がその通算法人の損金算入限度額(中小法人等を除いて欠損控除前所得金額の50%相当額)を上回っても、特定損金算入限度額までが損金に算入されることとなります（個通2-26)。下記算式の割合の分母がゼロである場合はゼロ、割合が1を超える場合は1として計算されます。

$$\text{特定損金算入限度額} = \text{当該通算法人の特定欠損金額のうち欠損控除前所得金額}^{(注)}\text{に達するまでの金額} \times \underbrace{\frac{\text{各通算法人の損金算入限度額}^{(注)}\text{の合計額}}{\text{各通算法人の特定欠損金額のうち欠損控除前所得金額}^{(注)}\text{に達するまでの金額の合計額}}}_{\text{(割合)}}$$

（注） その10年内事業年度より古い事業年度に係る欠損金額で損金算入される金額は控除

(2)非特定欠損金額に係る限度額（非特定損金算入限度額）

非特定欠損金額に係る限度額は、以下の算式の通り、10年内事業年度ごとに各通算法人の特定欠損金額等の繰越控除後の損金算入限度額の合計額を各通算法人の非特定欠損金額の比で配分した金額とされます。なお、非特定損金算入割合は分母の非特定欠損金額の合計額がゼロである場合はゼロ、非特定損金算入割合が1を超える場合は1とされます。

$$\text{非特定損金算入限度額} = \text{当該通算法人の非特定欠損金額} \times \text{非特定損金算入割合}$$

$$\text{非特定損金算入割合} = \frac{\text{各通算法人の損金算入限度額の合計額}^{(注)}}{\text{各通算法人の非特定欠損金額の合計額}}$$

（注）　その10年内事業年度より古い事業年度に係る欠損金額で損金算入される金額及びその10年内事業年度に係る対応事業年度の特定欠損金額で損金算入される金額がある場合にはその金額を控除します。

7. 翌事業年度以後の欠損金の繰越控除の適用

欠損金の通算の適用を受けた事業年度後の欠損金の繰越しの適用上、欠損金額から控除される既に損金算入された金額は以下の金額の合計額とされます（法法64の７①四）。

（１）各事業年度において生じた特定欠損金額のうち、当該各事業年度に係る特定損金算入限度額に達するまでの金額

（２）各事業年度において生じた特定欠損金額以外の欠損金額に非特定損金算入割合を乗じた金額

8. 具体例

（1）前提（適用事業年度：X＋２年）

①　通算親法人はＰ社、通算子法人はS1社及びS2社

②　資本金の額はＰ社１億円、S1社３億円、S2社１千万円

③　X＋１年からグループ通算制度を適用

④　X年、X＋１年の欠損金、X＋２年の通算前所得金額の状況

	X		X＋1		X＋2
	特定	特定以外	特定	特定以外	損益通算前所得金額
P	50	0	20	120	150
S1	0	0	0	0	450
S2	30	0	0	80	▲200

（2）適用事業年度（X＋２年）の損益通算

所得の生じている通算法人と欠損の生じている通算法人があるため、まずは、損益通算後の課税所得を計算します（Q47参照）。S1社の資本金が１億円超のため、各通算法人の損金算入限度額は損益通算考慮後の所得金額の50％です。

	通算前課税所得	損益通算	通算後課税所得	損金算入限度額
P	150	▲50	100	50
S1	450	▲150	300	150
S2	▲200	200	0	0
計	400	0	400	200

(3)各事業年度において生じた欠損金額、控除限度額及び損金算入額の計算

① X年分（特定欠損金のみ）

	A特定欠損金額	B特定損金算入限度額					C損金算入額（AとBの低い方）
		a 欠損控除前所得金額	b Aのうちaに達するまでの金額	c 損金算入限度額合計額	d 特定損金算入割合（c/b計）	e 特定損金算入限度額（b×d）	
P	50	100	50	200	1	50	50
S1	0	300	0			0	0
S2	30	0	0			0	0
計	80	400	50			50	50

②　X＋１年分（特定欠損金額＋非特定欠損金額）

■特定欠損金額

	A 特定欠損金額	B 特定損金算入限度額					C 損金算入額（AとBの低い方）
		a 欠損控除前所得金額(注)	b Aのうちaに達するまでの金額	c 損金算入限度額合計額	d 特定損金算入割合（c/b 計）	e 特定損金算入限度額（b×d）	
P	20	50	20	150	1	20	20
S1	0	300	0			0	0
S2	0	0	0			0	0
計	20	350	20			20	20

（注）　欠損控除前所得金額からX年分の損金算入額は控除（P社分50＝100▲50）

■非特定欠損金額

	A 非特定欠損金額						B 控除限度額				C 損金算入額（AとBの低い方）
	a 特定欠損金額以外	b 損金算入限度額	c 非特定欠損金配賦額（a計×b/b計）	d （c−a）	e （a−c）	f 非特定欠損金額（a＋d−e）	g 損金算入限度額(注)	h 非特定欠損金額	i 非特定損金算入割合（g/h）	j 控除限度額（f×i）	
P	120	0	0	0	120	0			0.65	0	0
S1	0	150	200	200	0	200				130	130
S2	80	0	0	0	80	0				0	0
計	200	150				200	130	200		130	130

（注）　損金算入限度額130＝グループ全体の損金算入限度額合計200▲グループ全体の損金算入額50（X年分）▲グループ全体の特定欠損金額損金算入額20（X＋１年分）

③　損金算入額

	X		X＋1		計
	特定	非特定	特定	非特定	
P	50	−	20	0	70
S1	0	−	0	130	130
S2	0	−	0	0	0

第３章

9. 経過措置

連結納税制度では連結欠損金個別帰属額は特定連結欠損金個別帰属額と非特定連結欠損金個別帰属額に区別されていたところ、連結納税制度を採用する法人がグループ通算制度に移行した場合、特定連結欠損金個別帰属額はグループ通算制度における特定欠損金額とみなし、非特定連結欠損金個別帰属額はグループ通算制度における非特定欠損金とみなすこととされています（R2改正法附28③）。

欠損金の繰戻還付

Q51 **グループ通算制度を適用した場合の欠損金の繰戻還付の制度を教えてください。**

ポイント

- 通算法人は、通算対象外欠損金額とグループ全体の欠損金合計額（通算対象外欠損金額を除く）を還付所得事業年度の所得金額の比で配分した金額の合計額を欠損事業年度の欠損金額として還付請求の金額を計算する。
- グループ通算制度を適用している場合は、グループ通算制度を適用していない場合よりも解散等の場合の還付請求の特例を適用できる事由が限定されている。

A 1. 欠損金の繰戻還付

(1) 欠損金の繰戻還付

内国法人は、青色申告書である確定申告書を提出する事業年度に欠損が生じた場合で、欠損事業年度開始の日前1年以内に開始したいずれかの事業年度の所得に対する法人税があるときは、その法人税の全部又は一部の還付の請求をすることができます。還付請求額は以下の通り計算します（法法80①）。

$$還付請求額 = \frac{還付所得事業}{年度の法人税額} \times \frac{欠損事業年度の欠損金額^{(注)}}{還付所得事業年度の所得金額}$$

（注）　分母を限度

(2)グループ通算制度を適用する場合

適用を受ける通算法人（自社）の欠損事業年度の欠損金額（分子）は以下の金額の合計額とする調整が必要です（法法80⑦）。

①　自社の通算対象外欠損金額(注)

②　$\dfrac{グループ全体の通算対象外欠損}{金額を除く欠損金額の合計額} \times \dfrac{自社の通算対象外欠損金額控除後の所得金額}{グループ全体の通算対象外欠損金額控除後の所得金額の合計額}$

（注）　損益通算の対象となる欠損金額の特例（法法64の６）によりないものとされた金額をいい、具体的には、通算前欠損金額のうち適用期間において生ずる特定資産譲渡等損失額に達するまでの金額や多額の償却費の額が生ずる事業年度における通算前欠損金額が該当します。

(3)停止措置

欠損金の繰戻還付については、平成14年４月１日から令和４年３月31日までの間に終了する各事業年度については、中小企業者等の各事業年度において生じた欠損金額、解散等の事実が生じた場合の欠損金額等を除き、欠損金の繰戻還付の適用が停止されています（措法66の12）。グループ通算制度は令和４年４月１日以後開始事業年度から適用されますが、現時点で停止措置が延長されるかどうかは今後の改正次第です。

2. 具体例

(1)前提（欠損事業年度：X＋１）

①　通算親法人はＰ社、通算子法人はS1社及びS2社

②　還付所得事業年度の所得金額と法人税の額の状況、欠損事業年度の状況

	X（還付所得事業年度）		X＋１（欠損事業年度）		
	所得金額	法人税額	欠損金額		
				通算対象外	左記以外
P	200	46	180	50	130
S1	0	0	20	0	20
S2	300	69	0	0	0
計	500	115	200	50	150

(2) 欠損事業年度の欠損金額の計算

	A 通算対象外 欠損金額	B 通算対象外欠損金額以外			C 欠損事業年度 の欠損金額 (A+B)
		a 通算対象外 欠損金額以外	b 所得金額(注)	c 通算対象外 欠損金額以外 (a×b/b 計)	
P	50		150	50	100
S1	0		0	0	0
S2	0		300	100	100
計	50	150	450	150	200

（注）　還付所得事業年度の所得金額▲通算対象外欠損金額

(3) 還付請求額

	a 法人税額	b 欠損事業年度の 欠損金額	c 還付所得事業年度 の所得金額	d 還付請求額 (a×b/c)
P	46	100	200	23
S1	0	0	0	0
S2	69	100	300	23
計	115	200	500	46

3. 解散等の場合の還付請求の特例

解散（適格合併による解散を除きます。）、事業の全部の譲渡、会社更生法等の規定による更生手続の開始などの事実が生じた場合で、それら解散等の事実が生じた日前１年以内に終了した事業年度又は解散等の事実が生じた日の属する事業年度において生じた欠損金額には、欠損金の繰戻還付の適用が可能です。したがって、解散等の事実が生じた場合は、前期の欠損金について繰戻還付の適用をしていなかった場合であっても、前期に係る還付請求をすることができます。

この点、特例の適用を受ける内国法人が通算法人である場合、①「解散」については破産手続き開始決定による解散に限定され、②「事業の全部の譲渡」は特例の対象となる解散等の事実から除外されており（法法80④）、通算法人ではない内国法人よりも解散等の事実が限定的である点に留意が必要です。

欠損金の通算の遮断措置

Q52　**損益通算と同様に欠損金の通算にも遮断措置が設けられているとお聞きしていますが内容を教えてください。**

ポイント

- **他の通算法人において修正申告や更正があったことにより当該他の通算法人に係る損金算入限度額や過年度の欠損金額等が当初の確定申告書に記載した金額と異なることとなっても、通算法人における欠損金の繰越控除の計算上は、当初申告におけるこれらの金額を変更しない（自社への影響の遮断）。**
- **欠損金の繰越控除を適用する通算法人に修正申告や更正があったことにより損金算入限度額や過年度の欠損金額等が当初申告と異なることとなっても、他の通算法人への影響がないように、当初の期限内申告において通算グループ内の他の通算法人との間で配分し又は配分された欠損**

金額及び損金算入限度額の金額を固定する調整をした上で、その通算法人のみで欠損金額の損金算入額等が再計算される（他社への影響の遮断）。
・損益通算の遮断が不適用となる場合は、欠損金の通算の遮断措置も適用されない（Q53参照）。

A　1. 欠損金の遮断措置の基本的取扱い

修正や更正（修更正）があった場合の損益通算の遮断措置と同様、グループ通算制度を適用する企業や課税庁の事務負担の軽減等の観点から、ある通算法人に修更正があった場合に他の通算法人への影響を遮断するための措置が講じられています（法法64の７④⑤）。

2. 他の通算法人の修更正による影響の遮断

通算法人（以下「自社」といいます。）の適用事業年度（欠損金の繰越控除を適用する事業年度）終了の日に終了する他の通算法人の事業年度（他の事業年度）の損金算入限度額又は過年度の欠損金額等が当初申告額と異なるときは、それらの当初申告額が当該他の事業年度の損金算入限度額又は過年度の欠損金額等とみなされます（法法64の７④）。これにより、自社における欠損金の繰越控除の適用上、他の通算法人に修更正があっても自社は修正申告等を行わなくて済むこととなります。

具体的には期限内申告書に記載された他の通算法人に係る次の金額が固定されます。

（１）損金算入限度額
（２）10年以内に開始した各事業年度において生じた欠損金額若しくは特定欠損金額
（３）（２）のうち損金算入される金額
（４）10年以内に開始した各事業年度に係る欠損控除前所得金額

3. 通算法人に修更正があった場合の欠損金の繰越控除の適用

２のとおり、他の通算法人で修更正があっても自社の欠損金の繰越控除には影響がないこととなりますので、自社に修更正があった場合には、他の通算法人へ影響を及ぼさないように欠損金の繰越控除額を計算する必要があります。そこで、自社の適用事業年度の損金算入限度額又は過年度の欠損金額等が当初申告額と異なるときは、欠損金額及び損金算入限度額で当初の期限内申告において通算グループ内の他の通算法人との間で配分し又は配分された金額を固定する調整が必要となります（法64の７⑤⑥⑦）。

(1)欠損金の損金算入額

欠損金の繰越控除額は次の①②の金額の合計額とされます。

① 当初申告における損金算入限度額、欠損金額、特定欠損金額、特定損金算入限度額、非特定損金算入限度額に基づく被配賦欠損金控除額（注）の合計額

（注） 被配賦欠損金控除額＝欠損金の受取額※×非特定損金算入割合

※非特定欠損金配賦額から自社の特定欠損金額以外の欠損金額を控除した金額（Q50参照）

これにより、当初申告における他の通算法人から配賦された欠損金額が固定されます。

② グループ通算制度に適用される欠損金の通算の規定を適用しないものとして計算した欠損金の繰越控除額（注）

（注） 繰越控除額算定の基礎となる修更正後の欠損金額から配賦欠損金控除額※１は除外されます。また、損金算入限度額は以下の算式で計算します。

損金算入限度額＝通算法人の修更正後の損金算入限度額＋(イ)－(ロ)
　　　　　　　　　－配賦欠損金控除額※１

（イ）当初損金算入超過額（当初申告における欠損金の繰越控除額－当初申告損金算入限度額）

（ロ）当初損金算入不足額（当初申告損金算入限度額－当初申告における欠損金の繰越控除額）×損金算入不足割合※２

※１　当初申告において他の通算法人へ配賦（授与）した欠損金額に非特定損金算入割合を乗じて計算した金額

※２　損金算入不足割合＝他の通算法人の当初損金算入超過額の合計額／各通算法人の当初損金算入不足額の合計額（ただし、分母がゼロである場合には損金算入不足割合はゼロ）

(2)損金算入額が欠損金額を超過している場合の益金算入

修更正後の特定欠損金額以外の欠損金額が配賦欠損金控除額（当初申告において他の通算法人へ配賦（授与）した欠損金額に非特定損金算入割合を乗じて計算した金額）に満たない場合、通算グループ全体レベルで、発生した欠損金額を超えて繰越控除（損金算入）されていることとなります。そのため、その満たない金額は、自社の適用事業年度の所得金額の計算上、益金の額に算入されることとなります（法法64の７⑥）。

この規定の適用による益金算入部分の損金算入限度額はその部分の50%とされるべきではないため、（１）②における通算法人の修更正後の損金算入限度額は、50%の適用がない中小法人等を除いて、①と②の合計額となります（法法64の７⑦）。

①　益金算入後所得金額（益金算入後の欠損控除前所得金額）のうち益金算入額に達するまでの金額

②　（益金算入後所得金額－この規定による益金算入額）×50%

4. 具体例

(1)前提

①　通算親法人はＰ社、通算子法人はS1社及びS2社

②　資本金の額はＰ社１億円、S1社３億円、S2社１千万円

③　適用事業年度（X＋１年）の当初所得金額、修正後所得金額、10年内事業年度の欠損金額の状況

次表の通り、Ｐ社の所得金額が600増加する修更正があったものとします。

	X年			X+１年				
	特定欠損金額	特定欠損金額以外	欠損金額合計	当初申告欠損金控除前課税所得	当初申告損金算入限度額	修正後欠損金控除前課税所得	修正後損金算入限度額	修正の有無
P	0	500	500	400	200	1,000	500	修正あり
S1	0	0	0	200	100	200	100	修正なし
S2	0	0	0	200	100	200	100	修正なし
合計	0	500	500	800	400	1,400	700	

(２)当初申告の状況

	非特定欠損金額の計算						非特定損金算入限度額		非特定損金算入額(fとhの低い方)
	a 特定欠損金額以外	b 損金算入限度額	c 非特定欠損金配賦額(a計×b/b計)	d 被配賦欠損金額(c−a)	e 配賦欠損金額(a−c)	f 非特定欠損金額(a＋d−e)	g 非特定損金算入割合(注)	h 非特定損金算入限度額(f×g)	
P	500	200	250	0	250	250		200	200
S1	0	100	125	125	0	125		100	100
S2	0	100	125	125	0	125		100	100
合計	500	400	500	250	250	500	0.800	400	400

(注)　損金算入限度額400/非特定欠損金額500

(３)修正申告における欠損金の繰越控除額の計算

Ｐ社のみ修正申告しているため、Ｐ社のみ考慮します。Ｐ社の欠損金の繰越控除額は①と②の合計額です。

①　被配賦欠損金控除額

これは他の通算法人から配賦を受けた特定欠損金額以外の欠損金額で損金算入された金額ですが、Ｐ社はS1社とS2社に配賦しており、配賦を受けていないため該当する金額はありません。

②　グループ通算制度の適用がないものとして計算した損金算入額

まず、各事業年度において生じた欠損金額を計算します。この欠損金額は修正後の欠損金額ですが、配賦欠損金控除額（他の通算法人へ配賦した特定欠損金額以外の欠損金額に非特定損金算入割合を乗じた金額）がある場合、この修正後の欠損金額から控除する必要があります。

	各事業年度において生じた欠損金額の計算				
	a （修正後） 欠損金額	b 配賦 欠損金額	c 非特定 損金算入 割合	d 配賦 欠損金 控除額 (b×c)	e d 控除後 の欠損金額 (a−d)
P	500	250	0.800	200	300
S1					
S2					
合計					

続いて損金算入限度額の計算を行います。自社の修正後の損金算入限度額をベースに、他の通算法人から配賦を受けた損金算入限度額は加算し、他の通算法人へ配賦した損金算入限度額と①被配賦欠損金控除額は控除します。なお、本事例におけるＰ社では、これらの加減算する金額はありません。

	損金算入限度額の計算						
	a 修正後 損金算入 限度額	b 当初 損金算入 超過額(注1)	c 当初 損金算入 不足額(注2)	d 損金算入 不足割合 (b計/c計)	e c×d	f 被配賦 欠損金 控除額	g 損金算入 限度額 (a+b −e−f)
P	500	0	0	0.00	0	0	500
S1		0	0				
S2		0	0				
合計		0	0				

（注１） 当初申告の欠損金の繰越控除額（損金算入額）から当初申告の損金算入限度額を控除した金額

（注２） 当初申告の損金算入限度額から当初申告の欠損金の繰越控除額（損金算入額）を控除した金額

以上より、欠損金の通算を適用しない場合におけるＰ社の欠損金額は300、損金算入限度額は500となるため損金算入額は300となります。

③　損金算入額（①＋②）

Ｐ社の繰越欠損金の当期控除額は、修正申告による課税所得増加に伴い、①と②の合計額300となります。他方でS1社とS2社の繰越控除額に増減はなく、修正申告等をする必要はありません（遮断されています）。

	当初損金算入額	修正後損金算入額	増減
P	200	300	100
S1	100	100	0
S2	100	100	0
合計	400	500	100

5. 遮断措置の不適用

損益通算と同様、欠損金の通算についても遮断措置を行わない場合があります。不適用となるのは損益通算と同様、当初申告においてグループ内のすべての法人の所得がゼロ又は欠損金額である等一定の場合及び遮断措置の濫用の防止規定が適用される場合です（Q53参照）。

遮断措置の不適用（全体再計算）

Q53　**確定申告後に修正・更正があった場合でも、前述の損益通算及び欠損金の通算の遮断措置を行わない場合があるとききましたが、どのような場合でしょうか。**

ポイント

・原則として、修更正が生じた場合には損益通算の遮断措置があるが、例外的に、遮断措置を行わないケースがある。
・当初申告において、グループ内のすべての法人の所得金額がゼロ又は欠損金額である等一定の場合には遮断措置を行わない。
・損益通算の遮断措置の規定を濫用して、法人税の負担を不当に減少させる結果となるときは、税務署長は遮断措置を行わないことができる。
・損益通算の遮断措置を行わない場合は、欠損金の通算の遮断措置も同様に行わない。

A 確定申告後にグループ内の一法人に修更正が生じた場合、原則として、損益通算に用いる通算前所得金額（損益通算及び欠損金の控除前の所得金額）と通算前欠損金額（損益通算前の欠損金額）を当初の申告額に固定することで、その修更正が生じた法人以外の他の法人への計算の影響を遮断し、その修更正が生じた法人のみで計算のやり直しが完結します。

しかし一定の場合には、この遮断措置を行うことが不合理な結果となることから､遮断措置を行わずグループ全体で再計算を行う措置が講じられています。これを「遮断措置の不適用（全体再計算)」といい、以下の２通りのケースがあります。

1. グループ内のすべての法人の所得金額がゼロ又は欠損金額である等一定の場合

当初申告においてグループ内のすべての法人の所得金額（損益通算等を行った後の法人税額の計算にあたり税率を乗ずるために用いる所得金額）がゼロ又は欠損金額であり、所得金額が発生した法人が１社もなかったとします。その後グループ内のある法人で修更正を行った結果、所得金額が発生してしまった場合に、その修更正に伴って遮断措置を行ってしまうと、その法人では他の法人の欠損金額を使えず、修更正により発生した所得金額にそのまま課税が行われることとなります。そこで、納税者にとって不利な結果とならないように、このようなケースでは、損益通算の遮断措置を行わず、グループ全体で再計算する措置が講じられています。

この遮断措置の不適用の措置を受ける前提として、以下の３つすべての要件を満たす必要があります（法法64の５⑥、法令131の７①）。

・当初申告においてグループ内のすべての法人の所得金額がゼロ又は欠損金額であること（要件１）。なお、ここでいう法人の所得金額は、損益通算や欠損金の通算等を行った後の法人税額を計算するために税率を乗ずるもととなる金額をいいます。
・修更正を行う法人の当初申告の通算前所得金額が過少、又は、通算前欠損金額が過大であること（要件２）。すなわち、修更正により当初申告より通算前所得金額が増えるか、通算前欠損金額が減少する結果となること。
・修更正を行う法人について、「損益通算」・「欠損金の通算」・「関連法人株式等に係る配当等の額から控除する利子の額の全体計算」の遮断措置の不適用を適用しない（つまり遮断する）場合に所得金額が発生すること（要件３）。これは遮断措置の不適用を適用しない(つまり遮断する)場合であっても、欠損金額であることに変わりがない又は所得金額がゼロでおさまる場合には、結果納税が発生しないことから要件の１つとされています。

以下、具体例を用いて説明します。

【具体例】

当初申告において、Ｐ社、S1社、S2社の３社が、それぞれ所得金額０、欠損金額50、欠損金額10発生したものとします。このケースでは損益通算は行われず、Ｐ社は所得金額０のまま、S1社の欠損金額50とS2社の欠損金額10が翌期以降に繰り越されます。

（当初申告）

	P社	S1社	S2社	計
通算前所得金額	0			0
通算前欠損金額	①	▲50	▲10	▲60
所得金額	0			0
欠損金額		▲50	▲10	▲60
繰越欠損金		▲50	▲10	▲60

その後S2社において税務調査が行われ修正申告を行うこととなり、30の加算調整を行った結果所得金額が20になったとします。このとき、仮に損益通算の遮断措置を行うと以下の計算結果になります。

（修更正後－遮断措置の適用がある場合）

	P社	S1社	S2社	計
通算前所得金額	0		② 20	20
通算前欠損金額		▲50		▲50
損益通算（損金算入）			0	0
損益通算（益金算入）		0	③	0
所得金額	0		20	20
繰越欠損金		▲50		▲50

このように損益通算の遮断措置を行ったケースでは、S2社はS1社の欠損金額50を一切使うことができず、発生した所得金額20にそのまま課税されてしまう結果となります。

そこで、このようなケースでは遮断措置を行わず、グループ全体で再計算することとする措置が講じられています。

なお、要件を満たすか否かの判定について、①～③により、要件１～３は満たすものと判断されます。

（修更正後－遮断措置が不適用となる場合）

	P社	S1社	S2社	計
通算前所得金額	0		20	20
通算前欠損金額		▲50		▲50
損益通算の限度額	所得20＜欠損50　∴20			
損益通算（損金算入）			▲20	▲20
損益通算（益金算入）		20		20
所得金額	0		0	0
繰越欠損金		▲30		▲30

上記の計算の通り損益通算の遮断措置を行わない場合には、S2社はS1社の欠損金額50の一部を使うことができ、発生した所得金額がそのまま課税対象になってしまうことを避けることができます。

2. 遮断措置の規定の濫用を防止する場合

税務署長は、例えば、欠損金の繰越期間に対する制限を潜脱するためや離脱法人に欠損金を帰属させるためにあえて誤った申告を行うなど法人税の負担を不当に減少させる結果となると認めるときは、損益通算の遮断措置を行わずグループ全体で再計算することができます（法法64の５⑧）（Q８参照）。

欠損金の通算に関しても、ある通算法人の損金算入限度額や過年度の欠損金額等に修正があった場合には、他の通算法人に影響を及ぼさないための遮断措置が設けられていますが、上記1. 又は2. の規定の適用がある場合には、この遮断措置は適用されません。したがって、ある通算法人に修更正により新たに所得が生じることとなった場合等には、欠損金の通算はグループ全体で再計算されます（法法64の７⑧）。

合併があった場合の欠損金の取扱い

Q54　合併法人がグループ通算制度を適用している場合の欠損金の取扱いについて教えてください。

ポイント

・通算法人が通算完全支配関係がない法人を被合併法人とする適格合併を行ったことにより、その被合併法人から引き継ぐ欠損金額は特定欠損金額とみなされる。

・通算法人が通算グループ内の他の通算法人を被合併法人とする適格合併により欠損金の引継ぎの適用を受ける場合、引き継ぐ欠損金額のうち、その被合併法人の特定欠損金額は、合併法人においても特定欠損金額として引き継ぐこととなる。

・通算法人が通算グループ内の他の通算法人を被合併法人とする合併（適格かどうかは問わない。）を行った場合でその被合併法人につき合併の前日に係るみなし事業年度に欠損金が生じているときは、合併法人はその欠損金を合併事業年度において損金算入する（欠損金の引継ぎは適用されない）。

A　1. 適格合併を行った場合の欠損金の引継ぎの概要

適格合併が行われた場合、基本的には通算法人が被合併法人の未処理欠損金額(注)を引き継ぐこととされているのはグループ通算制度でも同様です（法法57②）。また、当該適格合併が支配関係のある法人間における合併である場合で、共同で事業を行うための合併又は５年前からの支配関係の継続のいずれにも該当しないときは、欠損金の引継制限及び使用制限の規制が適用されます（法法57③④）。

（注）　未処理欠損金額とは、被合併法人が欠損金額の生じた10年内事業年度について確定申告書を提出していること等の要件を満たしている場合の欠損金額（欠損金の使用制限、通算制度の開始・加入に伴う欠損金切捨て等の

規定によりないものとされた欠損金額を除きます。）のうち、既に損金に算入されたもの及び繰戻還付の計算の基礎となったものを除いた金額をいいます。

2. 通算法人が通算完全支配関係がない法人を被合併法人とする適格合併を行った場合

通算法人が未処理欠損金額を有する通算完全支配関係がない法人を被合併法人とする適格合併を行った場合に、欠損金の引継制限規制の適用を受けないときは、通算法人は被合併法人の未処理欠損金額を特定欠損金額として引き継ぎます（法法57②、法法64の７③二）。したがって、その未処理欠損金額は合併法人の所得を限度として、合併事業年度以降、損金の額に算入されます。

3. 通算法人がグループ内の他の通算子法人を被合併法人とする適格合併を行った場合（通算グループ内の合併）

(1)被合併法人

通算グループ内での合併により通算子法人（被合併法人）が解散した場合、合併の日に通算承認は効力を失うこととされており、これに伴い通算親法人との間に通算完全支配関係を有しないこととなるため、その有しなくなった日（合併の日）の前日が最後事業年度の終了の日となります（法法64の10⑥五、法法14④）。そして、合併が事業年度の中途で行われた場合（通算親法人の事業年度開始の日以外で行われた場合）、その終了の日は他の通算法人の事業年度終了の日と異なることとなるため、損益通算や欠損金の通算（特定欠損金額以外の欠損金額の授受）は行われません（法法64の５①、64の７①）。

(2)合併法人

通算グループ内での合併が行われた場合、被合併法人の最後事業年度において欠損金額が生じたときは、合併法人の合併の日の属する事業年度の所得金額の計算上、その欠損金額相当額は損金の額に算入されます（法法64の８）。

また、その合併が適格合併である場合に、被合併法人が未処理欠損金額（被合併法人の最後事業年度の欠損金額はこの未処理欠損金額に含まれません。）

を有するときは、欠損金の引継制限規制が適用される場合を除いて、合併法人はその未処理欠損金額を引き継ぐこととなります（法法57②③）。なお、グループ通算制度における欠損金の通算では、欠損金額を特定欠損金額とそれ以外の欠損金額に区分し、それ以外の欠損金額について他の通算法人と通算を行うこととされているため、上記未処理欠損金額についても特定欠損金額とそれ以外の欠損金額に区分して引き継ぐこととなります（法法64の7③）。

（3）合併が行われた場合のイメージ

・P社を合併法人、S1社を被合併法人とする適格合併（効力発生日：X+1/10/1）
・S1社でX+1/3月期に300の欠損金額（損益通算後）が発生
・S1社でX+1/9月期（最後事業年度）に100の欠損金額が発生
・欠損金の引継制限規制の適用なし

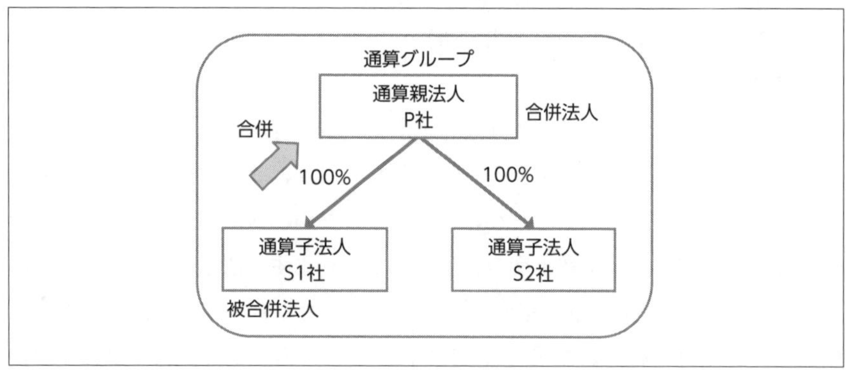

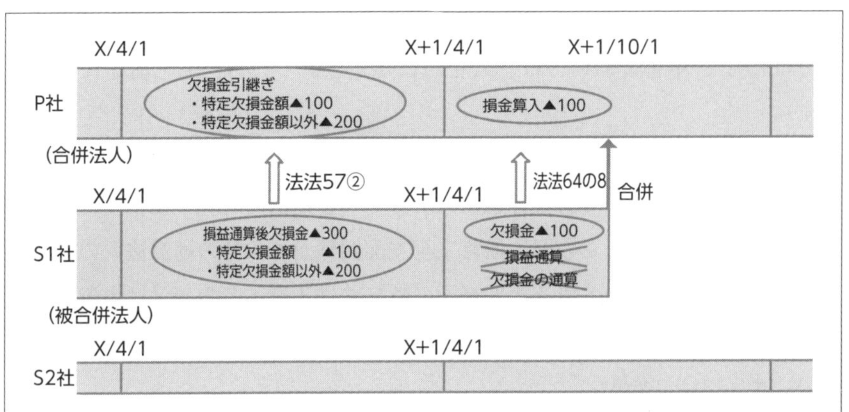

税率について

Q55　グループ通算制度を適用した場合の税率に関して注意すべき点はありますか。

ポイント

- 普通法人である通算法人の法人税の税率は、原則として23.2%である。
- 中小通算法人に該当する場合には軽減対象所得金額以下の金額につき軽減税率の適用が可能であるが、当該軽減対象所得金額は、一定の場合を除き、年800万円を通算グループ内の各所得法人の所得金額の比で配分して計算される。
- 年800万円の配分に関し、中小通算法人に修正申告や更正があった場合でも、一定の場合を除き、当初申告の金額を変更しない（遮断される）。

A　1. 通算法人の法人税の税率（法法66①⑥）

グループ通算制度の適用を受けている場合、法人税の税率は、原則として普通法人である通算法人は23.2%（協同組合等である通算法人は19%）が適用されます。また、中小通算法人に該当する場合には、所得金額のうち軽減対象所得金額以下の金額は19%の軽減税率が適用されます（なお、軽減税率につき、租税特別措置法の規定により異なる税率となる場合がありますが（本稿執筆時点では15%）、本書においては法人税法に規定されている19%を前提に説明します）。

中小通算法人とは、大通算法人以外の普通法人である通算法人をいい、大通算法人とは、通算法人である普通法人又はその普通法人の各事業年度終了の日においてその普通法人との間に通算完全支配関係がある他の通算法人のうち、いずれかの法人がその各事業年度終了の時における資本金の額又は出資金の額が１億円を超える法人その他一定の法人に該当する場合におけるその普通法人をいいます（Q20参照）。

要するに、通算グループ内に資本金が１億円超である法人が１社でも存する場合には、通算グループ内のすべての法人が中小通算法人に該当せず、軽減税率の適用がないこととなります。

2. 軽減対象所得金額の計算（法法66⑦）

中小通算法人は、所得金額のうち軽減対象所得金額以下の金額について19%の軽減税率が適用されますが、その軽減対象所得金額は以下の計算式で求めます。

$$800\text{万円}^{(\text{注})} \times \frac{\text{各中小通算法人の所得金額}}{\text{全中小通算法人の所得金額の合計額}}$$

（注）　通算親法人の事業年度が１年に満たない場合には、800万円を12で除し、通算親法人の事業年度の月数を乗じて計算した金額。

なお、中小通算法人が通算子法人である場合において、その通算子法人が期の途中で離脱したときは、離脱日の前日に終了する事業年度について、その事業年度終了の時の現況で中小通算法人に該当するかどうかを判定し（個通2-61）、中小通算法人に該当すれば、800万円を12で除し、これにその通算子法人の事業年度の月数を乗じて計算した金額を軽減対象所得金額とします（他の通算法人との間で配分は行ないません）。

3. 修更正があった場合の遮断措置

軽減対象所得金額の計算に関し、税務調査などにより後発的に修正申告等を行った場合に、通算グループ内の通算法人の所得の金額に変更があったときは、原則として、その修正申告等を行った法人のみで計算のやり直しを完結させ、他の法人にはその影響を及ぼさない措置（遮断措置）が講じられています（法法66⑧）。

具体的には、上記２の軽減対象所得金額の計算式の所得金額について、当初申告に記載した金額を変更せずそのまま用いて軽減対象所得金額を計算することになります。

ただし、次の（１）から（３）のいずれかに該当するときは、この遮断措置は行わず、修正申告等後の所得の金額を用いて各通算法人の軽減対象所得金額の再計算を行うこととなります（法法66⑨）。

（１）修正申告等により当初申告と所得金額が変更になった場合において、遮断措置を行わなかったものとして所得金額の再計算を行った結果、全中小通算法人の所得金額の合計額が800万円以下となった場合

（２）通算法人のすべてについて当初申告所得金額がゼロ又は欠損金額である等一定の場合の要件に該当し、通算グループ内のすべての法人について損益通算の額の再計算を行う場合（Q53「１．グループ内のすべての法人の所得がゼロ又は欠損金額である等一定の場合」に該当する場合）

（３）欠損金の繰越期間に対する制限を潜脱するためや離脱法人に欠損金を帰属させるためにあえて誤った申告を行うなど法人税の負担を不当に減少させる結果となると認められるため、税務署長が通算グループ内のすべての法人について損益通算の額の再計算を行う場合（Q53「２．遮断措置の規定の濫用を防止する場合」に該当する場合）

4. 軽減対象所得金額の計算例

当初申告において、Ｐ社、S1社、S2社の３社が、それぞれ所得金額300、180、120発生したものとします。このケースでは軽減対象所得金額は以下の通り計算されます。

（当初申告）　　　　　　　　　　　　　　　　　　　　（単位：万円）

	P社	S1社	S2社	計
所得金額	300	180	120	600
軽減対象所得金額	400 （800×300/600）	240 （800×180/600）	160 （800×120/600）	
所得金額のうち軽減対象所得金額以下の金額について19％の軽減税率が適用				
法人税額	57.00 （300×19％）	34.20 （180×19％）	22.80 （120×19％）	114.00

その後S2社において修正申告を行うこととなり、150の加算調整を行った結果、所得金額が270になったとします。このケースでは、通算グループ内の所得金額の合計額が750となりますが800以下であるため、上記「3．修更正があった場合の遮断措置」ただし書の（1）の要件を満たし、軽減対象所得金額の再計算を行うこととなります。

（S2社修正申告後－遮断措置が不適用となる場合）　　　　　（単位：万円）

	P社	S1社	S2社	計
所得金額	300	180	120→270	600→750 （≦800）
軽減対象所得金額	320 （800×300/750）	192 （800×180/750）	288 （800×270/750）	
所得金額のうち軽減対象所得金額以下の金額について19％の軽減税率が適用				
法人税額	57.00 （300×19％）	34.20 （180×19％）	51.30 （270×19％）	142.50

さらにその後S1社において修正申告を行うこととなり、150の加算調整を行った結果、所得金額が330になったとします。このケースでは、通算グループ内の所得金額の合計額が900となり800を超えてしまいます。そのため、上記「3．修更正があった場合の遮断措置」ただし書の（1）の要件を満たさず、S1社の軽減対象所得金額はS２社修正申告後の金額192に固定されます（遮断措置の適用）。

結果、S1社では、所得330のうち、軽減対象所得金額192について19％の軽減税率が適用され、差額138は23.2％の税率が適用されることとなります。

（S1社修正申告後－遮断措置の適用がある場合）　　　　　　　　　　　（単位：万円）

	P社	S1社	S2社	計
所得金額	300	180→330	270	750→900 （>800）
軽減対象所得金額	320 （800×300/750）	192 （800×180/750）	288 （800×270/750）	
所得金額のうち軽減対象所得金額以下の金額について19％の軽減税率が適用				
法人税額	57.00 （300×19％）	68.49 （192×19％） （138×23.2％）	51.30 （270×19％）	176.79

通算税効果額の取扱い

Q56　**通算税効果額の内容と税務上の取扱いについて教えてください。**

ポイント

- **通算税効果額とは、損益通算や欠損金の通算など、グループ通算制度のみに適用される規定を適用することにより減少する法人税及び地方法人税の額に相当する金額として通算法人と他の通算法人との間で授受される金額をいう。**
- **通算税効果額を授受するかどうかは通算法人の任意であるが、授受した場合には受け取った通算法人では益金不算入、支払った通算法人では損金不算入とされる。**

A　1. 通算税効果額の意義

通算税効果額とは、グループ通算制度を適用する通算法人のみに適用される規定を適用することにより減少する法人税及び地方法人税の額に相当する金額として通算法人と他の通算法人との間で授受される金額をいいます（法法26④）。

例えば、通算親法人Ａと通算子法人Ｂから構成される通算グループがあり、Ａで200の通算前所得金額、Ｂで100の通算前欠損金額が生じた場合、損益通算によりＡでは100が損金に算入され、Ｂでは100が益金に算入されることとなります。この場合、Ｂの立場からはグループ通算制度に適用される規定（損益通算）を適用することによって法人税が減少することとなるため、23（=100×23%）の通算税効果額が生ずることとなります。

2. 通算税効果額の取扱い

内国法人が他の内国法人からその他の内国法人の通算税効果額を受け取る場合には、その受け取る金額は益金の額に算入されず、その他の内国法人が内国法人に支払った通算税効果額は、損金の額に算入されません（法法26④、法法38③）。

これにより通算税効果額の精算が所得に与える影響はなくなるため、税務上、基本的には通算税効果額を実際に精算するかどうかは通算法人の任意と考えられます。

開始、加入時の時価評価

Q57 グループ通算制度の開始・加入に伴う資産の時価評価について、教えて下さい。

ポイント

- グループ通算制度の適用開始時において、原則として、下記に掲げる法人以外の法人は、時価評価換えの対象となる。
  （1）いずれかの子法人との間に完全支配関係の継続が見込まれる親法人
  （2）親法人との間に完全支配関係の継続が見込まれる子法人
- 通算グループ加入時において、原則として、下記に掲げる法人以外の法人は、時価評価換えの対象となる。
  （1）通算グループ内の新設法人

（２）適格株式交換等により加入した株式交換等完全子法人
（３）適格組織再編成と同様の要件として一定の要件を満たす法人
・グループ通算制度の適用開始又は通算グループへ加入する子法人で親法人との間に完全支配関係の継続が見込まれないもの株式について、その株主において時価評価により評価損益を計上する。

A　1. グループ通算制度開始時の時価評価

グループ通算制度の適用開始時において、次に掲げる法人以外の法人については、通算開始直前事業年度（最初通算事業年度開始の日の前日（当該内国法人が、時価評価法人の場合は、最初通算事業年度終了の日）の属する事業年度）終了の時において有する時価評価資産の評価損益は、当該通算開始直前事業年度の益金の額又は損金の額に算入されます（法法64の11①）。

・いずれかの子法人との間に完全支配関係が継続すると見込まれる親法人
・親法人との間に完全支配関係の継続が見込まれる子法人

親法人はいずれかの子法人との間に完全支配関係が見込まれれば時価評価の対象外とされるため、親法人が時価評価の対象となるケースはほぼないと考えられます。また、子法人についても、親法人との間に完全支配関係の継続が見込まれる場合には、時価評価の対象外とされます。したがって、グループ通算制度開始時に時価評価が行われるケースは、連結納税制度と比べ、親法人が子法人株式の売却が予定されているなど一部のケースに限定されます（連結納税制度との比較はQ21参照）。

なお、グループ通算制度の適用開始時において時価評価の対象となる資産は以下の通りです（法令131の15）。

固定資産、土地（土地の上に存する権利を含み、固定資産に該当するものを除く。）、有価証券、金銭債権及び繰延資産のうち、下記に掲げる資産を除く。

・グループ通算制度の適用を受けようとする最初の事業年度（以下「最初通算事業年度」という。）開始の日の５年前の日以後に終了する各事業年度において国庫補助金等の圧縮記帳等の適用を受けた減価償却資産

・売買目的有価証券、償還有価証券
・帳簿価額が1,000万円未満の当該資産
・その評価損益が当該通算法人の資本金等の額の２分の１に相当する金額又は1,000万円のいずれか少ない金額に満たない場合の当該資産
・親法人との間に完全支配関係がある他の内国法人（清算中のもの、解散（合併による解散を除く。）をすることが見込まれるもの、当該親法人との間に完全支配関係がある内国法人との間で適格合併を行うことが見込まれるものに限る。）の株式又は出資で、その価額が帳簿価額に満たないもの
・通算親法人又は通算子法人となる内国法人が他の通算グループに属していた場合の当該法人が保有する他の通算法人（通算親法人を除く。）の株式又は出資
・初年度離脱開始子法人(注)の有する資産

（注） 初年度離脱開始子法人とは、通算親法人の最初通算事業年度終了の日までに通算親法人との間に完全支配関係を有しなくなる法人のうち、当該最初通算事業年度開始の日以後２月以内に株式の売却等により完全支配関係を有しなくなる法人（通算グループ内の合併又は残余財産の確定により完全支配関係を有しなくなるものを除きます。）をいいます。

2. 通算グループ加入時の時価評価

通算グループ加入時において、次に掲げる法人以外の子法人については、通算加入直前事業年度終了の時において有する時価評価資産の評価損益は、当該通算加入直前事業年度の益金の額又は損金の額に算入されます(法法64の12①)。

・通算親法人と完全支配関係がある法人を設立した場合の当該法人
・通算法人を株式交換等完全親法人とする適格株式交換等に係る株式交換等完全子法人
・通算親法人と完全支配関係を有することとなった場合として次に掲げる区分に応じ、それぞれに掲げる要件（適格組織再編成と同様の要件）の全てを満たす子法人

(1)通算親法人との間にこれまで支配関係があった場合（50%超）（法法64の12①三）

① 通算親法人との間に完全支配関係が継続すると見込まれること

② 完全支配関係を有することとなる時の直前の従業者のうち、その総数の概ね80%以上の者が当該子法人の業務に引き続き従事することが見込まれること（従業員引継要件）

③ 完全支配関係を有することとなる前に行う主要な事業が子法人において引き続き行われることが見込まれること（事業継続要件）

(2)通算親法人又は他の通算法人と共同で事業を行う場合（50%以下）（法法64の12①四、法令131の16④）

① 通算親法人との間に完全支配関係が継続すると見込まれること

② 完全支配関係を有することとなる時の直前の従業者のうち、その総数の概ね80%以上の者が当該子法人の業務に引き続き従事することが見込まれること（従業員引継要件）

③ 完全支配関係を有することとなる前に行う主要な事業が子法人において引き続き行われることが見込まれること（事業継続要件）

④ 子法人の加入日前に行う主要な事業と親法人又は他の通算法人のいずれかの事業が相互に関連するものであること（事業関連性要件）

⑤ 子法人事業と親法人事業のそれぞれの売上金額等の規模の割合が概ね５倍を超えないこと又は子法人の特定役員の全てが通算親法人による完全支配関係を有することに伴って退任するものでないこと（事業規模要件又は特定役員要件）

通算グループに新たに加入する法人につき、時価評価を行う理由は単体納税時に生じた含み損益を清算し、通算グループ内に持ち込ませないことにより、グループ通算制度適用時の租税回避を防止することにあります。よって、通算親法人が新たに設立した法人や適格株式交換等により課税関係が発生しない株式交換完全子法人が通算グループに加入した場合など租税回避目的ではない場合には、時価評価の対象とはなりません。

そのため、時価評価の対象となるケースは売買による株式の取得（いわゆるM&A）や金銭を交付するような非適格株式交換等が該当してきます。支配関係のある法人の多くは上記に掲げる従業員引継要件や事業継続要件を満たすことが見込まれるため、実務上、時価評価の対象となるケースは、支配関係がない法人の株式を取得した場合になると思われます。

なお、通算グループ加入時において時価評価の対象となる資産は以下の通りです（法令131の16）。

固定資産、土地（土地の上に存する権利を含み、固定資産に該当するものを除く。）、有価証券、金銭債権及び繰延資産のうち、下記に掲げる資産を除く。

・通算親法人との間に完全支配関係を有することとなった日以後最初に開始する当該親法人の事業年度開始の日の５年前の日以後に終了する各事業年度において国庫補助金等の圧縮記帳等の適用を受けた減価償却資産

・売買目的有価証券、償還有価証券

・帳簿価額が1,000万円未満の当該資産

・その評価損益が当該通算法人の資本金等の額の２分の１に相当する金額又は1,000万円のいずれか少ない金額に満たない場合の当該資産

・通算子法人となる内国法人と完全支配関係がある内国法人（清算中のもの、解散（合併による解散を除く。）をすることが見込まれるもの、当該通算子法人との間に完全支配関係がある内国法人との間で適格合併を行うことが見込まれるものに限る。）の株式又は出資で、その価額が帳簿価額に満たないもの

・通算子法人となる内国法人が他の通算グループに属していた場合の当該法人が保有する他の通算法人（通算親法人を除く。）の株式又は出資

・初年度離脱加入子法人[注]の有する資産

（注）初年度離脱加入子法人とは、通算親法人との間に完全支配関係を有することとなった日の属する通算親法人の事業年度終了の時までに完全支配関係を有しなくなる法人のうち、完全支配関係を有することとなった日以後２月以内に株式の売却等により完全支配関係を有しなくなる法人（通算グループ内の合併又は残余財産の確定により完全支配関係を有し

なくなるものを除きます。）をいいます。

3. 完全支配関係の継続が見込まれない通算子法人株式の評価損益の計上

グループ通算制度開始時又は加入時において、通算親法人との間に完全支配関係の継続が見込まれない通算子法人については、通算開始直前事業年度又は通算加入直前事業年度において時価評価を行います。

この場合において、時価評価を行う通算子法人（以下、「時価評価法人」といいます。）の株式を保有する他の通算法人においても当該時価評価法人の評価損益を計上します（法法64の12②）。

【具体例】

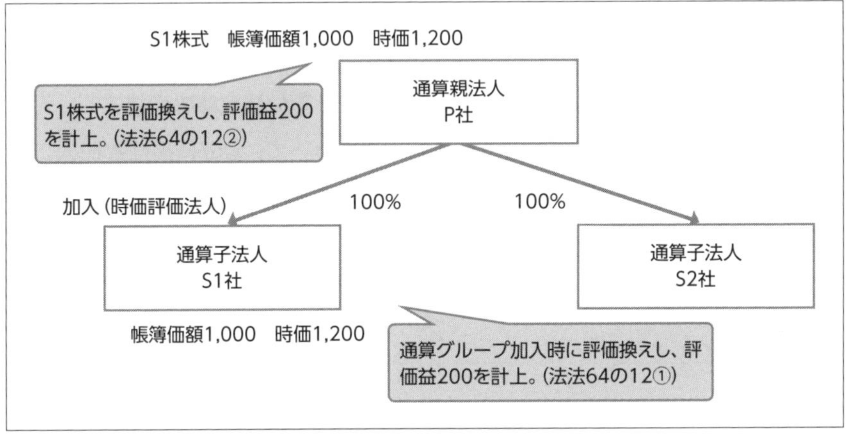

欠損金の切捨て

Q58 **グループ通算制度の適用開始時又は加入時における欠損金の切捨てについて教えて下さい。**

ポイント

- **時価評価法人については、原則として、グループ通算制度の適用開始時又は加入前に生じた欠損金額は切り捨てられる。**
- **時価評価対象外法人が支配関係発生後に新たに事業を開始し、かつ、共同で事業を行う場合に該当しない場合には、支配関係発生前に生じた欠損金額及び支配関係発生前から有する一定の資産の開始・加入前の実現損からなる欠損金額は切り捨てられる。**

A 1. グループ通算制度開始時又は加入時における欠損金額の切捨て

グループ通算制度の適用開始時又は加入時において、Q57に掲げる法人に該当しない法人（以下「時価評価法人」といいます。）については、通算承認の効力が生じた日前に開始した各事業年度において生じた欠損金額は切り捨てられます（法法57⑥）。

【具体例】

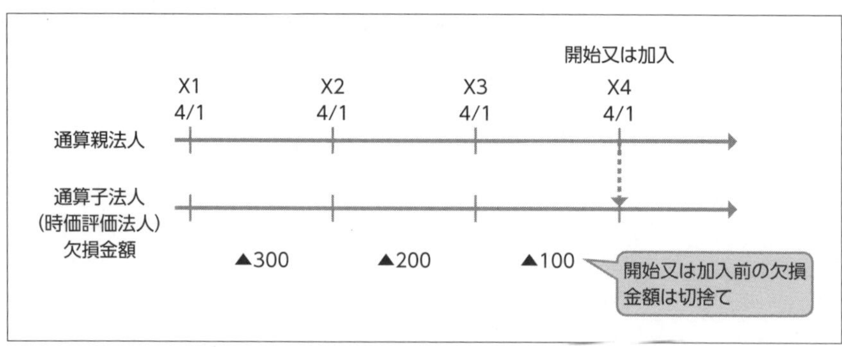

上記の場合、時価評価法人である通算子法人の通算開始又は加入時において有する欠損金額の合計額▲600は通算開始又は加入時において切り捨てられます。

2. 支配獲得後に新たに事業を開始した場合の欠損金額の切捨て

時価評価法人以外の法人（以下「時価評価対象外法人」いいます。）で、①通算承認の効力が生じた日の５年前の日又は当該通算法人の設立の日のいずれか遅い日から継続して当該通算法人と通算親法人との間に支配関係がなく、かつ、②共同で事業を行う場合にも該当しない場合で、③当該通算法人が通算親法人との間に最後に支配関係を有することとなった日（以下「支配関係発生日」といいます。）以後に新たに事業を開始した場合には、支配関係事業年度前の各事業年度で通算前10年以内の各事業年度において生じた欠損金額は切り捨てられます（法法57⑧一）。

ここでいう新たに事業を開始した場合とは、当該通算法人において既に行っている事業とは異なる事業を開始した場合をいい、例えば、既に行っている事業において新たに製品を開発した場合やその事業領域を拡大した場合等の事実だけでは新たに事業を開始した場合には該当しません（個通2-15）。

また、通算前10年以内の各事業年度において生じた欠損金額のうち、特定資産譲渡等損失額（Q59参照）に相当する金額についても、同様に切り捨てられます（法法57⑧二）。

【具体例】

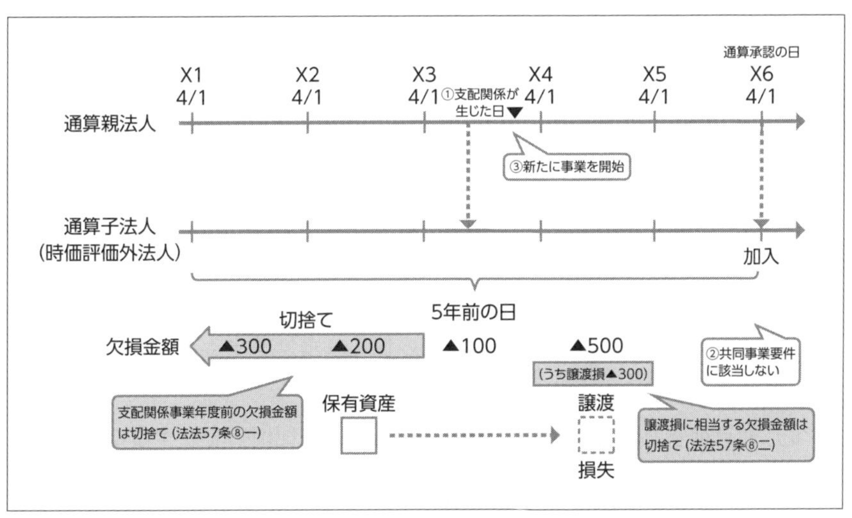

①通算承認の効力が生じた日（X6/4/1）の５年前の日後に支配関係が生じており、かつ、②加入時において共同事業要件にも該当しない場合において、③支配関係が生じた日以後に新たに事業を開始しているため、欠損金額の切り捨ての対象となります。この場合、切り捨てられる欠損金額は支配関係事業年度前の事業年度において生じた欠損金額の合計額▲500となります。

また、支配関係事業年度開始の日前から保有していた含み損資産を支配関係事業年度以後に譲渡したことによる譲渡損▲300に相当する金額も切り捨てられるため、当該譲渡損が生じた事業年度における欠損金額▲500のうち当該譲渡損に相当する欠損金額▲300についても切り捨てられることになります。

よって、上記の具体例の場合、加入前の事業年度において生じた欠損金額の合計額▲1,100のうち、▲800については切り捨てられることになります。

なお、共同で事業を行う場合とは、次の（１）～（３）に該当する場合、又は、（１）及び（４）又は（５）の要件に該当する場合をいいます（法令112の２④）。

（１）通算法人又は通算承認日の直前において当該通算法人との間に完全支配関係がある法人の通算承認前に行う事業のうちいずれかの主要な事業[注]（以下「通算前事業」という。）と通算親法人又は通算承認日の直前において当該通算親法人と完全支配関係がある法人の通算承認前に行う事業（以下「親法人事業」という。）とが相互に関係するものであること。

（注）　完全支配関係グループ（通算グループに属する通算法人との間に支配関係のない法人及び当該法人との間に完全支配関係がある法人によって構成されたグループをいいます。）が当該通算グループに加入する場合には、当該完全支配関係グループにとって主要な事業（個通2-14）。

（２）通算前事業と親法人事業のそれぞれの売上金額、通算前事業と親法人事業のそれぞれの従業者の数、その他これらに準ずるもの規模の割合が概ね５倍を超えないこと。

（３）通算前事業が通算親法人との間に最後に支配関係を有することとなった時から通算承認日まで継続して行われており、かつ、支配関係発生時と通算承認日における通算前事業の規模の割合が概ね２倍を超えないこと。

（４）通算承認日の前日の通算前事業を行う特定役員（社長、副社長、代表取締役、代表執行役、専務取締役若しくは常務取締役又はこれらに準ずる者で法人の経営に従事している者をいう。）である者の全てが通算完全支配関係を有することとなったことに伴って退任するものでないこと。

（５）次のいずれかの法人であること。

・通算親法人による完全支配関係を有することとなった場合で、かつ、通算親法人又は他の通算法人と共同で事業を行う場合の当該法人

・共同で事業を行う場合に該当する適格株式交換等により通算親法人と完全支配関係を有することとなった株式交換等完全子法人

欠損金・含み損等の制限

Q59　時価評価対象外法人のグループ通算制度の適用開始時又は加入時における欠損金・含み損等に係る制限ついて教えて下さい。

ポイント

- 支配関係発生後に新たに事業を開始した場合で、かつ、共同で事業を行う場合に該当しないときは、適用期間において生ずる特定資産譲渡等損失額は、損金の額に算入されない。
- 多額の減価償却費が計上される事業年度に通算グループ内で生ずる欠損金額については、損益通算の対象外とされ、特定欠損金額とされる。
- 上記のいずれにも該当しない場合において、通算承認の効力が生じた日後に他の通算法人と共同で事業を行う場合に該当しないときは、通算グループ内で生じた欠損金額のうち、適用期間において生ずる特定資産等譲渡損失額に達するまでの金額は、損益通算の対象外とされ、特定欠損金額とされる。

A 1. 特定資産譲渡等損失額の損金不算入

時価評価対象外法人が、①通算承認の効力が生じた日の５年前の日又は通算法人の設立の日のいずれか遅い日から継続して通算法人と通算親法人との間に支配関係がなく、かつ、②共同で事業を行う場合にも該当しない場合で、③支配関係発生日以後に新たな事業を開始したときは、適用期間において生ずる特定資産譲渡等損失額は、損金の額に算入されません（法法64の14①）。

適用期間とは、通算承認の効力が生じた日（以下「通算承認日」といいます。）と当該事業を開始した日の属する事業年度開始の日のいずれか遅い日から通算承認の効力が生じた日以後３年を経過する日と支配関係発生日以後５年を経過する日のいずれか早い日までの期間をいいます。

以下、適用期間ついて説明します。

<具体例>

事業年度：4/1～3/31

支配関係発生日：X1/7/1

新たな事業の開始日：X5/7/1

通算承認日：X4/4/1

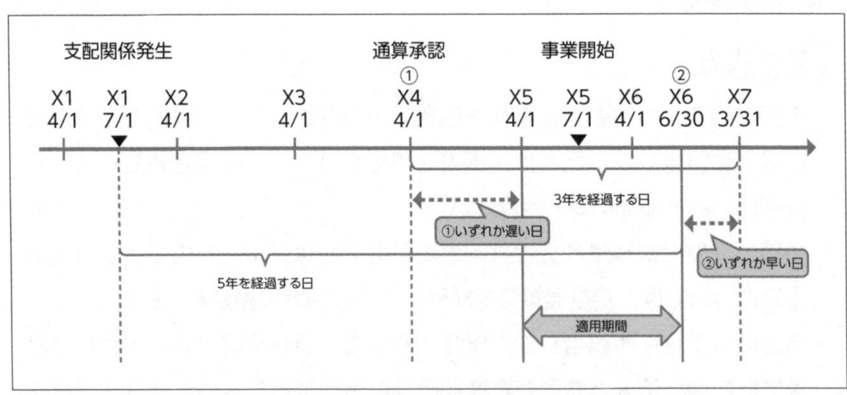

まず、適用期間の開始日を判定します。上記の場合、通算承認日（X4/4/1）と新たに事業開始した日（X5/7/1）の属する事業年度開始の日（X5/4/1）を比較していずれか遅い日である① X5/4/1が適用期間の開始日となります。次

に適用期間の終了日を判定します。通算承認日（X4/4/1）から３年を経過する日（X7/3/31）と支配関係発生日（X1/7/1）から５年を経過する日（X6/6/30）を比較していずれか早い日である② X6/6/30が適用期間の終了日となります。よって、上記の適用期間はX5/4/1～X6/6/30となり、この期間内に生じた特定資産等譲渡損失額は損金の額に算入されないことになります。

なお、特定資産譲渡等損失額とは、下記（１）の金額から（２）の金額を控除した金額をいいます（法法64の14②）。

（１）通算法人が有する資産（棚卸資産等を除く。）で支配関係発生日の属する事業年度開始の日前から有していたものの譲渡、評価換え、貸倒れ、除却等のよる損失の額の合計額

（２）特定資産の譲渡、評価換え等による利益の額の合計額

2. 多額の減価償却費が計上される事業年度の欠損金額の制限等

時価評価対象外法人で、①通算承認の効力が生じた日の５年前の日又は通算法人の設立の日のいずれか遅い日から継続して通算法人と通算親法人との間に支配関係がなく、かつ、②共同で事業を行う場合にも該当しない法人の適用期間（通算承認の効力が生じた日から同日以後３年を経過する日と支配関係発生日以後５年を経過する日とのいずれか早い日までの期間をいいます。）内の日の属する多額の減価償却費が生じた事業年度における通算前欠損金額についてはないものとされ、特定欠損金額とされます（法法64の６③、64の７②三）。ここでいう多額の減価償却費が生じた事業年度とは、その事業年度の原価及び販管費、一般管理費その他の費用の金額のうち、その事業年度において償却費として損金経理した金額（特別償却準備金として積み上げた金額を含みます。）の占める割合が30%を超える事業年度をいいます（法令131の８⑥）。

<具体例>

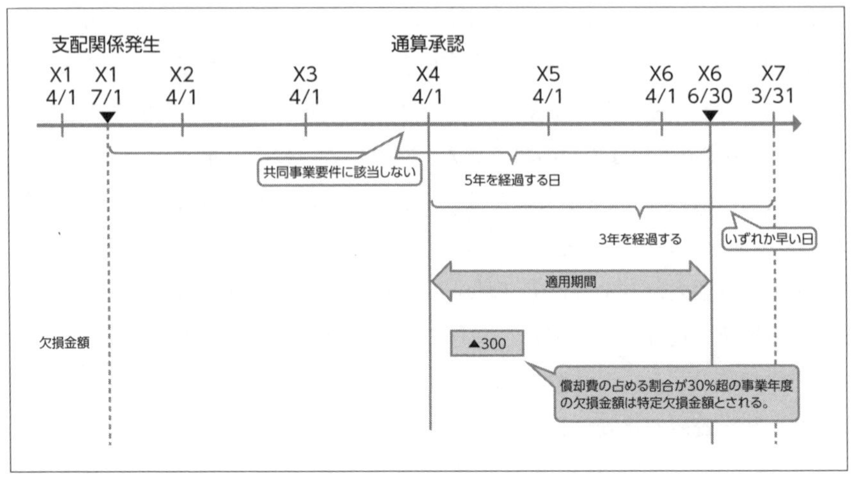

（X4/4/1～X5/3/31）

収益の額：700　原価・費用の額1,000（うち減価償却費400）

欠損金額▲300

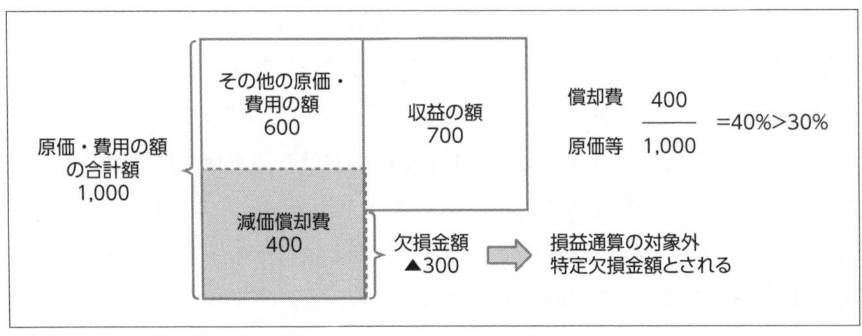

上記の場合、通算承認日（X4/4/1）から通算承認日以後３年を経過する日（X7/3/31）と支配関係発生日以後５年を経過する日（X6/6/30）のいずれか早い日であるX6/6/30までの期間が適用期間となります。

適用期間内であるX4/4/1～X5/3/31の事業年度の原価・費用の額の合計額1,000のうち、減価償却費400の占める割合が40％であるため、この事業年度において発生した欠損金額▲300は他の通算法人の所得とは損益通算できず、特定欠損金額とされます。

なお、特定欠損金額とは、その通算法人の所得を限度として損金算入が認められる欠損金額であり、他の通算法人において損金算入ができません。よって、翌事業年度以降もその通算法人に所得が生じた場合にのみ、損金算入ができることとなります。

3. 共同で事業を行う場合に該当しない場合等の制限等

時価評価対象外法人（上記、1. 及び2. に該当する法人を除きます。）で、①通算承認の効力が生じた日の５年前の日又は通算法人の設立の日のいずれか遅い日から継続して通算法人と通算親法人との間に支配関係がなく、かつ、②共同で事業を行う場合にも該当しない法人の通算前欠損金額のうち、当該事業年度の適用期間（通算承認の効力が生じた日から同日以後３年を経過する日と支配関係発生日以後５年を経過する日とのいずれか早い日までの期間をいいます。）において生ずる特定資産譲渡等損失額に達するまでの金額についてはないものとされ、特定欠損金額とされます（法法64の６①、64の７②三）。

<具体例>

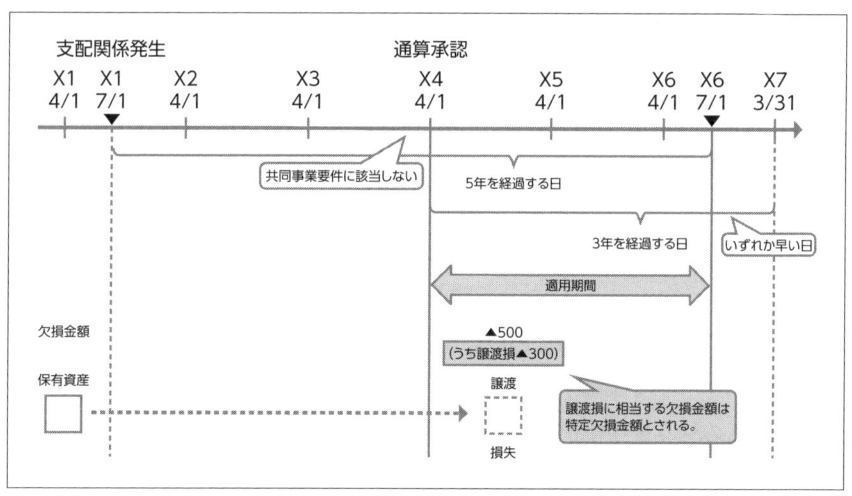

上記の場合、通算承認の効力が生じた日の５年前の日以降に支配関係が生じ

ており、かつ、共同で事業を行う場合に該当しないため、支配関係発生日前から保有していた含み損資産を適用期間に譲渡したことによる譲渡損▲300に相当する欠損金額は制限の対象となります。

譲渡損が生じた事業年度（X4/4/1～X5/3/31）の欠損金額▲500のうち、当該譲渡損に相当する欠損金額▲300については、他の通算法人との損益通算はできず、特定欠損金額となります。なお、共同で事業を行う場合については、Q58を参照して下さい（法令131の８）。

離脱時の時価評価

Q60 通算グループ離脱時において行われる時価評価換えについて教えて下さい。

ポイント

- 通算グループ離脱時において、次のいずれかに該当する場合には、通算終了直前事業年度において有する時価評価資産の評価益又は評価損は、当該通算終了直前事業年度の益金の額又は損金の額に算入される。
  （1）通算終了直前事業年度終了の時前に行う主要な事業が離脱後も引き続き行われることが見込まれない場合
  （2）離脱した法人の株式等を有する他の通算法人において、通算終了直前事業年度終了の時後に当該株式等の譲渡又は評価換えによる損失が生じることが見込まれる場合

A　1. 通算グループ離脱時における時価評価換え

通算グループから離脱する通算法人が次のいずれかに該当する場合には、当該通算法人の通算終了直前事業年度（その効力を失う日の前日の属する事業年度をいいます。）終了の時において有する時価評価資産の評価損益は、通算終了事業年度の益金の額又は損金の額に算入されます（法法64の13①）。

（1）通算法人の当該通算終了直前事業年度終了の時前に行う主要な事業が

離脱後も引き続き行われることが見込まれない場合

（２）通算法人の株式又は出資を有する他の通算法人において当該通算終了直前事業年度終了の時後に当該株式又は出資の譲渡又は評価換えによる損失が生ずると見込まれる場合

【具体例】

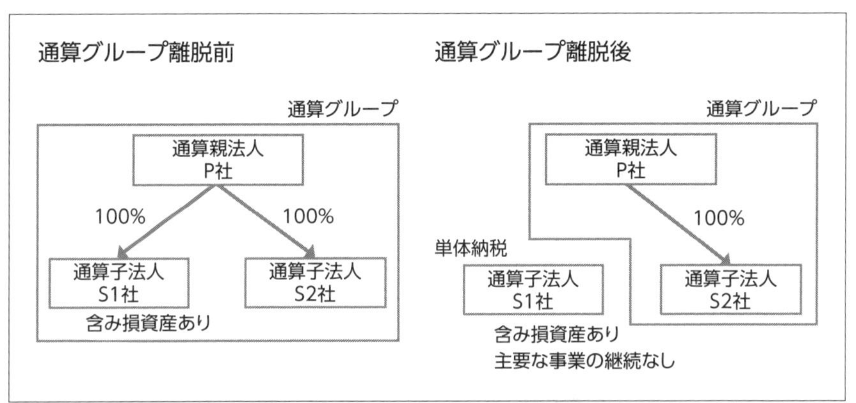

親法人（P社）：投資簿価修正あり（詳細はQ61参照）

子法人（S1社）：時価評価課税

上記のように含み損資産を保有する通算子法人S1社を通算グループ外へ売却し、S1社が通算グループから離脱する場合、通算親法人P社でS1株式の譲渡損が計上され、さらに、S1社が含み損資産を売却した場合には、二重で損失が計上されることとなります。そこで、通算子法人の離脱後にその通算子法人の主要な事業が行われない等、下記2.の要件に該当し、通算法人の譲渡損が見込まれる場合には、通算親法人について投資簿価修正（詳細はQ61参照）が行われ、当該通算子法人は時価評価課税が行われます。

2. 時価評価の対象となる場合及び対象資産

前述通り、通算グループから離脱する通算子法人が次に掲げる要件に該当する場合には、それぞれに掲げる資産につき、時価評価換えの対象となります（法法64の13①、法令131の17）。

対象となる事由	対象資産
主要な事業の継続が見込まれない場合（評価益の額の合計額が評価損の額の合計額を超える場合を除く。）	固定資産、土地（土地の上に存する権利を含み、固定資産に該当するものを除く。）、有価証券、金銭債権及び繰延資産 ただし、次に掲げる資産を除く。 ・通算終了直前事業年度終了の日の翌日の五年前の日以後に終了する各事業年度において国庫補助金等の圧縮記帳等の適用を受けた減価償却資産 ・売買目的有価証券、償還有価証券 ・帳簿価額が1,000万円未満の当該資産 ・その評価損益が当該通算法人の資本金等の額の２分の１に相当する金額又は1,000万円のいずれか少ない金額に満たない場合の当該資産 ・離脱する通算法人と完全支配関係がある内国法人（清算中のもの、解散（合併による解散を除く。）をすることが見込まれるもの、当該通算法人との間に完全支配関係がある内国法人との間で適格合併を行うことが見込まれるものに限る。）の株式又は出資で、その価額が帳簿価額に満たないもの ・離脱する通算法人が有する他の通算法人（通算親法人を除く。）の株式又は出資
離脱する法人の株式又は出資の譲渡又は評価換え等による損失が見込まれる場合（上記に該当する場合を除く。）	通算終了直前事業年度終了の時における帳簿価額が10億円を超える資産のうち、その時後に譲渡、評価換え、貸倒れ、除却等が見込まれるもの

投資簿価修正等の取扱い

Q61 グループ通算制度における投資簿価修正等について教えて下さい。

ポイント

- **通算グループ内の子法人の株式を他の通算法人へ譲渡した場合の譲渡損益は計上されない。**

・**通算グループからの離脱する通算子法人がある場合、通算親法人の当該通算子株式の帳簿価額は、当該通算子法人の簿価純資産価額に相当する金額とする。**

A　1. 通算グループ内の子法人の株式の譲渡損益

通算グループ内において通算子法人株式の譲渡損益は益金の額又は損金の額に算入されません（法法61の11①）。連結納税制度では、含み損を抱える子法人株式を複数回譲渡することにより当該子法人株式の譲渡損と含み損資産の譲渡損を二重計上することが可能でしたが、グループ通算制度では、当該譲渡損の二重計上することによる租税回避を防止する目的で通算子法人株式を通算グループ内の他の通算法人へ譲渡した場合の譲渡損益は計上されないこととなります（法法61の11⑧）。

【具体例】

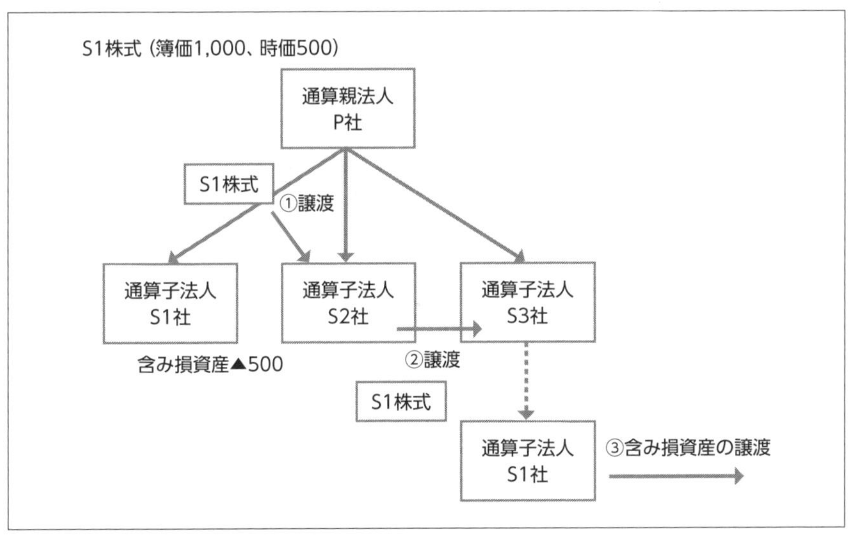

上記の場合、Ｐ社が保有する① S1株式を他の通算子法人である S2社に譲渡した場合、Ｐ社で生じた譲渡損▲500と同額の譲渡損益調整益500が計上され、課税の繰延べが行われます。次に② S2社は S3社へ500で再譲渡した場合、Ｐ社

で繰り延べていた譲渡損▲500について戻し入れは行われないこととなります。よって、③含み損資産を通算グループ外に売却したことによる譲渡損のみが計上されることとなります。

2. 通算グループを離脱する通算子法人の帳簿価額

通算グループから離脱する通算子法人の株式を保有する通算法人は、離脱する通算子法人株式の帳簿価額を当該離脱する通算子法人の離脱直前の簿価純資産価額に相当する金額に修正を行います（法令119の３⑤)。これを投資簿価修正といいます。

この場合において、離脱する通算子法人の株式を保有する他の通算法人は、当該離脱する通算子法人株式の帳簿価額が離脱日の属する事業年度終了時の簿価純資産価額に満たない場合のその満たない金額（以下「簿価純資産不足額」といいます。）を加算し、同額の利益積立金額を増加させます（法令９①一)。反対に、当該離脱する通算子法人株式の帳簿価額が離脱日の属する事業年度終了時の簿価純資産価額を超える場合のその超える金額（以下「簿価純資産超過額」といいます。）を減算し、同額の利益積立金額を減少させます（法令９①一)。

離脱する通算子法人株式の帳簿価額 ＝離脱直前の帳簿価額（＋ 簿価純資産不足額(注1) 又は ▲ 簿価純資産超過額(注2)）

（注１） 簿価純資産不足額

離脱直前の帳簿価額が簿価純資産価額に満たない場合のその満たない金額

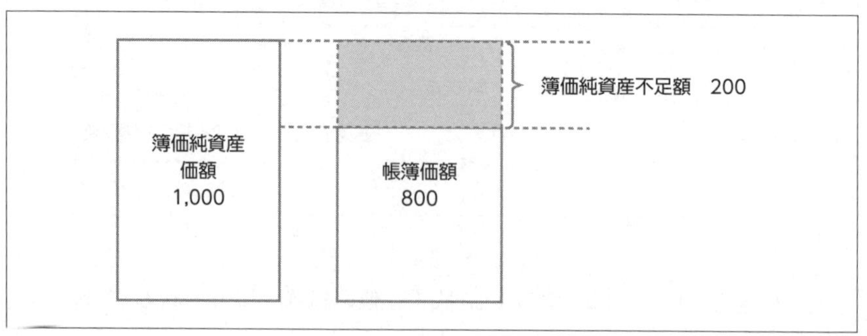

（注２）　簿価純資産超過額

離脱直前の帳簿価額が簿価純資産価額を超える場合のその超える金額

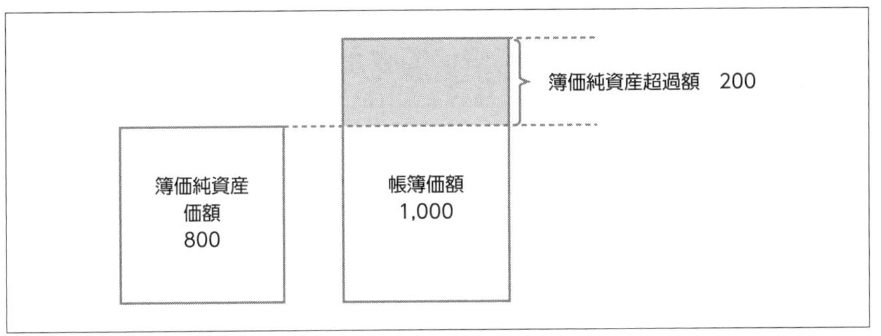

簿価純資産額＝

$\left(\begin{array}{c}\text{離脱日の前日の属する事業年度終了の}\\\text{時における資産の帳簿価額の合計額}\end{array} - \begin{array}{c}\text{離脱日の前日の属する事業年度終了の時における負債}\\\text{（新株予約権に係る義務を含む）の帳簿価額の合計額}\end{array}\right)$

×離脱直前の当該通算法人の持株割合

売却等により通算グループから離脱する通算法人株式の帳簿価額が当該離脱する通算法人の簿価純資産価額よりも高い場合、当該離脱する通算子法人株式の帳簿価額は離脱日の前日の属する事業年度終了時の簿価純資産価額に調整（簿価純資産超過額を減算）されます。よって、当該売却による譲渡原価が過少に計上されることとなるため、当該通算子法人株式の譲渡益が過大又は譲渡損が過少に計上されることとなります。

なお、通算グループから離脱する通算子法人において時価評価換えを行う場合には、当該時価評価換えにより増額又は減額された後の資産及び負債の帳簿価額を基礎として投資簿価修正が行われることとなります（個通2-17）。また、２以上の通算法人において投資簿価修正を行う場合には、当該通算法人のうち、通算親法人から連鎖する資本関係が最も下位であるものから順に投資簿価修正を行うこととなります（個通2-18）。

各個別制度の取扱い

Q62 グループ通算制度を適用した場合の各個別制度の取扱いについて教えて下さい。

ポイント

- 外国税額控除、研究開発税制及び留保金課税についてはグループ全体での計算や調整を行う。
- 受取配当等の益金不算入制度などの一部の個別制度については、グループ通算制度への移行に併せて規定が見直されている。

A　**1. グループ全体計算と個別計算**

グループ通算制度では、通算グループ内の各通算法人を納税単位とし、各通算法人が個別に法人税額の計算及び申告を行います。そのため、法人税額を計算する際の各個別制度については、単体申告時と同様、基本的には各通算法人にて個別計算を行いますが、次の個別制度については、通算グループ全体での計算や調整が必要となります。

・外国税額控除（法法69）

・研究開発税制（措法42の４）

・留保金課税（法法67）

なお、租税特別措置法上の特別税額控除制度の中には、グループ通算制度が開始する令和４年４月１日よりも前に適用期限を迎える制度があります。これらの制度については、今後の税制改正で期限延長が行われる際に、グループ通算制度における取扱いが明らかになると考えられます（Q19参照）。

2. グループ通算制度への移行に併せた個別制度の見直し

次の個別制度については、連結納税制度からグループ通算制度への移行に併せて、規定が見直されています（詳細はQ66参照）。グループ通算制度を適用する法人はもちろん、グループ通算制度を適用しない法人が単体申告を行う際にも同様の取扱いが求められます。

・受取配当等の益金不算入制度（法法23）

・寄附金の損金不算入制度（法法37）

・収用等があった場合等の特別控除（措法65の６）

・貸倒引当金（法法52）

外国税額控除の計算方法

Q63　**グループ通算制度を適用した場合の外国税額控除の計算方法について教えて下さい。**

ポイント

・外国税額控除の控除限度額の計算をグループ全体で行う。

・事後的な修更正により、過去事業年度における外国税額控除額が当初申告額と異なることとなった場合、次の取扱いとなる。

（１）過去事業年度における外国税額控除額は当初申告額のまま固定される。

（２）当初申告額との差額は進行事業年度の法人税額を加減算して調整される。

A　1. 外国税額控除額の計算方法

外国税額控除は、内国法人が外国の法令により課される法人税に相当する税（以下「外国法人税」といいます。）を納付することとなる場合に、国際間の二重課税を排除するため、一定の算式により計算された控除限度額の範囲で、納付することとなった外国法人税の額を日本の法人税の額から控除する制度です（法法69）。

グループ通算制度を適用する場合には、この控除限度額の計算をグループ全体で行うことになります（法法69⑭、法令148）。計算の過程で、国外所得金額や控除限度額について、各通算法人間で調整計算が行われます。具体的には、次の通り（１）調整国外所得金額を計算し、（２）控除限度額を計算するという手順で計算します。

(1)調整国外所得金額の計算

各通算法人の国外所得金額を基礎として、各通算法人間で一定のグループ内調整を加えて調整国外所得金額を算出します。

■調整国外所得金額の計算イメージ

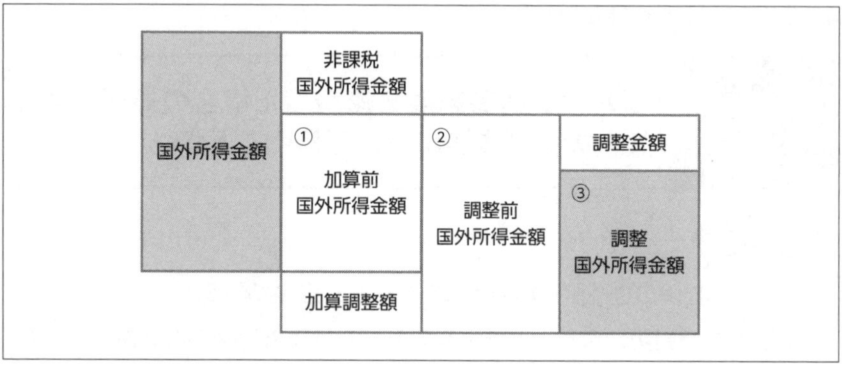

国外所得金額
非課税国外所得金額
①加算前国外所得金額
加算調整額
②調整前国外所得金額
調整金額
③調整国外所得金額

① 加算前国外所得金額の計算

次の算式により、各通算法人において加算前国外所得金額を計算します（法令148④）。計算にあたり、非課税国外所得金額（外国法人税が課されない国外源泉所得に係る所得の金額）の集計が必要になります。

加算前国外所得金額＝国外所得金額－非課税国外所得金額（マイナスの場合は０）

② 調整前国外所得金額の計算（グループ全体計算）

次の算式のとおり、上記①の加算前国外所得金額に加算調整額を加えて調整前国外所得金額を計算します（法令148④）。

調整前国外所得金額＝①加算前国外所得金額＋加算調整額

加算調整額とは、次の算式により、非課税国外所得金額がプラスの通算

法人の当該プラス部分の合計額と、非課税国外所得金額がマイナスの通算法人の当該マイナス部分の合計額の、いずれか小さい金額について、加算前国外所得金額の比で各通算法人に配分を行うものです（法令148⑤）。この加算調整額の算式は複雑ですが、通算グループ内で非課税国外所得金額が発生しない場合、加算調整額は０（調整不要）となります。

加算調整額	＝	次のいずれか小さい金額 ・非課税国外所得金額＞０の通算法人のプラス部分の合計額 ・非課税国外所得金額＜０の通算法人のマイナス部分の合計額	×	各通算法人の加算前国外所得金額(注) ――――― 通算グループ内のすべての通算法人の加算前国外所得金額の合計額(注)

（注）　マイナスの場合は０とする

③　調整国外所得金額の計算（グループ全体計算）

次の算式の通り、上記②の調整前国外所得金額から調整金額を差し引いて調整国外所得金額を計算します（法令148②三）。

調整国外所得金額＝②調整前国外所得金額－調整金額

通算グループ内のすべての通算法人の②調整前国外所得金額の合計額が、通算グループ内のすべての通算法人の所得金額（全世界所得金額）の合計額の90％を超える場合、90％を超える部分を調整金額として控除します（法令148⑥）。すなわち、通算グループ全体の国外所得金額は通算グループ全体の全世界所得金額の90％が上限となります。

（２）控除限度額の計算

通算グループ内のすべての通算法人の法人税額、所得金額及び上記（１）で算出された調整国外所得金額を用いて、各通算法人の外国税額控除の控除限度額を計算します。

第３章

■控除限度額の計算イメージ

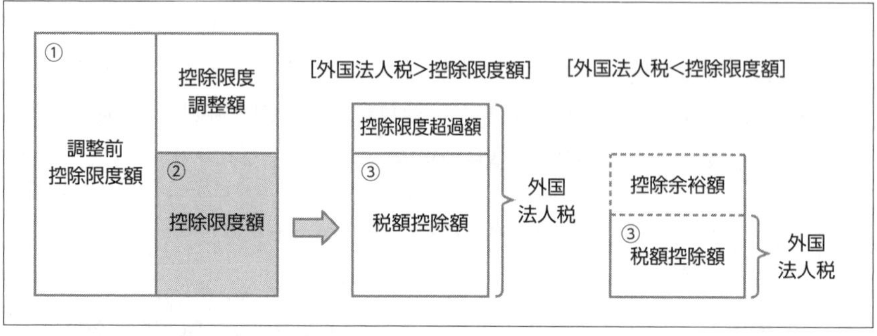

① 調整前控除限度額の計算（グループ全体計算）

次の算式により、各通算法人の控除限度額を計算します（法令148②）。単体申告と同様に、全世界所得金額に占める国外所得金額の割合を法人税額に乗じて計算します。

$$\text{各通算法人の調整前控除限度額} = \text{通算グループ内のすべての通算法人の法人税額の合計額} \times \frac{\text{各通算法人の調整国外所得金額}}{\text{通算グループ内のすべての通算法人の所得金額の合計額}}$$

② 控除限度額の計算（グループ全体計算）

次の算式の通り、上記①の調整前控除限度額から控除限度調整額を差し引いて計算をします。

控除限度額＝調整前控除限度額－控除限度調整額

控除限度調整額は、通算グループ内に控除限度額がマイナスの通算法人がある場合に、そのマイナス部分を控除限度額がプラスとなっている通算法人にその控除限度額の比で配分するものです（法令148⑦）。

③ 税額控除額の計算

各通算法人において、②控除限度額を限度として控除対象となる外国法人税を法人税の額から控除します。控除対象となる外国法人税額が控除限度額を超える場合のその差額（控除限度超過額）及び控除対象となる外国法人税額が控除限度額未満の場合のその差額（控除余裕額）については、３年間の繰越が認められています（法法69）。

2. 過去事業年度における外国税額控除額が当初申告額と異なることとなった場合

上記の通り、グループ通算制度では、税額控除限度額の計算をグループ全体で行うこととされています。通算グループ内のある通算法人の過去事業年度において修更正が生じた場合に、再度グループ全体で税額控除限度額の計算を行い、各通算法人で修正申告等の対応が必要となると、事務負担が煩雑になるため、次のような措置が講じられています（法法69⑮⑰⑱、個通2-67）。

（１）通算法人の各事業年度の外国税額控除額が当初申告額と異なるときは、その当初申告額をその通算法人の各事業年度の外国税額控除額とみなす（当初申告額は修正しない）。

（２）当初申告における外国税額控除額と再計算後の外国税額控除額との間に過不足額が生じた場合には、その過不足額は、進行事業年度（修更正を行う場合には、修正申告書の提出又は更正が行われた日の属する事業年度）の法人税額に加減算することにより調整する。

すなわち、過去事業年度の外国税額控除額に修更正があった場合には、過去事業年度について修正申告等を行うのではなく、修更正を反映した正しい外国税額控除額と当初申告額との差額を進行事業年度の税額で調整することとなります。

なお、修正申告書の提出又は更正が行われた日が当初申告期限から５年を経過した日以後である場合には、上記（２）の取扱いは適用されません（個通2-67）。

また、通算法人グループ内の法人が外国税額控除額の計算の基礎となる事実を隠蔽又は仮装して外国税額控除額を増加させることにより法人税の負担を減少させる場合等には、上記の取扱いは適用されません（法法69⑯）。

研究開発税制の計算方法

Q64 グループ通算制度を適用した場合の研究開発税制（試験研究費の税額控除）の計算方法について教えて下さい。

ポイント

- 総額型と中小企業技術基盤強化税制については税額控除可能額の計算をグループ全体で行う。
- オープンイノベーション型についてはグループ全体での計算は行わず、単体申告同様の計算を行う。
- 事後的な修更正により、試験研究費の額や調整前法人税額が当初申告額と異なることとなった場合、次の取扱いとなる。
  （1）通算グループ内の他の通算法人の税額控除可能分配額の計算上、試験研究費の額や調整前法人税額は当初申告額のまま固定され、影響が及ばない。
  （2）再計算後のグループ全体の税額控除可能額が当初申告額未満の場合、その差額を修更正のあった通算法人が負担する。

A　1. グループ通算制度における研究開発税制の取扱い

研究開発税制（試験研究費の税額控除）は、各事業年度において損金の額に算入される試験研究費の額がある場合に、その試験研究費の額に一定割合を乗じて計算した金額をその事業年度の法人税額から控除することを認める制度です。研究開発税制には、総額型と中小企業技術基盤強化税制、特別試験研究に係る税額控除（以下「オープンイノベーション型」といいます。）があります。

グループ通算制度を適用する場合、研究開発税制のうち総額型と中小企業技術基盤強化税制に関しては、税額控除可能額をグループ全体で計算することになりますが、オープンイノベーション型に関しては、グループ全体での計算は行わず単体申告同様の計算を行います（措法42の４⑧）。中小企業技術基盤強化税制は、中小企業者等のみが適用できる制度ですが、通算グループ内に次の法人が１社でも存在する場合には適用することができません（詳細はQ20参照）。

・資本金１億円超の法人
・前３事業年度の平均所得金額が15億円超の法人（適用除外事業者）

2. グループ通算制度における研究開発税制の計算方法

グループ通算制度における総額型及び中小企業技術基盤強化税制の計算は、次の通り①合算増減試験研究費割合を計算したうえで、②グループ全体の税額控除可能額を把握し、③各通算法人に配賦する手順で行います。

■計算方法イメージ

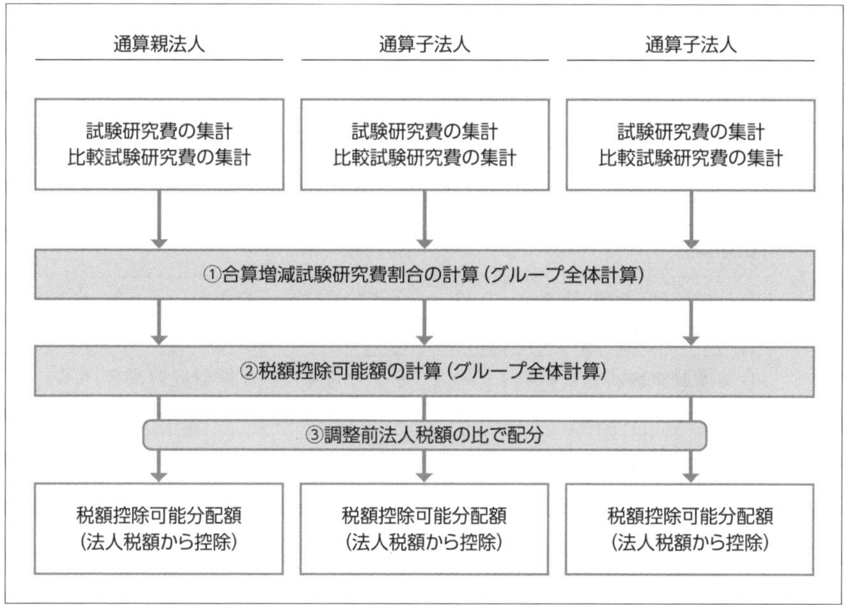

①　合算増減試験研究費割合の計算

単体申告と同様、まずは増減試験研究費割合を計算しますが、グループ通算制度の場合はグループ全体での増減試験研究費割合（以下「合算増減試験研究費割合」といいます。）を計算することになります。合算増減試験研究費割合は、次の算式の通り、通算グループ内のすべての通算法人の試験研究費及び比較試験研究費の額を合計して算出します（措法42の４⑧三、⑲三五）。

$$\text{合算増減試験研究費割合} = \frac{\text{試験研究費の額の合計額} - \text{比較試験研究費合計額}}{\text{比較試験研究費合計額}}$$

② グループ全体の税額控除可能額の計算

上記①で算出した合算増減試験研究費割合に基づき、グループ全体の税額控除可能額を計算します。次の（イ）と（ロ）のいずれか低い金額が税額控除可能額となります（措法42の４⑧三）。

（イ）

各通算法人の所得金額の計算上損金の額に算入される試験研究費の合計額×税額控除割合（注）

（ロ）各通算法人の調整前法人税額の合計額×25％（控除上限額）

（注） 税額控除割合は次の通り

【総額型】

合算増減試験研究費割合が８％を超える場合	9.9％＋（合算増減試験研究費割合－８％）×0.3 ※10％が上限
合算増減試験研究費割合が８％以下の場合	9.9％－（８％－合算増減試験研究費割合）×0.175 ※６％が下限
比較試験研究費合計額が０の場合	8.5％

【中小企業技術基盤強化税制】 12％

③ 各通算法人への税額控除可能分配額の配賦計算

上記②で計算した税額控除可能額を、次の算式により各通算法人の調整前法人税額の比で配分し、税額控除可能分配額を計算します（措法42の４⑧三）。この税額控除可能分配額が各通算法人における税額控除限度額となります。

$$\text{税額控除可能分配額} = \text{税額控除可能額} \times \frac{\text{各通算法人の調整前法人税額}}{\text{通算グループ内のすべての通算法人の調整前法人税額の合計額}}$$

3. 過去事業年度における試験研究費の額や調整前法人税額が当初申告額と異なることとなった場合

グループ通算制度では総合型及び中小企業技術基盤強化税制につき税額控除可能額をグループ全体で計算することになりますが、通算グループ内のある通算法人について修更正が生じたときに他の通算法人にも影響が及ぶと、修正申告等の事務手続きが煩雑となってしまいます。そこで税制上、次のような措置が講じられています（措法42の４⑧四五六）。

（１）通算グループ内のある通算法人の試験研究費の額や調整前法人税額が当初申告額と異なる場合であっても、通算グループ内の他の通算法人の税額控除可能分配額の計算には影響させない（通算グループ内の他の通算法人では当初申告額を修正しない）。

（２）試験研究費の額や調整前法人税額が当初申告額と異なることとなった通算法人では、当初申告における税額控除可能額と再計算後の税額控除可能額との間の差異について、下表に従った調整を行う。

再計算後の税額控除可能額≧当初申告税額控除可能額	当初申告における税額控除可能分配額のまま固定される （追加の税額控除は認められない）
再計算後の税額控除可能額＜当初申告税額控除可能額	次の算式により計算された金額を税額控除可能分配額とする。計算結果がマイナスになる場合、そのマイナス部分相当額を法人税の額に加算する。 ［算式］ 当初申告における税額控除可能分配額－（当初申告における税額控除可能額－再計算後の税額控除可能額）

すなわち、再計算後のグループ全体の税額控除可能額が当初申告より増加し

第３章

た場合であっても、追加の税額控除は認められません。一方、再計算後のグループ全体の税額控除可能額が当初申告よりも減少した場合、その差額の分だけ修更正があった通算法人の研究開発税制の税額控除額を減少させ、減少しきれない部分については法人税額に加算する調整が行われます。

なお、通算法人グループ内の法人が研究開発税制の計算の基礎となる事実を隠蔽又は仮装して税額控除額を増加させることにより法人税の負担を減少させる場合等には、上記の取扱いは適用されません（措法42の4⑯）。

留保金課税の計算方法

Q65

グループ通算制度を適用した場合の留保金課税（特定同族会社の特別税率）の計算方法について教えて下さい。

ポイント

- 留保金課税は、各通算法人において個別計算を行う。
- 留保金額の計算に用いる所得の金額は、グループ通算制度による通算後の金額となる。
- 通算グループ内の法人間で授受される配当等について、グループ内での調整計算が行われる。
- 留保控除額の所得基準で用いる所得の金額は、グループ通算制度による通算前の金額となる。

A　1. グループ通算制度における留保金課税の取扱い

留保金課税（特定同族会社の特別税率）は、特定同族会社に該当する内国法人の各事業年度の留保金額のうち、留保控除額を超えた部分について特別税率による法人税を課す制度です（法法67①）。

グループ通算制度では、大通算法人である特定同族会社が留保金課税の対象とされ、通算グループ内に資本金１億円超の法人が１社でも存在する場合には、通算グループ内のすべての法人が大通算法人に該当することとなります（詳細はQ20参照）。

2. グループ通算制度における留保金課税の計算方法

グループ通算制度における留保金課税は、通算グループ内の各通算法人にて個別計算を行います。単体申告と同様に、所得金額に一定の加減算を行って当期留保金額を算出し、そこから留保控除額を差し引いた課税留保金額に対して特別税率を乗じて留保金課税を計算しますが、グループ通算制度を採用する場合は次の点に留意が必要です。

■単体申告における留保金課税の計算イメージ

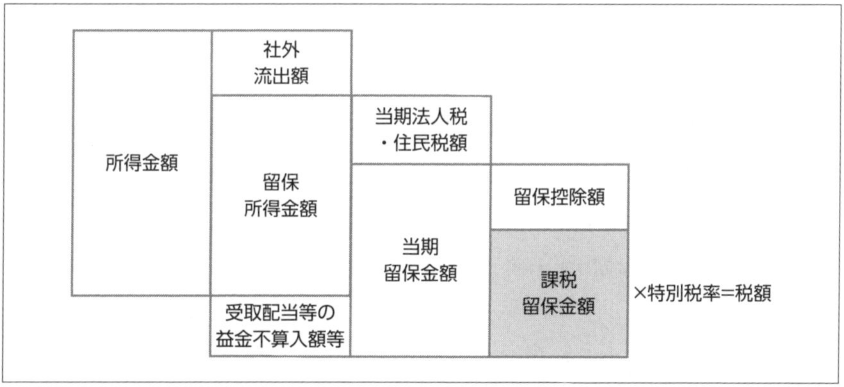

所得金額
社外流出額
留保所得金額
受取配当等の益金不算入額等
当期法人税・住民税額
当期留保金額
留保控除額
課税留保金額
×特別税率＝税額

(1) 所得金額

グループ通算制度による通算後の金額となります。

(2) 他の通算法人から配当等を受けとった場合

留保金額の計算上、所得金額に加算される受取配当等の益金不算入額について、他の通算法人から受ける配当等の額に係るものをその対象から除きます（法法67③二、法令139の9）。

(3) 通算法人が剰余金の配当等を行った場合

剰余金の配当等を通算グループ外に対するものと通算グループ内に対するものに区分をしたうえで、留保金額の計算上、配当等に関する調整を加えることとなります。

具体的には、下記算式の通り、通算グループ内外に対する剰余金の配当等の金額を加算して一度なかったことにしたうえで、通算グループ内での配当等の授受を加味して計算された「通算グループ外に対する配当等の実質負担額」を控除する調整を行います（法令139の８②）。

配当等に関する調整	＝	（Ⓐ通算外配当等流出額	＋	Ⓑ通算内配当等の額）	－	Ⓒ通算外配当等流出配賦額

Ⓐ　通算外配当等流出額（法令139の８③一）

通算法人がした剰余金の配当等のうち、配当等の基準日又は事業年度終了の日において通算完全支配関係がない者に対して交付した金銭等の部分（通算グループ外に対する剰余金の配当等）

Ⓑ　通算内配当等の額（法令139の８③二）

通算法人がした剰余金の配当等のうち、配当等の基準日及び事業年度終了の日において通算完全支配関係がある他の通算法人に対して交付した金銭等の部分（通算グループ内に対する剰余金の配当等）

Ⓒ　通算外配当等流出配賦額（法令139の８③三）

各通算法人のⒶのうち他の通算法人から受けたⒷに達するまでの金額	×	通算法人のⒹ ／ 各通算法人のⒹの合計	＋	Ⓐのうち他の通算法人から受けたⒷを超える金額

Ⓓ　純通算内配当等の額（法令139の８③三）

通算法人のⒷ通算内配当等の額－他の通算法人から受けたⒷ通算内配当等の額

（４）留保控除額（所得基準額）

所得基準額で用いる所得等の金額はグループ通算制度による損益通算前の金額になります（法法67⑤一）。

グループ通算制度の選択によらず考慮すべき点

Q66　**グループ通算制度を選択しない場合であって法人税の計算において影響を受ける改正点があれば教えてください。**

ポイント

- 受取配当等の益金不算入制度において負債支払利子控除額の計算方法が変更され、関連法人株式等、非支配目的株式等の判定はグループ内で通算して行うこととされる。
- 貸倒引当金の損金算入限度額の計算において、グループ内法人同士の金銭債権は貸倒引当金の対象からはずれることとされる。
- 収用等があった場合等の特別控除の控除限度額について、グループ内の控除額が5,000万円を超えた場合はその超えた金額は損金不算入とされる。
- 寄附金損金算入限度額の計算の基礎となる資本金等の額について、資本金の額及び資本準備金の額の合計額になる

A　1. 受取配当等の益金不算入制度

(１) 株式等の区分

完全支配関係がある法人それぞれが保有する株式数を合計して、グループ全体で保有割合を計算し区分を判定することとされます（法法23）。これまでは連結納税制度を選択していないグループ法人では法人ごとに判定されていましたが、改正後はグループ全体の保有割合で判定されることとなります。

■株式の保有状況

銘柄	発行株式総数	保有株式数				保有割合
		P社	S1社	S2社	合計	
A 社株式	20,000	4,000	2,000	2,000	8,000	40%
B 社株式	100,000	2,000	2,000	3,000	7,000	7％
C 社株式	50,000	100	300	100	500	1％

・いずれも配当の計算基準日前１年以上継続して保有しているものとする
・P 社グループは A 社、B 社、C 社のいずれとも完全支配関係がないものとする

■株式等の区分の判定

A 社株式	グループ全体で３分の１超を保有するため関連法人株式に該当
B 社株式	完全子法人株式、関連法人株式、非支配株式のいずれにも該当しないのでその他株式に該当
C 社株式	グループ全体での保有割合が５％以下のため非支配株式に該当

（２）負債利子控除額

関連法人株式等に係る配当等については、損金算入負債利子がある場合、その配当等の額からその負債利子のうち一定の額を控除した金額が益金不算入となります。改正後はその控除する金額について、関連法人株式等に係る配当等の額×４％（その事業年度において支払う負債利子の額の10% 相当額を上限）とされます（法令19の２）。

■単体納税法人の負債利子控除額

（単位：円）

	P 社	S1社	S2社	S3社	合計
関連株式等に係る配当等の額	1,000	500	1,500	3,000	6,000
支払利子等の額	1,000	200	0	600	1,800
関連株式等に係る配当等の額の４％	40	20	60	120	
支払利子等の額の10%（上限）	100	20	0	60	
実際に控除される負債利子等の額	40	20	0	60	

また、グループ通算制度の適用を受けている法人の場合には上限となる支払負債利子の金額についての調整が行われます。通算グループ全体の支払利子等の合計額を、各通算法人の関連株式等に係る配当等の額の比率に応じて按分した金額（支払利子配賦額）の10%が控除額の上限となります（法令19の４）。

■通算法人内における支払利子等の調整

（単位：円）

	P 社	S1社	S2社	S3社	合計
関連株式等に係る配当等の額	1,000	500	1,500	3,000	6,000
支払利子等の額	1,000	200	0	600	1,800
支払利子配賦額(注)	300	150	450	900	1,800
関連株式等に係る配当等の額の４％	40	20	60	120	
支払利子配賦額の10%（上限）	30	15	45	90	
実際に控除される負債利子等の額	30	15	45	90	

（注）　支払利子配賦額の計算
P 社：1,800×（1,000/6,000）=300
S1社：1,800×（500/6,000）=150
S2社：1,800×（1,500/6,000）=450
S3社：1,800×（3,000/6,000）=900

2. 貸倒引当金の損金算入限度額の計算

内国法人がその有する金銭債権について貸倒引当金の繰入限度額を計算する場合には、その内国法人との間に完全支配関係がある他の法人に対してその内国法人が有する金銭債権は、個別評価金銭債権及び一括評価金銭債権には含まれないこととされます(法法52⑨二)。そのため、完全支配関係がある法人グループ内における親会社から子会社に対する貸付金や、子会社から親会社に対する売掛金は貸倒引当金の繰入限度額の計算の基礎となる金銭債権には含まれないことになります。ただし、通算税効果額（Q56参照）に係る未収金額（当該法人との間に完全支配関係がある他の法人に対して有するものを除きます。）は「その他これらに準ずる金銭債権（法法52②)」に含まれることとされます。すなわち、グループ通算制度から離脱した場合には、通算税効果額に係る未収金額についても貸倒引当金の対象になります（個通2-11)。

3. 収用等があった場合等の特別控除の控除限度額

完全支配関係のあるグループ法人内で複数の法人が収用換地等の場合における所得の特別控除を適用した場合で、その特別控除の合計額が5,000万円を超えるときには、その超える部分の金額は損金の額に算入されないこととされます（措法65の６)。グループ内の各法人における損金不算入額は、その超えた部分の金額について特別控除を適用した金額で按分して計算されます。

■グループ法人間の控除額調整

（単位：万円）

	P社	S1社	S2社	合計
特別控除を受ける金額	10,000	6,000	4,000	20,000
控除限度額				5,000
限度額を超える金額（損金不算入額）(注)	7,500	4,500	3,000	15,000

（注）損金不算入額の計算
P社：15,000×（10,000/20,000）=7,500
S1社：15,000×（6,000/20,000）=4,500
S2社：15,000×（4,000/20,000）=3,000

■別表４おける調整額

（単位：万円）

	P社	S1社	S2社	合計
加算欄	7,500	4,500	3,000	15,000
減算欄	10,000	6,000	4,000	20,000

4. 寄附金損金算入限度額の計算

普通法人における寄附金の損金算入限度額計算において、特定公益増進法人等に対する寄附金及び一般寄附金について、普通法人等（注）の損金算入限度額は、「資本金等の額」と所得金額を基礎に算出されていたものが、「資本金と資本準備金の合計額」と所得金額を基礎に算出することとされます（法法37）。当項目についてはグループ法人であるかどうかに関わらず、すべての普通法人等に対して適用されます。

（注）　普通法人、協同組合等及び人格のない社団等（資本又は出資を有しない法人等を除く）

税効果会計（実務対応報告第39号）

Q67

グループ通算制度における税効果会計について、実務対応報告第39号が公表されましたが、その概要を教えて下さい。また、これにより税効果会計にどのような影響があるのか教えて下さい。

! ポイント

- ASBJより実務対応報告第39号が公表された。
- グループ通算制度における税効果会計の適用については、今後ASBJが考え方の整理を行い、既存の基準等に必要な改廃を行う。
- 連結納税制度を適用する企業は、ASBJが必要な改廃を行うまでは、グループ通算制度への移行及び単体納税制度の見直しが行われた項目について、改正前の税法に基づき税効果会計を適用することができる。
- 単体納税制度を適用する企業は、単体納税制度の見直しが行われた項目について、改正後の税法に基づき税効果会計を適用する必要があると考えられる。

A　1. 実務対応報告第39号の概要

(1)グループ通算制度と成立日基準の関係

グループ通算制度は、令和2年3月27日に成立した改正法人税法において創設された制度であり、令和4年4月1日以後開始する事業年度から適用となります。税効果会計の世界では「成立日基準」という考え方があり、繰延税金資産及び繰延税金負債は、決算日において国会で成立している税法に規定されている方法に基づきスケジューリングを行い、回収可能性を判断して計上することとなっています（税効果適用指針第44項）。したがって、令和2年3月27日以後に終了する事業年度における税効果会計では、グループ通算制度の適用を前提とした回収可能性の判断が必要となります。

(２)実務対応報告第39号の内容

成立日基準にしたがって税効果会計を行うにあたり、創設されたばかりのグループ通算制度の適用を前提として回収可能性判断を行うことは、実務上対応が困難であるとの意見が寄せられたため、令和２年３月31日に企業会計基準委員会（以下「ASBJ」といいます。）より実務対応報告第39号「連結納税制度からグループ通算制度への移行に係る税効果会計の適用に関する取扱い」（以下「実務対応報告第39号」といいます。）が公表されることになりました。

実務対応報告第39号によると、グループ通算制度の下での税効果会計については、まずASBJが考え方の整理を行う必要があるとしており、今後その整理に合わせて既存の会計基準等が改廃される予定とのことです。既存の会計基準等が改廃されグループ通算制度における税効果会計の方法が確立されるまでの当面の間は、グループ通算制度の適用を前提とした回収可能性の判断は困難であることから、①グループ通算制度への移行、②グループ通算制度への移行に合わせて単体納税制度の見直しが行われた項目については「成立日基準」の原則によらず、改正前の税法（連結納税制度）を前提とした回収可能性の判断を行うことができることとされました。

この取扱いは、改正法人税法の成立日の属する事業年度において既に連結納税制度を適用している法人、これから連結納税制度を適用する法人が対象となっています。

2. 実務対応報告第39号が税効果会計に与える影響

(１)連結納税制度を適用している法人への影響

連結納税制度を適用している法人は、実務対応報告第39号の対象となるため、ASBJが既存の会計基準等の改廃を行うまでは、改正前の税法（連結納税制度）を前提とした回収可能性の判断を行うことができます。したがって、当面は今まで通りの税効果会計の方法を継続することとなります。

(２)単体納税制度を適用している法人への影響

単体納税制度を適用している法人が今後、連結納税制度に移行した場合には、実務対応報告第39号の対象となり、上記1.の通り、当面の間は改正前の税法（連結納税制度）を前提とした税効果会計を適用することになります。

一方、連結納税制度に移行しない場合には、上記1.の取扱いの対象となりませんので、原則通り「成立日基準」に基づいて税効果会計を適用すべきと考えられます。したがって、グループ通算制度への移行に合わせて単体納税制度の見直しが行われた次の4項目（詳細はQ66参照）については、見直し後の取扱いに基づき回収可能性の判断を行うこととなります。

① 受取配当等の益金不算入制度

② 寄附金の損金不算入制度

③ 貸倒引当金

④ 資産の譲渡に係る特別控除額の特例

なお、③貸倒引当金以外の項目については、一時差異に該当しないため、そもそも税効果会計の対象ではありません。したがって、実務対応報告第39号の影響は限定的であると考えられます。

税効果会計のポイント

Q68 グループ通算制度の税効果会計は、どのような点がポイントになるのか教えて下さい。

ポイント

- グループ通算制度においても、自社の個別所得見積額のみならず、グループ内の他の通算法人の個別所得見積額を考慮して回収可能性の判断を行う必要があると考えられる。
- グループ通算制度は、各通算法人が単体で税計算を行い申告する方式を前提としているため、連結納税制度のようなグループ全体の企業分類による調整等は行われない可能性もある。

A 1. グループ通算制度の税効果会計のポイント

連結納税制度における税効果会計については、実務対応報告第5号「連結納税制度を適用する場合の税効果会計に関する当面の取扱い（その１）」及び実務対応報告第７号「連結納税制度を適用する場合の税効果会計に関する当面の取扱い（その２）」（以下「実務対応報告第５号等」といいます。）にてその取扱いが明らかにされています。

一方、グループ通算制度における税効果会計については、Q67の通り、本原稿執筆時点でまだ考え方が整理されていません。そのため、どのような実務になるか不明確な状況ですが、このQ68では、実務対応報告第５号等の取扱いを参考に、グループ通算制度の税効果会計のポイントとなる点について言及します。

(1) 個別財務諸表における繰延税金資産の回収可能性の判断

連結納税制度を適用する場合、各社の個別財務諸表における繰延税金資産の回収可能性の判断は、自社の個別所得見積額のみならず他の連結納税法人の個別所得見積額も考慮することとされています。また、その際の企業分類については、個別企業の分類のみならずグループ全体での分類も加味することが適当とされており、具体的には、各社の企業分類とグループ全体での企業分類のいずれか上位の企業分類に従って回収可能性の判断を行うことになります。

グループ通算制度においても、他の通算法人の所得の発生状況によって各社の繰延税金資産の回収可能性が増減することが想定されるため、自社の個別所得見積額のみならず他の通算法人の個別所得見積額も考慮する必要があると考えられます。また、グループ通算制度では、各法人が単体で税額を計算し申告を行うことを前提としているため、各社の企業分類について、連結納税制度のような調整が行われるのかがポイントになると考えられます。グループ全体での企業分類という考え方がグループ通算制度では設けられない場合、連結納税制度と異なる実務になる可能性があります。

(2) 連結財務諸表における繰延税金資産の回収可能性の判断

連結納税制度を適用する場合、各社の個別財務諸表における繰延税金資産の計上額を単に合計するのではなく、連結グループ全体として回収可能性を見直すこととされ、その際の企業分類については、グループ全体での分類によることとされています。

第３章

グループ通算制度では、各法人が単体で税額を計算し申告を行うことを前提としているため、連結納税制度のようにグループ全体での見直しが行われるのかがポイントになると考えられます。グループ全体での見直しをグループ通算制度では行わず、各社の個別財務諸表の積み上げとなる場合、連結納税制度と異なる実務になる可能性があります。

制度移行時の税効果会計への影響（1）

Q69

現在、単体納税制度を適用していますが、連結納税制度やグループ通算制度に移行する場合、繰越欠損金に係る税効果会計にどのような影響がありますか。

ポイント

- 制度の移行に伴って繰越欠損金が切り捨てられる場合、繰延税金資産の取崩しが必要になると考えられる。
- 連結納税制度やグループ通算制度に持ち込まれた単体納税制度時代の繰越欠損金を、グループ内の他の法人の所得から控除できる場合、繰延税金資産の追加計上が必要になると考えられる。

A　1. 単体納税制度を適用している法人の制度移行のパターン

グループ通算制度の創設に伴い、単体納税制度を適用している法人は次の4つの制度移行のパターンがあります。

・単体納税制度を継続して適用する

・単体納税制度からグループ通算制度に移行する

・連結納税制度に移行した後、グループ通算制度に移行する

・連結納税制度に移行した後、単体納税制度に移行する

このQ69では、どのパターンを選択するかによって、税効果会計にどのような影響が生じるかについて言及します。なお、税効果会計に影響を与える要因

には様々なものがありますが、①制度移行に伴う欠損金の切捨ての有無、②グループに持ち込まれた欠損金の回収可能性の判断、の２点が大きな影響を与える要因になると考えられますので、以下ではその点に絞って説明します。連結納税制度とグループ通算制度の税効果会計の違いについては、Q68を参照してください。

2. 単体納税制度を継続して適用する場合

連結納税制度やグループ通算制度に移行せずに単体納税制度を継続する場合、従前通り、自社の所得見積額のみを考慮して税効果会計を適用します。したがって、例えば繰越欠損金が生じており、自社の所得の状況のみでは使用しきれない場合、その使用しきれない部分は回収可能性がないものとして繰延税金資産を計上することはできません。

3. 単体納税制度からグループ通算制度に移行する場合

(１)制度移行に伴う欠損金の切捨ての有無

グループ通算制度に移行する場合、単体納税制度時代の欠損金をグループ内に持ち込めず切捨てになる可能性があります（Q58参照）。この取扱いは親法人にも子法人にも適用されます。したがって、次のような場合に税効果会計に影響が生じる可能性があります。

［移行前］単体納税制度
　繰越欠損金が生じており、全額について回収可能性がある。
［移行後］グループ通算制度
　制度移行に伴い、単体納税制度時代の繰越欠損金が切り捨てられた。

この場合、移行前までは回収可能性があった繰越欠損金について、切捨てとなることで将来の所得を減額する効果が無くなるため、計上していた繰延税金資産を取り崩して法人税等調整額（借方）を計上する必要があると考えられます。

(2)グループに持ち込まれた欠損金の回収可能性の判断

グループ通算制度では、単体納税制度時代の繰越欠損金について、切捨ての対象にならずにグループに持ち込まれた場合でもSRLYルールの適用対象となります。したがって、欠損金の回収可能性の判断にあたり、グループ内の他の法人の所得見積額を考慮する必要はないと考えられます。

なお、グループ通算制度への移行後に発生した繰越欠損金については、SRLYルールが適用されないため、自社の所得見積額だけではなく、グループ内の他の通算法人の所得見積額も考慮して回収可能性を判断することになると考えられます。他の法人の所得の状況により、回収可能性が増加することもあれば減少することもあるため、この点が単体納税制度との大きな違いになります。

4. 単体納税制度から連結納税制度に移行し、その後グループ通算制度に移行する場合

(1)制度移行に伴う欠損金の切捨ての有無

① 単体納税制度から連結納税制度への移行

連結納税制度に移行する場合、子法人については単体納税制度時代の欠損金がグループ内に持ち込まれず切捨てになる可能性があります(Q23参照)。したがって、3.(1)と同様に切捨てに伴う繰延税金資産の取崩しが必要になるケースが考えられます。

一方、親法人についてはこのような取扱いはありません(Q22参照)。したがって、繰越欠損金の切捨てによる影響はないと考えられます。

② 連結納税制度からグループ通算制度への移行

連結納税制度からグループ通算制度に移行する場合、各社の特定連結欠損金は特定欠損金として、非特定連結欠損金は非特定欠損金として、切捨てられることなくそのまま引き継がれます(Q50参照)。したがって、欠損金の切捨てによる税効果会計への影響はありません。

(2)グループに持ち込まれた欠損金の回収可能性の判断

① 単体納税制度から連結納税制度への移行

連結納税制度に持ち込まれた欠損金のうち、親法人の欠損金は非特定連結欠損金としてグループ全体から控除が可能であり、一方、子法人の欠損金は特定連結欠損金としてその子法人で生じた所得に対してのみ使用が可能となります。したがって、次のような場合に税効果会計に影響が生じる可能性があります。

［移行前］単体納税制度
親法人に繰越欠損金が生じており、自社のみでは使用しきれない金額がある。
［移行後］連結納税制度
制度移行に伴い、グループ内の他の法人の所得に対して欠損金が使用できるようになった。

この場合、移行前までは回収可能性がなかった繰越欠損金について、連結納税制度を適用することにより、グループ内の他の法人の所得を減額する効果が生じるため、回収可能性が増加すると認められる部分について繰延税金資産を認識して法人税等調整額（貸方）を計上する必要があると考えられます。

②　連結納税制度からグループ通算制度への移行

上記4.（1）②の通り、各社の特定連結欠損金は特定欠損金として、非特定連結欠損金は非特定欠損金としてそのまま引き継がれます。したがって、連結納税制度からグループ通算制度への移行により、欠損金の回収可能性は大きく変動しないと考えられます。ただし、制度の違いにより所得見積額が変動する可能性があるため留意が必要です。

5. 単体納税制度から連結納税制度に移行し、その後単体納税制度に戻る場合

（1）制度移行に伴う欠損金の切捨ての有無

①　単体納税制度から連結納税制度への移行

上記4.（1）①と同様の取扱いとなります。

② 連結納税制度から単体納税制度への移行

連結納税制度において各法人に帰属する欠損金の金額を、各法人が引き継ぐことなります。したがって、切捨てによる税効果会計への影響はありません。

(2)移行後の影響

① 単体納税制度から連結納税制度への移行

上記4.（2）①と同様の取扱いとなります。ただし、予め連結納税制度から単体納税制度に戻ることが確定している場合には、その前提での回収可能性の判断が行われるべきと考えられます。

② 連結納税制度から単体納税制度への移行

単体納税制度へ移行した後は、各法人が自社の所得の状況のみに基づき回収可能性を判断することになります。

したがって、次のような場合に税効果会計に影響が生じる可能性があります。

［移行前］連結納税制度

繰越欠損金をグループ内の他の法人の所得に対して使用していた。

［移行後］単体納税制度

制度移行に伴い、自社のみでは使用しきれない欠損金が生じてしまった。

この場合、移行前までは回収可能性があった繰越欠損金について、回収可能性が減少し、繰延税金資産を取り崩して法人税等調整額（借方）を計上する必要があると考えられます。

制度移行時の税効果会計への影響（２）

Q70　**現在、連結納税制度を適用していますが、グループ通算制度や単体納税制度に移行する場合、繰越欠損金に係る税効果会計にどのような影響がありますか。**

ポイント

- 連結納税制度からグループ通算制度に移行するパターンでは、繰越欠損金に係る税効果会計には影響が生じないと考えられる。
- 連結納税制度から単体納税制度に移行するパターンでは、連結納税制度において自社の繰越欠損金をグループ内の他の法人の所得から控除していた場合、単体納税制度への移行により繰延税金資産の取崩しが必要になると考えられる。

A　1. 連結納税制度を適用している法人の制度移行のパターン

グループ通算制度の創設に伴い、連結納税制度を適用している法人は、次の２つの制度移行のパターンがあります。

・グループ通算制度に移行する

・単体納税制度に移行する

このQ70では、どちらのパターンを選択するかによって、税効果会計にどのような影響が生じるかについて言及します。なお、税効果会計に影響を与える要因には様々なものがありますが、①制度移行に伴う欠損金の切捨ての有無、②グループに持ち込まれた欠損金の回収可能性の判断、の２点が大きな影響を与える要因になると考えられますので、以下ではその点に絞って説明します。連結納税制度とグループ通算制度の税効果会計の違いについては、Q68を参照してください。

2. 連結納税制度からグループ通算制度に移行する場合

(1)制度移行に伴う欠損金の切捨ての有無

連結納税制度からグループ通算制度に移行する場合、各社の特定連結欠損金は特定欠損金として、非特定連結欠損金は非特定欠損金として、切り捨てられることなくそのまま引き継がれます（Q50参照）。したがって、欠損金の切捨てによる税効果会計への影響はありません。

(2)グループに持ち込まれた欠損金の回収可能性の判断

上記2.（1）のとおり、各社の特定連結欠損金は特定欠損金として、非特定連結欠損金は非特定欠損金としてそのまま引き継がれます。したがって、制度移行により欠損金の回収可能性は大きく変動しないと考えられます。ただし、制度の違いにより所得見積額が変動する可能性があるため留意が必要です。

3. 連結納税制度から単体納税制度に移行する場合

(1)制度移行に伴う欠損金の切捨ての有無

連結納税制度において各法人に帰属する欠損金の金額を、各法人が引き継ぐことなります。したがって、切捨てによる税効果会計への影響はありません。

(2)グループに持ち込まれた欠損金の回収可能性の判断

単体納税制度へ移行した後は、各法人が自社の所得の状況のみに基づき回収可能性を判断することになります。

したがって、次のような場合に税効果会計に影響が生じる可能性があります。

［移行前］連結納税制度

繰越欠損金をグループ内の他の法人の所得に対して使用していた。

［移行後］単体納税制度

制度移行に伴い、自社のみでは使用しきれない欠損金が生じてしまった。

この場合、移行前までは回収可能性があった繰越欠損金について、回収可能性が減少することになるため、繰延税金資産を取り崩して法人税等調整額（借方）を計上する必要があると考えられます。

法人地方税における事業年度

Q71 **グループ通算制度の適用を受けた場合における通算子法人の法人地方税を計算する際の事業年度について教えてください。**

ポイント

- **通算子法人の法人地方税を計算する際の事業年度は、連結納税制度と同様に、通算親法人の事業年度に合わせた事業年度とされる。**

A　グループ通算制度においては、通算親法人の事業年度を通算事業年度とし、各通算子法人はその事業年度に合わせた事業年度ごとに個別申告を行います（Q42参照）。地方税については損益通算等の影響は遮断されますが、事業年度については法人税と同様に、各通算法人は通算親法人の事業年度に合わせて申告等を行うこととされます（法法14の３、地法72の13）。

法人事業税の取扱い

Q72 **グループ通算制度の適用を受けた場合の法人事業税の取扱いについて教えてください。**

ポイント

- **グループ通算制度の適用を受けた場合であっても、法人事業税ではグループ内の損益通算は行われず単体課税と同様に計算される。**

A　**1. 概要**

グループ通算制度は法人税に適用される制度であり、同制度の適用を受けた場合においても、法人事業税ではグループ内の損益通算は行われず各法人を納税単位とし、単体課税と同様に計算されます。よって、所得割は通算前の法人税の所得金額を基に計算されることになります（地法72の23）。

また、法人事業税には、法人税のようなグループ通算制度の開始や加入に伴う繰越欠損金の切捨てに関する規定はありません。法人税における繰越欠損金の額と法人事業税における繰越欠損金の額が必ずしも一致しないことになりますので、通算法人ごとにその管理が必要になります。

2. 外形標準課税について

グループ通算制度の適用を受けた場合であっても、外形標準課税の対象となるかの判定は通算法人ごとに資本金の額が１億円を超えているかどうかで判定します。所得割、付加価値割、資本割は、単体納税法人と同様に計算されます（地法72の12、14）。

法人住民税の取扱い

Q73 グループ通算制度の適用を受けた場合の法人住民税の取扱いについて教えてください。

ポイント

- グループ通算制度は法人税法上の制度であり、法人住民税（法人税割）はあくまでも個々の法人ごとに計算される。そのため、グループ通算制度による損益通算、通算制度開始等により欠損金が切り捨てられた場合等において、法人住民税（法人税割）の計算上はそれらの影響がないように一定の金額を課税標準である法人税に加算若しくは控除する調整を行う。

A 1. 概要

グループ通算制度を選択している法人は、法人税の計算において損益通算等の処理を行うため、単体納税制度により計算した場合と法人税の額が異なります。地方税の計算においては当該処理の遮断を行うため、他の通算法人で生じた若しくは繰り越してきた欠損金等を損金算入した法人においては法人税割の課税標準に一定の金額を加算し、また、その通算法人で生じた若しくは繰り越してきた欠損金等が他の通算法人の所得計算において損金算入された場合は次年度以降の法人税割の課税標準から一定の金額が控除されます（地法53)。

調整が必要になる具体的なケースは主に次の通りです。

・グループ通算制度の開始・加入にともない切り捨てられた欠損金がある場合
・適格合併等があった場合で合併法人等の欠損金とみなされない金額がある場合
・通算法人内において損益通算処理が行われる場合
・通算法人内において非特定欠損金の配賦が行われる場合
・繰戻還付の基礎となった欠損金額がある場合

2. グループ通算制度の開始・加入にともない切り捨てられた欠損金がある場合

グループ通算制度では開始･加入時に欠損金の切捨て処理がありますが（Q58参照)、地方税を計算するうえでは通算制度は適用されず当該処理も行われません。そのため、法人住民税（法人税割）の計算上は当該切り捨てられた欠損金額（通算適用前欠損額）が切り捨てられなかったものとしての調整を行うため、地方税に対応する法人税相当額（控除対象通算適用前欠損調整額（Ⓑ))を法人税額から控除します（地法53の３、４)。

■法人税においてなかったものとされた欠損金がある場合の調整（当期X5年度）（通算グループ加入にともない切り捨てられたケース）

（単位：千円）

		P社	S1社	S2社	S3社	合計	
繰越欠損金							
	X1年度	0	200	300	0	500	(注1)
	X2年度						
	X3年度	0	1,000	500	100	1,600	
	X4年度						
損益通算後所得		1,000	500	100	300	1,900	
課税標準額 法人税割	法人税（23%）Ⓐ	230	115	23	69	437	
	控除対象通算適用前欠損調整額	0	115	23	23	161	(注3)
	課税標準とされる金額	230	0	0	46	276	
	通算適用前欠損額（X1年度、X3年度）	0	1,200	800	100	2,100	
	控除対象通算適用前欠損調整額Ⓑ	0	276	184	23	483	(注2)

（注１）　通算適用前欠損額（ないものとされた欠損金額）

（注２）　通算適用前欠損額×法人税率（上記例では23%）

（注３）　当期の法人税額（Ⓐ）を上限として控除対象通算適用前欠損調整額（Ⓑ）を控除

3. 適格合併等があった場合で合併法人等の欠損金とみなされない金額がある場合

適格合併等を行った場合であっても一定の要件を満たさない場合には合併法人等の欠損金額とみなされませんが、地方税では当該規定がないため欠損金を引き継いだものとして処理されます。当該合併法人等の欠損金額とみなされなかった金額（合併等前欠損金額）が合併法人等の欠損金額とみなされたものとしての調整を行うため、対応する法人税相当額（控除対象合併等前欠損調整額（Ⓑ））を法人税額から控除します（地法53の７、８、９）。

■法人税においてなかったものとされた欠損金がある場合の調整（当期X5年度）（合併等にともない切り捨てられたケース）

（単位：千円）

		P社	S1社	S2社	S3社	合計	
繰越欠損金							
	X1年度						
	X2年度	200	0	500	0	700	（注1）
	X3年度						
	X4年度						
損益通算後所得		1,000	500	100	300	1,900	
課税標準額 法人税割	法人税（23%）Ⓐ	230	115	23	69	437	
	控除対象合併等前欠損調整額	46	0	23	0	69	（注3）
	課税標準とされる金額	184	115	0	69	368	
	合併等前欠損金額（X2年度）	200	0	500	0	700	
	控除対象合併等前欠損調整額Ⓑ	46	0	115	0	161	（注2）

（注１）　合併等前欠損金額（ないものとされた欠損金額）
（注２）　合併等前欠損金額×法人税率（上記例では23%）
（注３）　当期の法人税額（Ⓐ）を上限として控除対象合併等前欠損調整額（Ⓑ）を控除

4. 通算法人内において損益通算処理が行われる場合

通算制度を適用している通算法人グループ内の場合、法人税の計算上その事業年度に各通算法人で生じた欠損金を通算法人グループ内で通算します（Q47、48参照）。ただし、法人住民税（法人税割）の計算上当該損益通算は行われず単体課税として取り扱うため、損益通算にて損金算入された金額（通算対象欠損金額（Ⓐ））に対応する法人税相当額（加算対象通算対象欠損調整額（Ⓑ））をその事業年度の法人税額に加算します。また、損益通算にて益金算入された金額（通算対象所得金額（Ⓒ））がある場合には対応する法人税相当額（控除対象通算対象所得調整額（Ⓓ））を翌期以降の法人住民税（法人税割）計算上課税標準である法人税額から控除します（地法53の11～14）。

■法人税において損益通算を行った場合の調整

（単位：千円）

		P社	S1社	S2社	S3社	合計	
所得計算	益金の額	1,200	500	50	100	1,850	
	損金の額	400	100	100	350	950	
	所得若しくは欠損金額	800	400	▲50	▲250	900	
	損益通算の限度額					300	
損益通算	損金算入（通算対象欠損金額）（▲）Ⓐ	200	100			300	
	益金算入（通算対象所得金額）Ⓒ			50	250	300	
	所得金額	600	300	0	0	900	
法人税割課税標準額	法人税（23%）	138	69	0	0	207	
	加算対象通算対象欠損調整額Ⓑ	46	23	0	0	69	（注1）
	課税標準とされる金額	184	92	0	0	276	
翌期以降の調整額	通算対象所得金額	0	0	50	250	300	
	控除対象通算対象所得調整額Ⓓ	0	0	11.5	57.5	69	（注2）

（注１）　通算対象欠損金額（Ⓐ）×法人税率（上記例では23%）
（注２）　通算対象所得金額（Ⓒ）×法人税率（上記例では23%）
翌期以降に持ち越され、翌期以降の法人税割課税標準額の計算上控除される金額

5. 通算法人内において非特定欠損金の配賦が行われる場合

通算制度を適用している通算法人グループ内の場合、法人税の計算上各通算法人が有する非特定欠損金額について一定の額を他の通算法人に配賦します(Q50参照)。当該処理にて損金算入された金額(被配賦欠損金控除額(Ⓐ))は、本来その通算法人が有する欠損金額ではないため、対応する法人税額（加算対象被配賦欠損調整額（Ⓑ)）をその事業年度の法人税額に加算します。また、他の法人に配賦した金額（配賦欠損金控除額（Ⓒ)）については本来その通算法人で損金算入される金額であるため、対応する法人税額（控除対象配賦欠損調整額（Ⓓ)）を翌期以降の法人住民税（法人税割）計算上課税標準である法人税額から控除します(地法53の17〜20)。

■法人税において繰越欠損金の配賦を行った場合の調整（当期 X5年度）

（単位：千円）

		P 社	S1社	S2社	S3社	合計	
繰越欠損金							
	X1年度	100					(注1)
	X2年度						
	X3年度	50	100	250	200	600	(注2)
	X4年度						
所得計算	損益通算後	1,100	200	300	500	2,100	
	特定欠損金控除額(▲)	100	0	0	0	100	
	特定欠損金控除後	1,000	200	300	500	2,000	
	被配賦欠損金控除額（▲）Ⓐ	300	60	90	150	600	
	非特定欠損金控除後	700	140	210	350	1,400	
法人税割課税標準額	法人税（23%）	161	32.2	48.3	80.5	322	(注3)
	加算対象被配賦欠損調整額Ⓑ	69	13.8	20.7	34.5	138	(注4)
	課税標準とされる金額	230	46	69	115	460	
翌期以降の調整額	配賦欠損金控除額Ⓒ	50	100	250	200	600	(注5)
	控除対象配賦欠損調整額Ⓓ	11.5	23	57.5	46	138	(注6)

（注1） 特定欠損金とする
（注2） 非特定欠損金とする
（注3） 非特定欠損金控除後所得×法人税率（上記例では23%）
（注4） 被配賦欠損金控除額（Ⓐ）×法人税率（上記例では23%）
（注5） 各法人の非特定欠損金額のうち他の通算法人に配賦した金額
（注6） 配賦欠損金控除額（Ⓒ）×法人税率（上記例では23%）
翌期以降に持ち越され、翌期以降の法人税割課税標準額の計算上控除される金額

6. 繰戻還付の基礎となった欠損金額がある場合

繰戻還付の基礎となった欠損金額は法人税法上ないものとされますが、地方

税では繰戻還付の制度が無いため繰越控除の対象となります。当該繰戻還付の基礎となった欠損金額（還付対象欠損金額）についての調整を行うため、対応する法人税相当額（控除対象還付対象欠損調整額（Ⓑ））をその事業年度の法人税額から控除します（地法53の26、27）。

■法人税において繰戻還付の基礎となった欠損金がある場合の調整（当期X5年度）

（単位：千円）

		P社	S1社	S2社	S3社	合計
繰越欠損金						
	X1年度					
	X2年度					
	X3年度					
	X4年度	0	0（注１）	0	0	0
損益通算後所得		1,000	500	100	300	1,900
課税標準額 法人税割	法人税（23%）Ⓐ	230	115	23	69	437
	控除対象還付対象欠損調整額	0	46	0	0	46（注３）
	課税標準とされる金額	230	69	23	69	391
	還付対象欠損金額	0	200	0	0	200
	控除対象還付対象欠損調整額Ⓑ	0	46	0	0	46（注２）

（注１）　繰戻還付の適用を受けた欠損金（還付対象欠損金額）が200生じているものとする
（注２）　還付対象欠損金額×法人税率（上記例では23%）
（注３）　当期の法人税額（Ⓐ）を上限として控除対象還付対象欠損調整額（Ⓑ）を控除

7. 調整の順序

「加算」は当該事業年度において生じた事由の遮断行為であるのに対し、「控除」は当該事業年度前に生じた事由の遮断行為であることから、まずは「加算」を行い、当該事業年度においてグループ通算制度を選択していない状態に近づけた上で「控除」を行うこととされています。また「繰戻還付についての調整を行うための控除」については、連結納税制度と同様に「損益通算等を遮断するための控除」の後に行うこととされています（地法53㉚、321の８㉚）。

具体的には下記の順序で調整を行います。

1．「加算対象通算対象欠損調整額」及び「加算対象被配賦欠損調整額」の加算

2．「控除対象通算適用前欠損調整額」、「控除対象合併等前欠損調整額」、「控除対象通算対象所得調整額」及び「控除対象配賦欠損調整額」の控除

3．「控除対象還付対象欠損調整額」の控除

第4章

制度選択の有利不利と実務対応

（連結採用済）今後の制度選択肢の概要

Q74 今回の改正で連結納税制度が見直されるとのことですが、現在、連結納税制度を採用している当社においてまず何を検討する必要がありますか。

ポイント

以下のいずれを選択するか検討する必要がある。

・グループ通算制度に移行する

・単体納税制度に戻る

A 1. 連結納税制度採用済企業の今後の選択肢

連結納税制度を既に採用している企業は、今回の改正（グループ通算制度の創設）に伴い「グループ通算制度に移行するか、単体納税制度に戻るか」を検討し、いずれかを選択する必要があります。

■前提：親法人の決算期を3月末とする

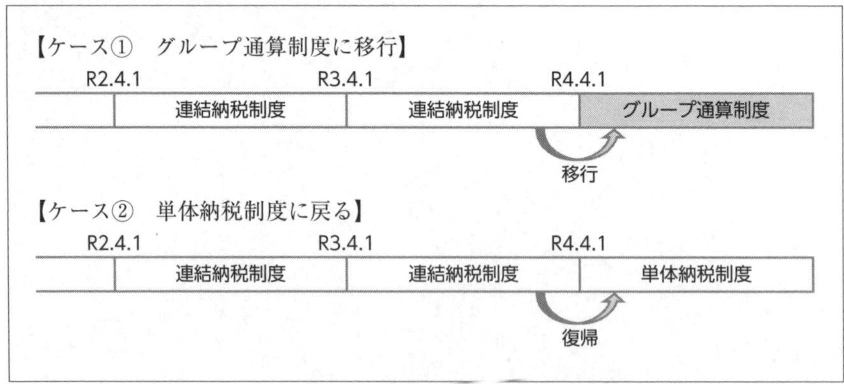

2. 選択のポイントと留意点

（1）グループ通算制度は、連結納税制度同様に一定のやむを得ない事情がある場合に該当しない限り（Q78参照）、一度採用すると、原則、単体納税制度へ戻ることはできません（法法64の10①②③）。そのため、従前より連結納税制度の適用を取りやめたいと考えていた場合には、今回のタイミングで単体納税制度に戻ることをおすすめします。

（2）単体納税制度に戻る場合において、連結納税制度採用前に青色申告の承認を得ていない法人や連結納税制度採用中に青色申告の承認を得ていなかった法人（設立初年度から連結申告を行っていた連結子法人）が存在するときは、当該法人にて所定の期日までに青色申告の承認申請書を当該法人の納税地の所轄税務署長に提出する必要があるためご留意ください（旧法法122②五六七八）。

（3）単体納税制度に戻る場合、単体納税制度開始の日から５年を経過する日の属する事業年度が終了するまでの期間は、グループ通算制度を採用することができません（Ｒ２改正法附29③、法法64の９①三）。

■単体納税制度に復帰後、グループ通算制度を採用

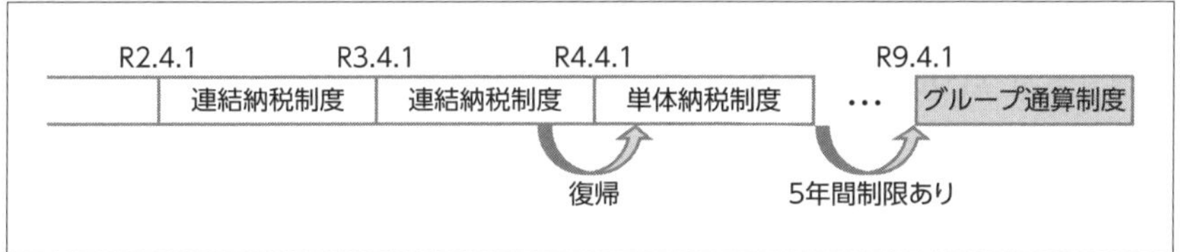

（連結採用済）グループ通算制度移行の判断ポイント

Q75　**グループ通算制度へ移行すべきか否かの判断ポイントを教えてください。**

ポイント

・グループ通算制度は、連結納税制度と比べて大きなメリットが生じる改

正ではないため、移行することでデメリットが生じる可能性がないかを中心に検討する。

・連結納税制度の主な採用動機である「損益通算やグループ全体計算による税負担の適正化、親法人の開始前繰越欠損金の子法人での利用」などのメリットは、移行後も継続して享受できるため、これらに魅力を感じる企業グループは基本的にグループ通算制度へ移行すべきである。

・既に連結納税制度のメリットを感じていない企業グループにおいては、取りやめの好機である。

A 1. 改正の概要と移行すべきか否かの判断

連結納税制度は、企業グループ内の損益通算等のメリットがあるにも関わらず、税額計算の煩雑さ、税務調査後の修正・更正等に時間がかかりすぎるといったデメリットから、本制度を選択していない企業グループが多く存在していました。そこで、連結納税制度に代えて、計算方法や税務調査の修更正手続きの簡素化により事務負担の軽減を図りつつ、親法人の欠損金の利用制限等を行うことにより公平公正な税負担の措置を講じた「グループ通算制度」が創設されました。

細かい改正項目は数多くあるものの、今回の改正の大きなポイントは前述した通り「事務負担の軽減と親法人の開始前繰越欠損金の利用制限」であり、グループ通算制度は、連結納税制度と比べて大きなメリットが生じるような改正ではないと考えられます。

したがって、連結納税制度採用済企業においては、移行することでデメリット（下記2. 参照）が生じる可能性がないかを中心に検討すべきです。

なお、連結納税制度の主な採用メリットである「グループ間の損益通算やグループ全体計算による税負担の軽減や繰越欠損金の控除額拡大」などの納税者にとって有利な効果は、グループ通算制度移行後も大きく変わらず、メリットを引き続き享受できます。そのため、現状の連結納税制度にメリットを感じており、移行によるデメリットを許容できるようなら、基本的にグループ通算制度へ移行すべきであると考えられます。

また、連結納税制度は一定の要件に該当しない限り、原則、その承認を取りやめることはできませんでしたが、今回の改正に伴い、一定の期限までに所定の手続きを行うことにより単体納税制度に戻ることができます（Q76参照）。グループ通算制度も、連結納税制度同様に一定の要件に該当しない限り、原則、単体納税制度へ戻ることはできません（Q78参照）。そのため、従前より連結納税制度の適用を取りやめたいと考えていた場合やグループ通算制度にメリットを感じない場合には、今回のタイミングで単体納税制度に戻ることをおすすめします。

2. 判断のポイント

連結納税制度採用済企業が、グループ通算制度へ移行すべきか否か判断する場合に検討すべき事項は次に掲げる通りです。

（1）企業グループ間における損益通算の機能を保持したいか（Q10参照）

（2）単体では使い切れない繰越欠損金を有する法人が存在するか

（3）全体計算の仕組みが維持される税額控除制度（研究開発税制及び外国税額控除）を引続き活用したいか（Q11、12参照）

（4）中小法人の優遇措置が移行後も活用できるか（Q20参照）

（5）保有する子法人株式に係る投資簿価修正の取扱いを確認したか（Q34参照）

（6）グループ通算制度移行に伴うコスト（システム移行費用や人件費）に許容できるか

（7）グループ通算制度の事務負担やランニングコスト（システム利用料や人件費）に許容できるか

（8）グループ通算制度は、連結納税制度同様に一定のやむを得ない事情がある場合に該当しない限り、原則、単体納税制度へ戻ることはできないことを確認したか（Q78参照）

（9）繰延税金資産の回収可能額に大きな影響が生じないか（Q70参照）

（連結採用済）グループ通算制度移行の判断時期

Q76 グループ通算制度へ移行するか否かはいつまでに判断すればいいでしょうか。

ポイント

- 手続上は、令和４年４月１日以後最初に開始する事業年度開始の日の前日までに判断をすれば良い。
- 実務作業への影響を考えると、早めに判断し準備を進めたほうが良い。

A　**1. 連結納税制度からグループ通算制度に移行する場合**

連結納税制度を採用している場合、連結親法人及び令和４年３月31日の属する連結事業年度（以下「連結最後事業年度」といいます。）終了の日において連結親法人との間に連結完全支配関係がある連結子法人は、連結最後事業年度終了の日の翌日に通算承認があったものとみなし、同日から効力が生じます（自動承認）。そのため、手続きを行うことなく、連結最後事業年度の翌事業年度からグループ通算制度に自動的に移行されます（R２改正法附29①）。

2. 連結納税制度から単体納税制度へ戻る場合

連結納税制度を採用している法人が、単体納税制度へ戻る場合には、連結親法人が令和４年４月１日以後最初に開始する事業年度開始の日の前日までに、連結親法人の納税地の所轄税務署長にグループ通算制度へ移行しない旨の届出書を提出する必要があります。この手続きによりグループ通算制度の自動承認の適用を受けず、単体納税制度に戻ることができます。ただし、単体納税制度へ戻るために、グループ通算制度へ移行しない旨の届出書を早期に提出をしても単体納税制度へ戻ることができるのは令和４年４月１日以後最初に開始する事業年度からになります（R２改正法附29②、14、R２改正規附５①）。

■決算月ごとの提出期限

		R4.4.1	R5.4.1
3月決算法人	連結納税制度	単体納税制度	単体納税制度
	R4年3月31日までに届出書を提出↑		
	R3.10.1	R4.10.1	
9月決算法人	連結納税制度	連結納税制度	単体納税制度
		R4年9月30日までに届出書を提出↑	
	R4.1.1	R5.1.1	
12月決算法人	連結納税制度	連結納税制度	単体納税制度
		R4年12月31日までに届出書を提出↑	

なお、単体納税制度に戻った後、すぐにグループ通算制度の承認申請書を提出しても、グループ通算制度を採用することができるのは、令和９年４月１日以後に始まる事業年度からになります（R２改正法附29③、法法64の９①）。

（連結採用済）グループ通算制度移行時の青色申告・申告期限延長申請

Q77　**グループ通算制度移行にあたり、青色申告の承認申請や申告期限の延長申請を改めて行う必要はあるでしょうか。**

ポイント

- 青色申告の承認申請は不要である。
- 申告期限の延長申請は、連結納税制度下において申告期限の延長を受けているグループにおいては、改めて申請は不要である。

A　1. 青色申告の承認申請

連結納税制度からグループ通算制度に移行する場合には、通算承認があったものとみなされ、また、青色申告の承認を受けていない内国法人が通算承認を受けた場合には、同日に青色申告の承認があったものとみなされるため、改めて青色申告の承認申請は不要です（R２改正法附29①、法法125②）。グループ通算制度においては、青色申告が前提とされているため、承認を受けている法人は青色申告を取りやめることはできず、連結納税制度と同様に帳簿書類の備え付け、記録かつ保存の義務が課されています（法法126①）（Q９、46参照）。

なお、グループ通算制度移行後に通算完全支配関係を有しなくなったこと等の事由により離脱する法人については、連結納税制度から離脱する場合とは異なり、青色申告の承認申請手続きを行わずに青色申告が継続されます。この取扱いは、通算完全支配関係を有しなくなったことは青色申告の承認の取消し事由に該当しないことから、グループ通算制度移行後に通算完全支配関係を有しなくなったことに伴っての青色申告の承認申請手続きは不要とされています（法法127①③④）。

2. 申告期限の延長

連結納税制度において申告期限の延長の承認を受けている法人グループがグループ通算制度に移行する場合には、そのグループ通算制度の対象となる法人のすべてについて延長申請が継続されます（R２改正法附34①）（Q46参照）。

（連結採用済）グループ通算制度移行後の取りやめについて

Q78

グループ通算制度に移行するか否かの判断が難しいため、一旦グループ通算制度に移行し、その後の状況を見たうえで継続するかどうかの判断をしたいと考えていますが、可能でしょうか。

ポイント

- グループ通算制度は任意に取りやめることは認められていない。したがって、移行すべきかどうかの判断は、移行期限までに慎重に行う必要がある。

A　1. グループ通算制度の取りやめ

グループ通算制度は、次の2. から4. の事由に該当する場合に限り、取りやめとなり単体納税制度に戻ることになります。したがって、法人の任意により取りやめを選択することができません。また、取りやめ事由に該当し、グループ通算制度から単体納税制度に戻るときは、みなし事業年度（Q43参照）、時価評価課税（Q60参照）、投資簿価修正（Q61参照）などの論点がありますのでご注意ください。

2. やむを得ない事情による取りやめ

グループ通算制度は、連結納税制度同様に、やむを得ない事情があるときは、国税庁長官の承認を受けてグループ通算制度の規定の適用をやめることができます。その場合、通算法人全ての連名で、その理由とその他一定の事項を記載した申請書を通算親法人の納税地の所轄税務署長を経由して、国税庁長官に提出しなければなりません（したがって、個々の通算法人がグループ通算制度の適用の取りやめを行うことはできず、通算親法人に対し取りやめの承認がされた場合には通算法人のすべてが取りやめることとなります（法令131の14②））。通算法人が国税庁長官からグループ通算制度の取りやめの承認を受けた場合は、承認を受けた事業年度終了の日の翌日からその効力を失うことになります(法法64の10①②③④)。

また、やむを得ない事情によりグループ通算制度の取りやめの承認を受けた法人は、その承認を受けた事業年度終了の日の翌日から5年を経過する日の属する事業年度においてグループ通算制度を採用することができません（法法64の9①三）。

「やむを得ない事情があるとき」とは、例えば、グループ通算制度の適用を継続することにより事務負担が著しく過重になると認められる場合をいい、単に税負担が軽減されることのみを理由としてグループ通算制度を適用しないこととする場合は、これに該当しないとされております（個通2-35）。

3. 青色申告の承認の取消しによる取りやめ

連結申告法人は青色申告の承認申請をすることができず別途規定がされてお

ります。一方、グループ通算制度は、すべての通算法人が青色申告の承認を受けていることが前提となり、通算法人が所得の隠蔽など、青色申告の承認取消事由に該当し、承認取消しの通知を受けた場合には、当該通算法人は通知を受けた日からグループ通算制度の承認の効力を失うことになります。適正に税務申告している法人が青色申告の承認が取り消される事由に該当することは通常考えにくく、グループ通算法人がこの規定を適用してグループ通算制度対象法人から外れることは実務では殆どないと考えます（法法64の10⑤、法法127）。

4. 一定の事実による取りやめ

以下の事実が生じた場合は、グループ通算制度の取りやめとなります（法法64の10⑥）。

(1)全ての通算法人が取りやめとなる事項

取りやめとなる事実		取りやめの効力発生日
①	通算親法人の解散（合併による解散を含む）	その解散の日の翌日（合併の場合は合併の日）
②	通算親法人が公益法人等に該当すること	その該当することとなった日
③	通算親法人と他の内国法人（普通法人、協同組合等に限る）との間に、当該他の内国法人による完全支配関係(注1)が生じたこと	その生じた日
④	通算親法人と他の内国法人（公益法人等に限る）との間に、当該他の内国法人による完全支配関係(注1)がある場合において、当該他の内国法人が普通法人又は協同組合等に該当することとなったこと	その該当することとなった日

（注１） 通算除外法人及び外国法人が介在しない一定の関係に限る。

(2)通算子法人が取りやめとなる事項

取りやめとなる事実		取りやめの効力発生日
①	通算子法人の解散（合併又は破産手続開始の決定による解散に限る）又は残余財産の確定	その解散の日又は残余財産の確定の日の翌日（合併の場合は合併の日）

②	通算子法人が通算親法人との間に当該通算親法人による通算完全支配関係(注２)を有しなくなったこと（(１)①～④、(２)①の事実に基因するものを除く）	その有しなくなった日

（注２）　通算完全支配関係とは、通算親法人と通算子法人との間の完全支配関係（通算除外法人及び外国法人が介在しない一定の関係に限る）又は通算親法人との間に完全支配関係がある通算子法人相互の関係をいう。

(３)通算親法人が取りやめとなる事項

	取りやめとなる事実	取りやめの効力発生日
①	通算子法人の通算承認が取り消されたことにより通算法人が通算親法人のみとなったこと	そのなった日

5. 一定の事実により取りやめとなるケース

グループ内の組織再編により一定の事実に該当した場合や、外国子会社に通算子法人の株式を売却したときは、取りやめ事由に該当しグループ通算制度を採用している全ての通算法人又は一部の通算法人が単体納税制度に戻ることになります。主なケースとして以下に記載しておりますが、グループ通算制度の取りやめを目的とした行為は、否認され取消事由に該当しないとされる可能性もあるため慎重に判断する必要があります（法法64の10⑥、法法132の３①)。

また、一定の事実によりグループ通算制度の取りやめとなった内国法人は、５年間グループ通算制度を採用できないといった制限規定の対象とならないため、取りやめ事由に該当したことにより単体納税制度に戻ることとなる通算法人及びその通算法人との間に完全支配関係がある他の内国法人は、新たに通算承認を受けることにより、５年間をまたずにグループ通算制度を採用することが可能となります（法法64の９①三)。

(１)全ての通算法人が取りやめとなるケース

① 通算親法人を被合併法人、通算子法人を合併法人とする逆合併により通算親法人が解散したとき。【図表１】

【図表1】

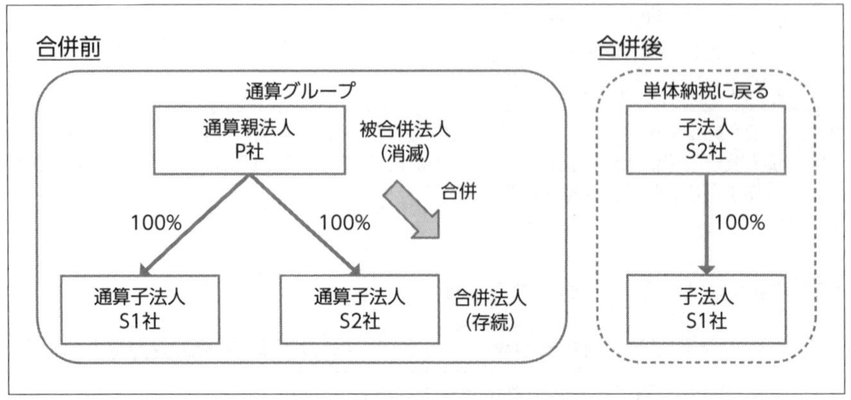

② 通算親法人が株式移転により株式移転完全子法人となり、株式移転完全親法人による完全支配関係が生じたとき。【図表2】

【図表2】

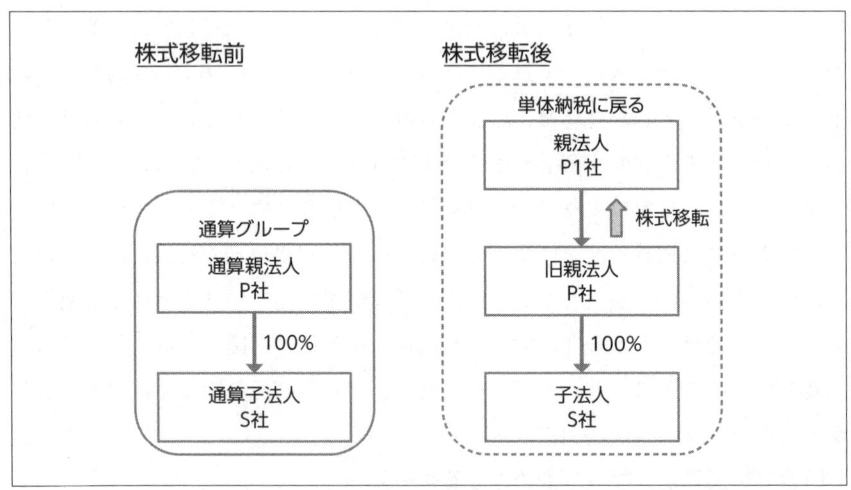

(2)通算子法人が取りやめとなるケース

① 通算親法人が通算子法人の株式を外国子会社に売却したとき。【図表3】

【図表 3】

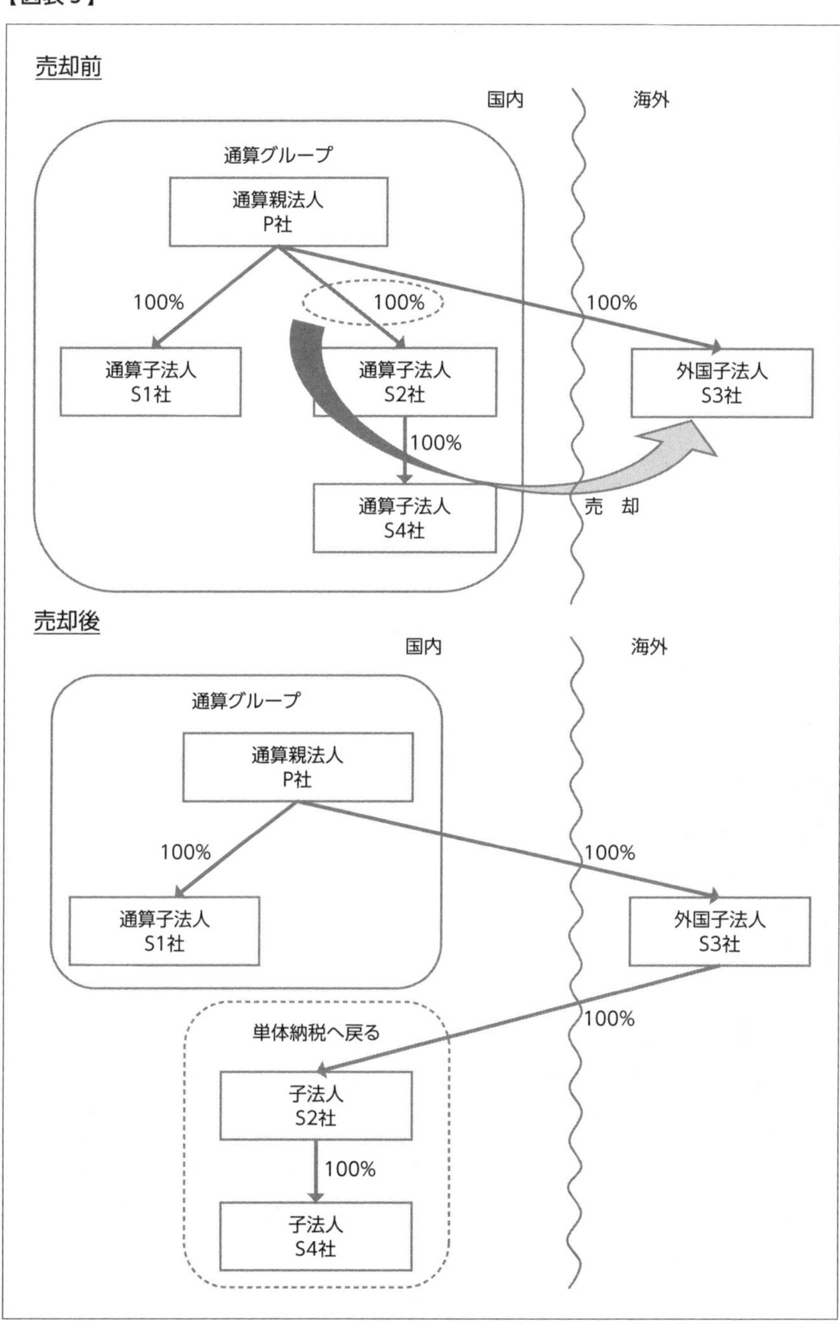
売却前
国内
海外
通算グループ
通算親法人
P社
100%
100%
100%
通算子法人
S1社
通算子法人
S2社
外国子法人
S3社
100%
通算子法人
S4社
売　却
売却後
国内
海外
通算グループ
通算親法人
P社
100%
100%
通算子法人
S1社
外国子法人
S3社
100%
単体納税へ戻る
子法人
S2社
100%
子法人
S4社

6. 連結納税制度を選択している法人の経過措置

連結納税制度の取りやめは、グループ通算制度と同様に、一定の事由に該当する必要があります。そのため、単に連結法人の税負担のみを考慮し、連結納税制度の取りやめを選択することは原則できません。しかし、グループ通算制度への移行における経過措置により、移行期限までにグループ通算制度へ移行しない旨の届出書を提出することにより連結納税制度から単体納税制度に戻ることができます（単体納税制度に戻るための手続きについてはQ76参照）（R２改正法附29②）。

しかし、経過措置により単体納税制度を選択した法人は、やむを得ない事情によりグループ通算制度を取りやめた法人と同様に、５年間グループ通算制度の選択ができません。そのため事前にグループ各法人の利益計画を作成し、赤字体質になる法人がないか確認し、グループ通算制度へ移行する必要がないか検討した上で制度選択をする必要があります（R２改正法附29③、法法64の９①）。

（連結採用済）単体納税制度復帰後に改めてグループ通算制度へ移行する際の留意点

Q79

グループ通算制度に移行するか否かの判断が難しいため、一旦単体納税制度に復帰し、その後の状況を見たうえでグループ通算制度を採用するか否かの判断をしたいと考えていますが、可能でしょうか。

! ポイント

- 単体納税制度復帰後５年間はグループ通算制度の選択適用ができないが、その後は選択することが可能である。
- 単体納税制度からグループ通算制度を採用する場合、親法人についても子法人同様に開始前繰越欠損金のSRLYルール適用などの制限が生じるため慎重な検討が必要である。

A　1. ５年間はグループ通算制度の選択適用不可

既に連結納税制度を選択している企業グループが単体納税制度に戻る場合、単体納税制度開始の日から５年を経過する日の属する事業年度が終了するまでの期間はグループ通算制度を採用することができません（R２改正法附29③、法法64の９①三）。

ただし、上記期間が経過した場合には、グループ通算制度を採用することが可能です。

2. 連結納税制度からグループ通算制度移行時の経過措置

既に連結納税制度を選択している企業グループがグループ通算制度に移行する場合には、経過措置により、開始・加入時における下記の規定は適用されません。

（１）親法人及び子法人の時価評価（R２改正法附30②）

（２）親法人及び子法人のグループ通算制度適用開始前の繰越欠損金の切捨て・制限（R２改正法附20⑪、27①）

（３）親法人のグループ通算制度適用開始前の繰越欠損金のSRLYルールの適用（R２改正法附28③）

（４）親法人及び子法人の含み損の利用制限（R２改正法附31①）

ただし、連結納税制度を選択している企業グループが一旦、単体納税制度に復帰し、その後にグループ通算制度を採用する場合には、当該経過措置は適用されません（恩恵を受けることができません）。したがって、単体納税制度に復帰する場合には、当該経過措置が適用されないことによるデメリットを事前に整理する必要があります。例えば、単体納税制度に戻ったとして、その後、単体納税制度からグループ通算制度を採用する際に親法人と子法人の完全支配関係が継続する見込みの場合には、（１）（２）（４）の制限は受けませんが、（３）の制限は受けることになります。そのため、親法人に多額の繰越欠損金がある場合において、親法人の所得がそれほど発生しない見込みのときには、一旦、単体納税制度に戻るのか、そのままグループ通算制度に移行するのかを慎重に判断する必要があります（Q85 1.（３）参照）。

第４章

（連結採用済）外国税額控除を適用している連結法人の判断ポイント

Q80

当グループでは国外での事業活動があるため、国外において法人税に相当する税金が課されています。外国税額控除の適用上、不利益のないように連結納税制度を採用していますが、グループ通算制度に移行すべきでしょうか。

ポイント

- 連結納税下で税額控除の計算上のメリットが生じている場合には、グループ通算制度に移行したほうが良い。

A　**1. 概要**

グループ通算制度に移行した場合の外国税額控除額の計算は、連結納税制度を採用している場合と同様にグループ全体での計算が維持されることになりました。（詳細はQ63参照）

したがって、現に連結納税制度を採用して外国税額控除制度を最大限活用している場合には、グループ通算制度に移行することで引き続き外国税額控除制度を最大限活用することが可能となります。

連結納税制度を採用している企業がグループ通算制度に移行する場合と単体納税制度に戻る場合で、税負担額の違いを実際に数値を用いて検証します。

2. 計算例

■資本関係図

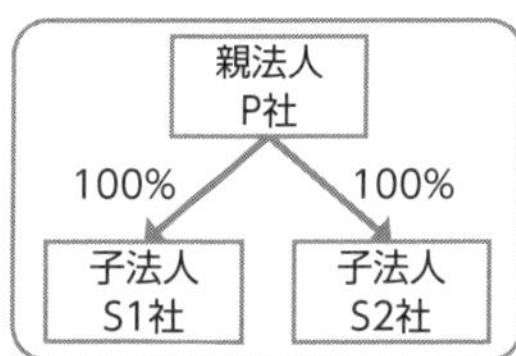

✓親法人P社グループは連結納税制度を採用している
✓S1社及びS2社は、毎期安定して所得が発生している
✓P社及びS2社は国外での事業活動があるため毎期継続して国外所得が発生している
✓P社は国内の業績が低迷しており毎期継続して欠損が発生している

【図表1】　連結納税制度での外国税額控除

				親法人P社	子法人S1社	子法人S2社	合計
①	外国法人税(注1)			200	0	100	300
②	所得金額	国内所得		▲400	500	300	400
③		国外所得(注2)		1,000	0	500	1,500
④		合計(全世界所得)	(②＋③)	600	500	800	1,900
⑤	税額	法人税額	(④×23%)	138	115	184	437
⑥		地方法人税額	(⑤×10%)	13	11	18	42
⑦	外国税額控除限度額	調整国外所得金額(所得金額の90％限度)	(③又は④×90％)	－	－	－	1,500
⑧		法人税(注3)	(⑤×⑦／④)	230	0	115	345
⑨		地方法人税(注3)	(⑥×⑦／④)	22	0	11	33
⑩		道府県民税	(⑧×１%)	2	0	1	3
⑪		市町村民税	(⑧×６%)	13	0	6	19
⑫		合計	(⑧＋⑨＋⑩＋⑪)	267	0	133	400
⑬	外国税額控除額		(①と⑫のいずれか小)	200	0	100	300
⑭	繰越控除対象外国法人税額(注4)		(①－⑫)	0	0	0	0

(注１)　所得に対する負担が高率な部分等はないものとする
(注２)　外国法人税が課されない国外所得はないものとする
(注３)　連結納税制度における各社の控除限度額は、連結控除限度額×各社の国外所得金額／各社の国外所得金額の合計額により計算
(注４)　繰越控除対象外国法人税額は翌３年間繰越可能

【図表２】 グループ通算制度での外国税額控除

				親法人 P社	子法人 S1社	子法人 S2社	合計
①	外国法人税(注１)			200	0	100	300
②	所得金額	国内所得		▲400	500	300	400
③		国外所得(注２)		1,000	0	500	1,500
④		合計(全世界所得)	(②＋③)	600	500	800	1,900
⑤	税額	法人税額	(④×23%)	138	115	184	437
⑥		地方法人税額	(⑤×10%)	13	11	18	42
⑦	外国税額控除限度額	調整国外所得金額(注３)(所得金額の90％限度)	(③又は④×90％)	1,000	0	500	1,500
⑧		法人税(注４)	(⑤×⑦／④)	230	0	115	345
⑨		地方法人税(注４)	(⑥×⑦／④)	22	0	11	33
⑩		道府県民税	(⑧×１%)	2	0	1	3
⑪		市町村民税	(⑧×６%)	13	0	6	19
⑫		合計	(⑧＋⑨＋⑩＋⑪)	267	0	133	400
⑬	外国税額控除額		(①と⑫のいずれか小)	200	0	100	300
⑭	繰越控除対象外国法人税額(注５)		(①－⑫)	0	0	0	0

（注１） 所得に対する負担が高率な部分等はないものとする
（注２） 外国法人税が課されない国外所得はないものとする
（注３） グループ通算制度における調整国外所得金額は、国外所得金額－（各社の国外所得金額の合計額－各社の所得金額（全世界所得）の合計額×90%）×各社の国外所得金額／各社の国外所得金額の合計額により計算
（注４） グループ通算制度における控除限度額は、各社の法人税額（又は地方法人税額）の合計額×各社の国外所得金額／各社の所得金額の合計額により計算
（注５） 繰越控除対象外国法人税額は翌３年間繰越可能

【図表３】　単体納税制度での外国税額控除

				親法人P社	子法人S1社	子法人S2社	合計
①	外国法人税（注１）			200	0	100	300
②	所得金額	国内所得		▲400	500	300	400
③		国外所得（注２）		1,000	0	500	1,500
④		合計（全世界所得）	（②＋③）	600	500	800	1,900
⑤	税額	法人税額	（④×23％）	138	115	184	437
⑥		地方法人税額	（⑤×10％）	13	11	18	42
⑦	外国税額控除限度額	調整国外所得金額（所得金額の90％限度）	（③又は④×90％）	540	0	500	1,040
⑧		法人税	（⑤×⑦／④）	124	0	115	239
⑨		地方法人税	（⑥×⑦／④）	11	0	11	22
⑩		道府県民税	（⑧×１％）	1	0	1	2
⑪		市町村民税	（⑧×６％）	7	0	6	13
⑫		合計	（⑧＋⑨＋⑩＋⑪）	143	0	133	276
⑬	外国税額控除額		（①と⑫のいずれか小）	143	0	100	243
⑭	繰越控除対象外国法人税額（注３）		（①－⑫）	57	0	0	57

（注１）　所得に対する負担が高率な部分等はないものとする
（注２）　外国法人税が課されない国外所得はないものとする
（注３）　繰越控除対象外国法人税額は翌３年間繰越可能

連結納税制度では、連結所得に対する法人税額に連結グループ全体の全世界所得のうちに国外所得の占める割合を乗じて、連結グループ全体の控除限度額を計算し、それを各連結法人に配分して外国税額控除額を計算します【図表１】が、グループ通算制度でもほぼ同様の計算方法が維持されています【図表２】。このように、連結納税制度からグループ通算制度に移行しても基本的に外国税額控除額に差異は生じないことになります。

一方、単体納税制度では、外国税額控除額を各法人ごとに計算するため、国外所得が発生している法人で、外国税額控除を受けきるだけの法人税額がない場合には、外国税額の全額を控除することができないことになります【図表３】。

本事例においては、単体納税制度に戻ることにより、外国税額控除額が57減少します。

3. 結論

連結納税制度からグループ通算制度に移行しても、外国税額控除の計算はほとんど変わらないため、影響は少ないと言えます。

ただし、連結納税制度から単体納税制度に戻った場合、いままで連結法人全体で外国税額控除限度額を計算することにより、単体納税制度に比べて多くの税額控除を受けていたような場合には、単体納税制度に戻ることにより、それぞれの法人ごとに外国税額控除の計算を行うため、法人税等の負担が増える可能性があります。

連結納税制度を採用している企業においては、グループ通算制度に移行するか単体納税制度に戻るかの判断にあたり外国税額控除への影響についても検討する必要があります。

（連結採用済）研究開発税制を適用している連結法人の判断ポイント

Q81

当グループでは毎期多額の試験研究費の支出があるため、試験研究費に係る税額控除の恩恵を最大限受けられるように連結納税制度を適用しています。
今後も試験研究は継続して行うことが見込まれていますがグループ通算制度に移行すべきでしょうか。

ポイント

- 連結納税制度下で税額控除の恩恵を最大限受けられている場合には、グループ通算制度に移行したほうが良い。

A　**1. 概要**

連結納税制度を採用していることにより、研究開発を行った連結法人に税額控除限度額を控除しきれる十分な法人税額がない場合であっても、連結法人内の他の連結法人の法人税額から税額控除を行うことが可能となります。

グループ通算制度に移行した場合、研究開発税制（試験研究費の税額控除）の計算は、連結納税制度を選択している場合と同様に税額控除可能額の計算をグループ全体で行います（詳細はQ64参照）。

したがって、現に連結納税制度を採用して試験研究費の税額控除を最大限活用している場合には、グループ通算制度に移行することで引き続き試験研究費の税額控除を最大限活用することが可能となります。

一方、単体納税制度に戻った場合には、研究開発を行った法人のみの法人税額によって控除上限額を計算することから、結果として税額控除額が少なくなる可能性があります。

連結納税制度を採用している企業がグループ通算制度に移行する場合と単体

納税制度に戻る場合で、税負担額の違いを実際に数値を用いて検証します。

2. 計算例

■資本関係図

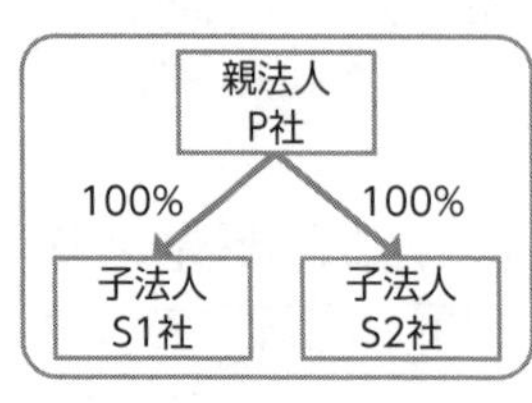

✓親法人P社グループは連結納税制度を採用している
✓親法人P社は、毎期継続的に研究開発を行っており、試験研究費の税額控除を適用している
✓S1社及びS2社は、安定して所得が発生している
✓試験研究費の税額控除割合は10%と仮定
✓控除上限額は法人税額の25%と仮定

【図表1】 連結納税制度での試験研究費の税額控除額

	親法人 P社	子法人 S1社	子法人 S2社	合計
試験研究費の額	5,000	0	1,000	6,000
調整前法人税額	1,000	1,000	2,000	4,000
試験研究費の特別控除額(注)		600		600
試験研究費の特別控除額の配分額	500	−	100	600
納付税額	500	1,000	1,900	3,400

(注) 税額控除限度額：(5,000＋ 0 ＋1,000) ×10%＝600 ＜ 控除上限額：(1,000＋1,000＋2,000) ×25%＝1,000 ∴600

【図表2】 グループ通算制度での試験研究費の税額控除額

	親法人 P社	子法人 S1社	子法人 S2社	合計
試験研究費の額	5,000	0	1,000	6,000
調整前法人税額	1,000	1,000	2,000	4,000
試験研究費の特別控除額(注)		600		600

試験研究費の 税額控除可能分配額	150	150	300	600
納付税額	850	850	1,700	3,400

（注）　税額控除限度額：（5,000＋０＋1,000）×10％＝600　＜　控除上限額：（1,000＋1,000＋2,000）×25％＝1,000　∴600

【図表３】　単体納税制度での試験研究費の税額控除額

	親法人 Ｐ社	子法人 S1社	子法人 S2社	合計
試験研究費の額	5,000	0	1,000	6,000
調整前法人税額	1,000	1,000	2,000	4,000
試験研究費の 特別控除額	250 （注１）	－	100 （注２）	350
試験研究費の 特別控除額の配分額	250	－	100	350
納付税額	750	1,000	1,900	3,650

（注１）　税額控除限度額（Ｐ社）：5,000×10％＝500　＞　控除上限額：1,000×25％＝250　∴250

（注２）　税額控除限度額（S2社）：1,000×10％＝100　＜　控除上限額：2,000×25％＝500　∴100

連結納税制度では、試験研究費の特別控除額を各連結法人の試験研究費の支出割合で按分して配分額を計算しますが【図表１】、グループ通算制度では、試験研究費の特別控除額を各通算法人の調整前法人税額の割合で按分して配分額を計算するため【図表２】、各法人の配分額は異なりますが、合計の試験研究費の特別控除額に差異は生じないことになります。

一方、単体納税制度では、試験研究費の特別控除額を各法人ごとに計算するため、研究開発費が発生している法人で、試験研究費の特別控除を受けきるだけの調整前法人税額がない場合には、税額控除をし切れないことになります【図表３】。

本事例においては、単体納税制度に戻ることにより、試験研究費の特別控除額が250減少することになります。

3. 結論

連結納税制度からグループ通算制度に移行しても、研究開発税制（試験研究費の税額控除）の計算は連結納税制度とほとんど変わらないため、影響は少ないと言えます。

ただし、連結親法人の資本金の額が１億円以下である等のため、中小企業者に該当していた場合には、グループ通算制度移行後は、通算親法人の資本金の額が１億円以下であったとしても通算子法人の１社でも資本金の額が１億円を超えているような場合等には通算法人全体が中小企業者に該当しなくなってしまうため影響を与えます。

また、連結納税制度から単体納税制度に戻った場合、いままで連結法人全体で税額控除限度額及び控除上限額を計算することにより、単体納税制度に比べて多くの税額控除を受けていたような場合には、単体納税制度に戻ることにより、それぞれの法人ごとに試験研究費の税額控除の計算を行うため、法人税等の負担が増える可能性があります。

連結納税制度を採用している企業においては、グループ通算制度に移行するか単体納税制度に戻るかの判断にあたり研究開発税制（試験研究費の税額控除）への影響についても検討する必要があります。

（連結採用済）連結親法人が中小法人である場合のグループ通算制度移行の留意点

Q82

当グループは連結親法人が資本金5,000万円の中小法人、連結子法人に資本金２億円の法人があり、グループ全体で中小企業優遇税制の適用を受けています。当グループでは引き続き黒字法人と赤字法人の損益通算の効果が見込まれますので、グループ通算制度に移行して問題ないでしょうか。

ポイント

- 連結子法人に中小法人・中小企業者以外の法人や適用除外事業者に該当する法人があるときは、グループ通算制度移行後は中小企業優遇税制の適用がなくなるデメリットが生じるため、損益通算等のグループ通算制度のメリットがデメリットよりも大きい場合には移行すべきである。

A　1. 概要

連結納税制度では、原則的に連結親法人の資本金や平均連結所得金額を基に中小企業優遇税制を適用できるか判定しますが、グループ通算制度においては、グループ内のすべての法人が中小法人・中小企業者に該当する場合に限り中小企業優遇税制の適用を受けることができます（Q20参照）。

すなわち、本ケースの企業グループが連結納税制度からグループ通算制度に移行する場合には、連結納税制度では受けられていた中小企業優遇税制が受けられなくなります。

なお、グループ内のすべての法人が中小法人・中小企業者に該当するものの、グループ内に適用除外事業者に該当する法人がある場合には、一部の中小企業優遇税制についてのみ不適用となります（Q20参照）。

※中小法人・中小企業者とは、期末資本金の額が１億円以下の一定の法人をい

い、適用除外事業者とは、中小法人・中小企業者のうち平均所得金額が15億円を超える一定の法人をいいます（詳細な定義はQ20参照）。

2. ケーススタディ

ここでは、中小企業優遇税制のうち、①交際費等の損金不算入額、②欠損金の控除限度額、③法人税の軽減税率、④特定同族会社の特別税率（留保金課税）の適用除外の4点について、実際に数値を用いて税負担額の違いを検証します。

(1) 赤字法人と黒字法人の損益通算のメリットが、中小企業優遇税額に比して少ないケース

【前提】

・資本金は、P社5,000万円、S1社5,000万円、S2社2億円。

・P社、S1社、S2社の当期利益金額はそれぞれ▲300万円、1,500万円、800万円（簡便的に交際費以外の別表調整を加味したものとする）。

・繰越欠損金（特定欠損金）はS1社1,400万円。

・交際費の支出額は、3社とも200万円ずつ（うち、接待飲食費に該当するものはない）。

・留保金課税は、単体納税制度においてS2社50万円、グループ通算制度に移行した場合にはS1社30万円、S2社40万円発生するものとする（S2社では損益通算により留保金課税金額が減少することを想定）。

・法人税率は簡便的に23%、軽減税率適用の場合は800万円まで15%。

・各社の平均所得金額は15億円以下。

・連結納税制度における所得状況

単位：万円

	親法人 P社	子法人 S1社	子法人 S2社	合計
繰越欠損金	0	▲1,400	0	▲1,400
当期利益金額	▲300	1,500	800	2,000
交際費等の損金不算入額	0	0	0	0
当期所得金額	▲300	1,500	800	2,000
繰越欠損金当期控除額	0	▲1,400	0	▲1,400
当期所得金額（欠損金控除後）	▲300	100	800	600
法人税（15%）	▲45	15	120	90
留保金課税	0	0	0	0
法人税合計額	▲45	15	120	90

・資本構成図

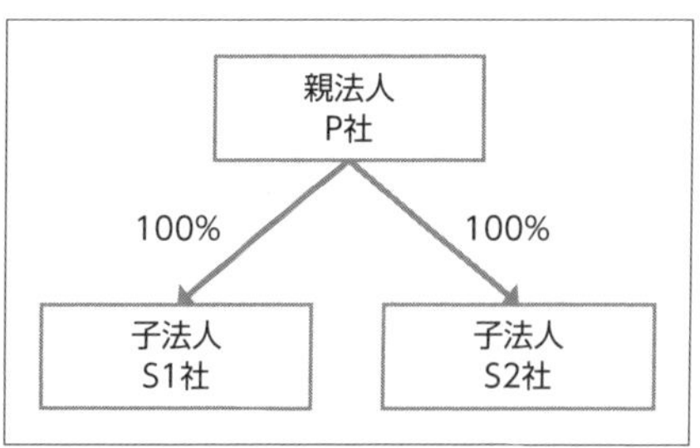

【計算例】

（連結納税制度⇒グループ通算制度）

単位：万円

	親法人 P社	子法人 S1社	子法人 S2社	合計
繰越欠損金	0	▲1,400	0	▲1,400
当期利益金額	▲300	1,500	800	2,000
交際費等の損金不算入額	200	200	200	600
通算前所得金額	▲100	1,700	1,000	2,600
所得金額（損益通算後・欠損金控除前）	0	1,637	963	2,600
繰越欠損金当期控除額	0	▲1,300	0	▲1,300
所得金額（欠損金控除後）	0	337	963	1,300
法人税（23%）	0	78	221	299
留保金課税	0	30	40	70
法人税合計額	0	108	261	369

（連結納税制度⇒単体納税制度）

単位：万円

	親法人 P社	子法人 S1社	子法人 S2社	合計
繰越欠損金	0	▲1,400	0	▲1,400
当期利益金額	▲300	1,500	800	2,000
交際費等の損金不算入額	0	0	200	200
当期所得金額	▲300	1,500	1,000	2,200
繰越欠損金当期控除額	0	▲1,400	0	▲1,400
当期所得金額（欠損金控除後）	▲300	100	1,000	800
法人税（15%・23%）	0	15	230	245
留保金課税	0	0	50	50
法人税合計額	0	15	280	295

グループ通算制度法人税額　369万円 > 単体納税制度法人税額　295万円

グループ通算制度に移行した場合、S2社の資本金が１億円超であることにより、３社ともに中小企業優遇税制の適用が受けられなくなります。グループ通算制度に移行したことによる中小企業優遇税制に関する影響は以下の通りです。

① 交際費等の損金不算入額
　３社で課税所得が600万円増加

② 欠損金の控除限度額
　控除可能繰越欠損金額が100万円減少

③ 法人税の軽減税率
　３社の法人税率が15%から23%に上昇

④ 特定同族会社の特別税率（留保金課税）の適用除外
　S1社、S2社において留保金課税額が合計70万円発生

一方で、単体納税制度に戻った場合、S2社のみが中小企業優遇税制の適用ができなくなり、以下の影響があります。

① 交際費等の損金不算入額
　S2社の課税所得が200万円増加

② 欠損金の控除限度額
　影響なし

③ 法人税の軽減税率
　S2社の法人税率が15%から23%に上昇

④ 特定同族会社の特別税率（留保金課税）の適用除外
　S2社において留保金課税額が50万円発生

結果、グループ通算制度に移行する方が、単体納税制度に戻るよりも、74万円法人税額が多くなります。

(２)赤字法人と黒字法人の損益通算のメリットが、中小企業優遇税額に比して多いケース

次に、Ｐ社の当期所得金額が上記（１）よりも少ないケースを検証します。

【前提】

・Ｐ社の当期利益金額以外は（１）と同様。

・Ｐ社の当期利益金額は▲1,300万円。

・連結納税制度における所得状況

単位：万円

	親法人P社	子法人S1社	子法人S2社	合計
繰越欠損金	0	▲1,400	0	▲1,400
当期利益金額	▲1,300	1,500	800	1,000
交際費等の損金不算入額	0	0	0	0
当期所得金額	▲1,300	1,500	800	1,000
繰越欠損金当期控除額	0	▲1,000	0	▲1,000
当期所得金額（欠損金控除後）	▲1,300	500	800	0
法人税（15%）	▲195	75	120	0
留保金課税	0	0	0	0
法人税合計額	▲195	75	120	0

【計算例】

（連結納税制度⇒グループ通算制度）

単位：万円

	親法人P社	子法人S1社	子法人S2社	合計
繰越欠損金	0	▲1,400	0	▲1,400
当期利益金額	▲1,300	1,500	800	1,000
交際費等の損金不算入額	200	200	200	600
通算前所得金額	▲1,100	1,700	1,000	1,600
所得金額（損益通算後・欠損金控除前）	0	1,007	593	1,600
繰越欠損金当期控除額	0	▲800	0	▲800
所得金額（欠損金控除後）	0	207	593	800
法人税（23%）	0	48	136	184
留保金課税	0	30	40	70
法人税合計額	0	78	176	254

（連結納税制度⇒単体納税制度）

単位：万円

	親法人P社	子法人S1社	子法人S2社	合計
繰越欠損金	0	▲1,400	0	▲1,400
当期利益金額	▲1,300	1,500	800	1,000
交際費等の損金不算入額	0	0	200	200
当期所得金額	▲1,300	1,500	1,000	1,200
繰越欠損金当期控除額	0	▲1,400	0	▲1,400
当期所得金額（欠損金控除後）	▲1,300	100	1,000	▲200
法人税（15%・23%）	0	15	230	245
留保金課税	0	0	50	50
法人税合計額	0	15	280	295

グループ通算制度法人税額　254万円 ＜ 単体納税制度法人税額　295万円

グループ通算制度に移行した場合、（1）と同様に、S2社の資本金が1億円超であることにより、3社ともに中小企業優遇税制の適用が受けられなくなります。グループ通算制度に移行したことによる中小企業優遇税制に関する影響は以下の通りです。

① 交際費等の損金不算入額

（1）と同じ

② 欠損金の控除限度額

控除可能繰越欠損金額が200万円減少

③ 法人税の軽減税率

（1）と同じ

④ 特定同族会社の特別税率（留保金課税）の適用除外

（1）と同じ

一方で、単体納税制度に戻った場合、S2社のみが中小企業優遇税制の適用ができなくなり、以下の影響があります。

① 交際費等の損金不算入額

（1）と同じ

② 欠損金の控除限度額

控除可能繰越欠損金額が400万円増加

③ 法人税の軽減税率

（1）と同じ

④ 特定同族会社の特別税率（留保金課税）の適用除外

（1）と同じ

結果、グループ通算制度に移行する方が、単体納税制度に戻るよりも、41万円法人税額が少なくなります。

（1）のケースと（2）のケースとでは、（2）の方が欠損金の控除限度額について制限がかかっており、デメリットが大きいように思われます。しかし、グループ通算制度のメリットである損益通算により、結果的に（2）のケースではグループ通算制度に移行する場合が有利となります。

3. 結論

グループ内に中小法人・中小企業者以外の法人や適用除外事業者に該当する法人がある場合、グループ通算制度に移行するとグループ全社で中小企業優遇税制が適用できなくなります。ただし、損益通算額が大きい場合には、中小企業優遇税制不適用によるデメリットを超えるメリットが出ますので、今後の損益の見込みを織り込んで、メリットがデメリットよりも大きい場合には移行すべきです。ただし、税制改正によりもっとメリットのある中小企業優遇税制が将来的に創設されたり、グループ通算制度移行に伴うランニングコスト等、中小企業優遇税制不適用によるデメリット以外の点にも留意が必要です。

なお、減資により資本金の額が１億円超である法人の資本金を資本準備金に振り替えることや、当該法人がＭ＆Ａ等によりグループから外れる、合併や解散等により消滅した場合には、中小企業優遇税制が適用できるようになります。

（単体納税）今後の制度選択肢の概要

Q83　今回の改正で連結納税制度が見直されるとのことですが、現在、単体納税制度を採用している当社においてまず何を検討する必要がありますか。

ポイント

以下のいずれを選択するか検討する必要がある。

・単体納税制度を継続する
・グループ通算制度開始後にグループ通算制度を採用する
・連結納税制度を採用した後、グループ通算制度へ移行する
・連結納税制度を採用した後、グループ通算制度へ移行することなく単体納税制度へ戻る

A　1. 連結納税制度未採用企業の今後の選択肢

単体納税制度を採用している企業は、今回の改正（グループ通算制度の創設）に伴い、以下の４つのパターンから最適な選択をする必要があります。

■前提：親法人の決算期を３月末とする

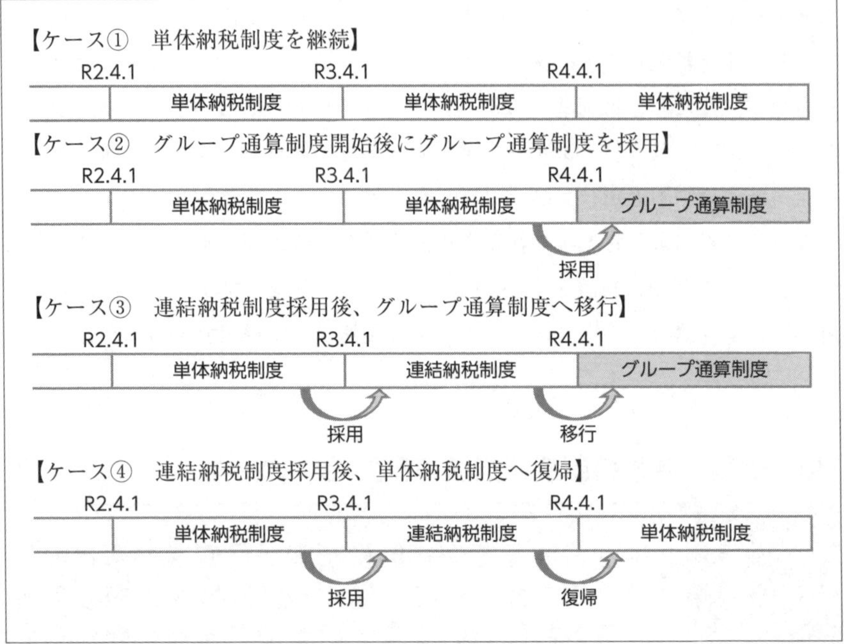

2. 選択のポイント

（１）連結納税制度又はグループ通算制度の採用メリット（Q84参照）を感じない場合には、従来通り単体納税制度を継続することになります。

（２）連結納税制度又はグループ通算制度の採用メリット（Q84参照）を感じる場合、連結納税制度とグループ通算制度それぞれの制度開始時の取扱いの違い（Q５参照）を理解し、いずれの制度から開始すべきか判断する必要があります。

（３）グループ通算制度開始前に連結納税制度を採用した場合（Q85参照）、そのままグループ通算制度へ移行すべきか（Q75参照）、移行せずに単体納税制度へ戻るべきか（Q87参照）を判断する必要があります。

（単体納税）グループ通算制度採用の判断ポイント

Q84　グループ通算制度を採用すべきか否かの判断ポイントを教えてください。

ポイント

- グループ通算制度は、連結納税制度と比べて新たに大きなメリットが生じる改正ではないため、現状の連結納税制度にメリットを感じていない企業グループは、グループ通算制度を採用する必要性は低い。

A　**1. 改正の概要と採用すべきか否かの判断**

連結納税制度は、企業グループ内の損益通算等のメリットがあるにも関わらず、税額計算の煩雑さ、税務調査後の修正･更正等に時間がかかりすぎるといったデメリットから、本制度を選択していない企業グループが多く存在していました。そこで、連結納税制度に代えて、計算方法や税務調査の修更正手続きの簡素化により事務負担の軽減を図りつつ、開始時の親法人の欠損金の利用制限等を行うことにより公平公正な税負担の措置を講じた「グループ通算制度」が創設されました。

細かい改正項目は数多くあるものの、今回の改正の大きなポイントは前述した通り「事務負担の軽減と親法人の開始前繰越欠損金の利用制限」であり、グループ通算制度は、連結納税制度と比べて大きなメリットが生じるような改正ではないと考えられます。

したがって、連結納税制度に魅力を感じていなかった企業が、グループ通算制度なら採用したい、という判断を下すことは殆どないと考えます。

そのため、現状の連結納税制度にメリットを感じていない企業グループについては、グループ通算制度が開始されても、当該制度を採用する必要性は低いと考えます。

2. 連結納税制度及びグループ通算制度の主な採用メリット

(1)所得と欠損の通算による節税効果

グループ内に黒字と赤字の法人がある場合、当該所得と欠損を通算することが可能となり、グループ全体の法人税負担額を減少させることができます（Q10参照）。

(2)親法人の繰越欠損金の有効活用

連結納税制度又はグループ通算制度の開始前に親法人単体で生じた繰越欠損金は、制度開始後、グループ全体の所得金額から控除(注)することができます（グループ通算制度については、一定の要件を満たす場合に限り繰越欠損金をグループ通算制度へ持ち込むことができますが、持ち込んだ欠損金は特定欠損金として自己の所得が控除限度額となります（Q88参照））。

(3)子法人の繰越欠損金の有効活用

連結納税制度又はグループ通算制度の開始前に子法人単体で生じた繰越欠損金のうち、一定の要件を満たす子法人が有する繰越欠損金は、制度開始後、グループ全体の所得金額から控除(注)することができます（持ち込んだ欠損金は特定欠損金として自己の所得が控除限度額となります（Q88参照））。

(4)グループ全体で計算する個別制度の活用

外国税額控除や研究開発税制（試験研究費の税額控除）について、グループ全体で控除額を計算することが可能となり、税負担額が減少する場合があります（Q11、12参照）。

(5)特定同族会社の留保金課税に係る税負担額の減少

所得と欠損の通算により所得金額が圧縮され、留保金課税の計算の基礎となる留保所得金額が減少するため、留保金課税に係る税負担額が減少する場合があります（Q18参照）。

(注)　単体納税制度の場合、「当該法人の個別所得×50％」が欠損金の控除限度額となります（当該法人が大法人である場合）が、連結納税制度又はグループ通算制度では「グループ全体の所得×50％」が控除限度額となるため、単体納税制度に比べ欠損金の早期解消が見込める可能性があります。

3. 判断ポイント

連結納税制度未採用企業が、グループ通算制度を採用すべきか否か判断する際に検討すべき事項は次に掲げる通りです。

（１）企業グループ間における損益通算の機能を活用したいか（Q47、48参照）

（２）単体では使い切れない繰越欠損金を有する法人が存在するか

（３）資産の時価評価及び繰越欠損金の切捨てによる不利益が生じないか（Q57、58、59参照）

（４）グループ全体で計算する税額控除制度（研究開発税制及び外国税額控除）を活用したいか（Q62参照）

（５）中小法人の優遇措置が活用できるか（Q20参照）

（６）制度採用に伴うコストや採用後のランニングコスト（システム利用料や人件費）が節税効果を上回らないか

（７）各制度の事務負担に許容できるか

（８）繰延税金資産の回収可能額に大きな影響が生じないか（Q69参照）

（単体納税）グループ通算制度採用前に連結納税制度を採用する際の判断ポイント

Q85　**グループ通算制度開始前に連結納税制度を採用すべきか否かの判断ポイントを教えてください。**

ポイント

- グループ頂点の親法人に繰越欠損金がある場合には、グループ通算制度開始前に連結納税制度を採用したほうが有利となる可能性が高い。
- グループ通算制度開始前に連結納税制度を採用している場合には、親法人の開始前繰越欠損金はグループ通算制度移行時に非特定欠損金としてそのまま持ち込めるため、連結納税制度を駆け込みで採用する企業が一定数いると予想される。

・ただし、制度の異なる申告（連結納税制度による申告）を１回限りで行うことの手間やコストも考慮する必要がある。
・子法人に繰越欠損金や含み損益資産がある場合には、制度比較をし、どちらの制度から採用すべきか慎重な検討が必要である。

A　1. 親法人に開始前繰越欠損金がある場合

(1)概要

連結納税制度では、親法人が有する連結納税制度開始前の事業年度において生じた繰越欠損金は、制限なくグループ全体の所得から控除できるため、親法人に繰越欠損金がある場合には、グループ通算制度開始前に連結納税制度を採用した方が有利となる可能性が高いです（詳細は下記（２）で後述します）。

ただし、連結納税制度を適用できるのは、通常、翌事業年度の１年間のみとなる（連結納税制度採用後は、グループ通算制度に移行するか単体納税制度に戻るかを選択することとなる）ため、制度適用にあたって生じる事務負担やシステム利用料等のコストも考慮する必要があります。加えて、子法人に繰越欠損金や含み損益資産がある場合には、開始前繰越欠損金の切捨て及び時価評価（Q23参照）による不利益が生じないかも含めて、どちらの制度から採用すべきか慎重な検討が必要です。

(2)連結納税制度とグループ通算制度における親法人の開始前繰越欠損金の取扱いの違い

連結納税制度では、親法人の連結納税開始前の単体の繰越欠損金は、子法人の有する開始前繰越欠損金と異なり、制限なく連結所得金額から控除することができます。

一方、グループ通算制度では、制度開始時に親法人が通算グループに持ち込んだ繰越欠損金についても子法人の有する開始前繰越欠損金と同様に当該親法人の個別所得が控除上限となります（Q28参照）。

実際に数値を用いて税負担額の違いを検証してみます。

【計算例】

［連結納税制度から適用した場合］

	親法人（大法人）	子法人Ａ	子法人Ｂ	合計
制度開始前繰越欠損金	▲1,000	0	0	▲1,000
当期所得金額	0	400	600	1,000
繰越欠損金当期控除額	▲500	0	0	▲500（注）
当期所得金額（欠損金控除後）	▲500	400	600	500
法人税（23％）	▲115	92	138	115

（注）　損金算入限度額：連結所得金額1,000×50％＝500

当期の連結所得金額は1,000（子法人ＡとＢの合計額）であり、連結親法人の有する繰越欠損金のうち▲500を控除した結果、連結所得金額（欠損金控除後）は500となり、課される法人税はグループ全体で115となります。

［グループ通算制度から適用した場合］

	親法人（大法人）	子法人Ａ	子法人Ｂ	合計
制度開始前繰越欠損金	▲1,000	0	0	▲1,000
当期所得金額	0	400	600	1,000
繰越欠損金当期控除額	0（注）	0	0	0
当期所得金額（欠損金控除後）	0	400	600	1,000
法人税（23％）	0	92	138	230

（注）　親法人の個別所得（０）が控除上限額となるため控除不可

税負担増加

当期の通算所得金額は1,000（子法人ＡとＢの合計額）であり、通算親法人の有する繰越欠損金は、通算親法人の個別所得（０）が控除上限額となるため、他の法人の所得から控除することができません。結果、通算所得金額（欠損金控除後）は1,000のままであり、課される法人税はグループ全体で230となります。

(３)連結納税制度における連結欠損金のグループ通算制度移行時の取扱い

連結納税制度における連結欠損金のグループ通算制度移行時の取扱いについて、以下の経過措置が設けられています。

① 連結納税制度における連結欠損金個別帰属額は、グループ通算制度に移行した場合、通算グループ内の各法人の繰越欠損金とみなす（Ｒ２改正法附20①⑦）。

② ①の場合において、グループ通算制度移行後、連結納税制度における連結欠損金個別帰属額のうち特定連結欠損金個別帰属額は特定欠損金とみなし、それ以外の非特定連結欠損金個別帰属額は非特定欠損金とみなされる（Ｒ２改正法附28③）。

当該経過措置を要約すると、以下のように整理できます。

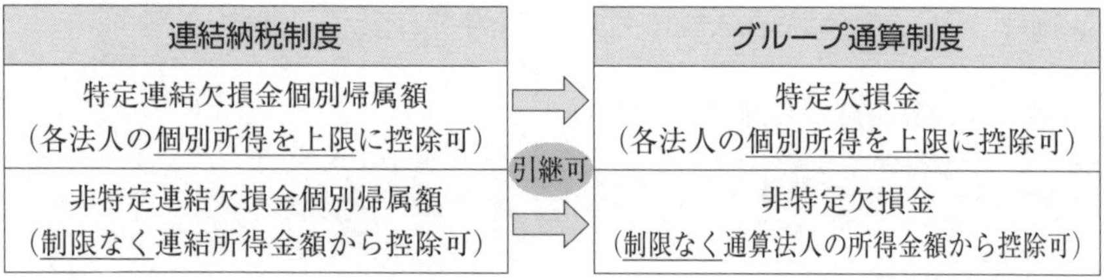

連結納税制度		グループ通算制度
特定連結欠損金個別帰属額 （各法人の個別所得を上限に控除可）	⇒ 引継可	特定欠損金 （各法人の個別所得を上限に控除可）
非特定連結欠損金個別帰属額 （制限なく連結所得金額から控除可）	⇒	非特定欠損金 （制限なく通算法人の所得金額から控除可）

親法人が連結納税制度開始前に有している繰越欠損金は、連結納税制度適用後、無条件に非特定連結欠損金を構成します。したがって、グループ通算制度移行後も制限のない非特定欠損金として引継がれることとなります。

■移行イメージ：３月決算法人の場合

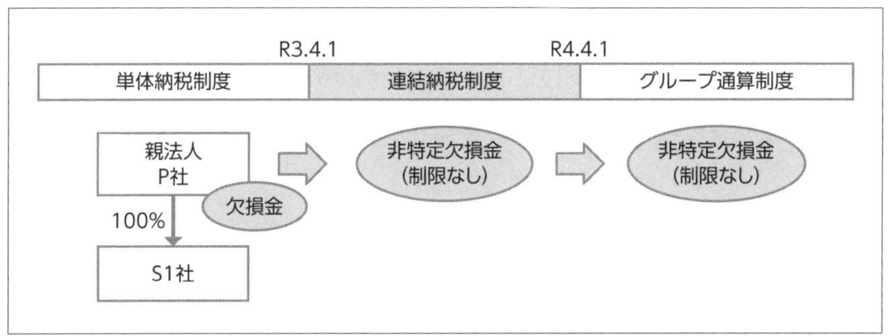

つまり、親法人の開始前繰越欠損金は、グループ通算制度から適用する場合には、控除額について個別所得を上限とするという制限を受けますが、連結納税制度を適用してからグループ通算制度へ移行すれば控除額について当該制限を受けません（上記（２）計算例参照）。

そのため、制度開始前に親法人において繰越欠損金を有する場合には、グループ通算制度開始前に連結納税制度を採用する方が、通常、税負担は軽減されます。

2. 子法人に繰越欠損金や含み損益資産がある場合

子法人に繰越欠損金や含み損益資産がある場合には、連結納税制度は採用せず、グループ通算制度から開始した方が有利になる可能性があります。

その理由は、制度開始に伴う繰越欠損金の切捨て及び含み損益資産の時価評価の要求に係る一定の要件が、連結納税制度とグループ通算制度とで異なる点にあります（Q23参照）。

例えば、連結納税制度から開始した場合には要件を満たさず、制度開始時に時価評価がなされ繰越欠損金も切捨てられるが、グループ通算制度から開始した場合には要件を満たし、時価評価及び繰越欠損金の切捨てを回避できる場合があります。

つまり、上記1.に記載した「親法人の開始前繰越欠損金」のみに着目し、グループ通算制度開始前に連結納税制度を採用した結果、繰越欠損金の切捨て及び一定の資産の時価評価がなされ、上記1.で示したメリットを大きく上回るデメリットが生じてしまう可能性があります。そのため、子法人に制度開始前の繰越欠損金又は含み損益資産があるときは、連結納税制度の採用は見送り、グループ通算制度から開始する方が有利となる場合があります。

3. その他の検討事項

前述した主な判断ポイントの他、次に掲げる事項も踏まえて総合勘案し、グループ通算制度開始前に連結納税制度を採用すべきかどうか判断することになります。

（1）どちらの制度で開始する方が、親法人又は子法人の時価評価及び繰越欠損金の切捨てによる不利益が生じないか（Q22、23、28参照）

（2）グループ間の損益通算の効果を早期に享受したいか（損益通算については連結納税制度とグループ通算制度で大きな違いがないため、１年でも早く制度を適用し、当該メリットを享受したいか）

（3）繰越欠損金を早期解消したいか（欠損金の繰越期間は10年であるため、１年でも早く制度を適用し、親法人及び子法人が有する欠損金を早期解消したいか）

（4）グループ全体で調整計算する個別規定（研究開発税制及び外国税額控除（Q11、12参照））を早期適用したいか（研究開発税制及び外国税額控除の取扱いは、連結納税制度とグループ通算制度で大きな違いがないため、１年でも早く制度を適用し、当該メリットを享受したいか）

（5）中小法人判定の違いによる中小法人の優遇措置の適用可否（Q20参照）

（6）事務負担（連結納税制度を適用しグループ通算制度に移行する場合、連結納税導入時・グループ通算制度導入時の計２回、実務フローやシステムの変更が必要となります）

（7）繰延税金資産の回収可能性の判断（Q69、70参照）

（単体納税）連結納税制度を採用する判断時期

Q86　連結納税制度を採用するか否かはいつまでに判断すれば良いでしょうか。

ポイント

- 連結納税制度を採用する場合には、令和４年３月31日を含む事業年度開始の日の３月前の日（３月決算法人の場合には、令和２年12月31日）までに連結納税の承認の申請書を提出する必要がある。

A　**1. 連結納税制度からグループ通算制度への移行**

単体納税制度を採用している法人は、単体納税制度からグループ通算制度を採用する以外に、単体納税制度から連結納税制度を採用し、その後グループ通算制度に移行する方法も考えられます。ただし、令和４年４月１日以後最初に開始する事業年度からは、連結納税制度がグループ通算制度に移行するため、連結納税制度を採用することができません。そのため令和４年３月31日を含む事業年度において連結納税制度を採用しておく必要があります。

連結納税制度は親法人が最初に連結納税制度を採用しようとする事業年度開始の日の３月前の日までに連結納税の承認の申請書を親法人の納税地の所轄税務署長を経由して国税庁長官に提出をする必要があります。３月決算法人の場合には令和２年12月31日までに連結納税の承認申請書を提出し、令和３年４月１日から始まる事業年度において連結納税制度を採用する必要があります（旧法法４の３①、法法64の９①、Ｒ２改正法附29①）。

また、連結納税制度を一事業年度のみ採用後、単体納税制度に戻ることを検討される場合にはQ87をご覧ください。

第４章

■決算月ごとの提出期限

	R2.12.31	R3.4.1	R4.4.1	R5.4.1
3月決算法人	単体納税制度	連結納税制度	グループ通算制度	グループ通算制度
	↑R2年12月31日までに申請書を提出			

	R3.6.30	R3.10.1	R4.10.1	R5.10.1
9月決算法人	単体納税制度	連結納税制度	グループ通算制度	
	↑R3年6月30日までに申請書を提出			

	R3.1.1	R3.9.30	R4.1.1	R5.1.1
12月決算法人		単体納税制度	連結納税制度	グループ通算制度
		↑R3年9月30日までに申請書を提出		

2. 連結納税制度選択のタイミングを逃してしまった場合の実務対応と注意点

親法人が３月決算法人の場合は、遅くとも令和２年12月中に判断し、連結納税制度を採用するか否か決める必要があります。しかし、令和２年12月中となると検討するための期間が短く、既に過ぎてしまっている場合もあろうかと思います。そのような場合に、例えば令和３年11月末日までに、決算期を３月末から２月末へ変更することにより、連結納税制度を採用するかどうかの意思決定を、令和３年11月末日まで引き延ばすことができます。

■決算期変更後の提出期限

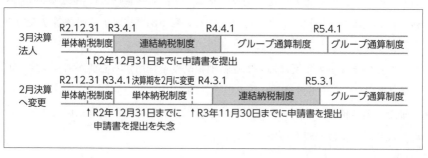

	R2.12.31	R3.4.1	R4.4.1	R5.4.1
3月決算法人	単体納税制度	連結納税制度	グループ通算制度	グループ通算制度
	↑R2年12月31日までに申請書を提出			

	R2.12.31	R3.4.1決算期を2月に変更	R4.3.1	R5.3.1
2月決算へ変更	単体納税制度	単体納税制度	連結納税制度	グループ通算制度
	↑R2年12月31日までに申請書を提出を失念	↑R3年11月30日までに申請書を提出		

ただし、決算期を変更するには、臨時株主総会を開催し特別決議[注]が必要になります。その他、定款の変更手続や所轄税務署並びに県税及び市税事務所に異動届出書の提出も必要となります。また、決算処理においては、１年未満

の事業年度が生じることにより減価償却資産の償却限度額の調整計算や、中小企業者等の少額減価償却資産の特例、交際費等の定額控除限度額などの計算は期間按分が必要となり、事務処理が煩雑となりますのでご注意ください（法法13①、法法15）。

（注）　特別決議とは議決権を持つ株主の過半数が出席し、かつ出席株主の議決権の３分の２以上の賛成により成立します。

（単体納税）連結納税採用後の単体納税への復帰について

Q87　**連結納税制度を１回のみ採用し、グループ通算制度に移行することなく単体納税に戻ることは可能でしょうか。**

ポイント

- **法令上は禁止されておらず連結納税を一回限りで採用することは可能。ただし、実務上の手間や申告に係るコストなどを考慮する必要があり、慎重な判断が必要。**

A　1. 連結納税制度を一回限りで採用する場合の手続き

単体納税制度の法人が連結納税制度を採用しようとする場合には、親法人が最初に連結納税を採用しようとする事業年度開始の日の３月前の日までに連結納税の承認の申請書を親法人の納税地の所轄税務署長を経由して国税庁長官に提出をする必要があります。３月決算法人の場合には令和２年12月31日までに連結納税の承認申請書を提出し、令和３年４月１日から始まる事業年度において連結納税制度を採用する必要があります。次に連結納税制度を採用した法人は、令和４年４月１日以後最初に開始する事業年度よりグループ通算制度に移行します（グループ通算制度の自動承認）。しかし、グループ通算制度に移行する令和４年４月１日以後最初に開始する事業年度開始の日の前日までに届出書を提出することによりグループ通算制度への移行ではなく単体納税制度に戻ることもできます（旧法法４の３①、法法64の９①、Ｒ２改正法附29①②）。

■決算月ごとの提出期限

3月決算法人
R2.12.31　R3.4.1　R4.4.1　R5.4.1
単体納税制度　連結納税制度　単体納税制度　単体納税制度
↑R2年12月31日までに申請書を提出　↑R4年3月31日までに届出書を提出

9月決算法人
R3.6.30　R3.10.1　R4.10.1　R5.10.1
単体納税制度　連結納税制度　単体納税制度
↑R3年6月30日までに申請書を提出　↑R4年9月30日までに届出書を提出

12月決算法人
R3.1.1　R3.9.30　R4.1.1　R5.1.1
単体納税制度　連結納税制度　単体納税制度
↑R3年9月30日までに申請書を提出　↑R4年12月31日までに届出書を提出

また、連結納税制度採用後に届出書を提出することにより単体納税制度に戻った場合には、単体納税制度開始の日から５年を経過する日の属する事業年度終了の日までの間は、グループ通算制度を採用することができません。そのため、事前にグループ各法人の利益計画を作成し、赤字体質になる法人がないか確認し、グループ通算制度へ移行する必要がないか検討した上で制度選択をする必要があります（法法64の９①三、Ｒ２改正法附29③）。

2. 連結納税制度選択によるメリット

連結納税制度は、親法人の連結納税開始前の繰越欠損金を子法人の所得金額と相殺することによる法人税の圧縮効果を目的として導入される場合が多くあります。しかし、親法人の繰越欠損金との相殺後は、連結納税制度を続ける理由はありませんが、連結納税制度を取りやめることが出来ないため、連結納税制度を採用し続けている法人もあります（親法人に繰越欠損金がある場合にはQ85もご参照ください）。

仮に、親法人に繰越欠損金があり、子法人に所得金額が発生する見込みの場合には、一回限りで連結納税制度を採用し親法人の繰越欠損金と子法人の所得金額を相殺後、グループ通算制度へ移行しない旨の届出書を提出することにより単体納税制度に戻ることも法令上は可能となります。しかし、連結納税制度を利用し、不当に法人税の負担を減少させたと認められる場合には、その行為計算は否認され税務署長の認めるところにより連結法人の法人税を計算されることになります。そのため、このような制度選択により、欠損金を利用する場合には、税務署長に否認されるリスクが高いと考えられますので、十分に検討し慎重に判断をおこなう必要があります（旧法法81の９②一、③一、旧法法132の３）。

3. 連結納税制度採用によるデメリット

連結納税制度を採用した場合のデメリットとして、事務負担とコストの増加が見込まれます。例えば、親法人が子法人の申告内容を理解し、連結法人全体で受取配当等の益金不算入額の計算や、外国税額控除や研究開発税制などの計算をする必要があります。連結納税制度採用後グループ通算制度に移行するのであれば、事前にグループすべての法人の申告内容を理解しておくことも良いかもしれませんが、単体納税制度に戻るのであれば連結納税制度を１回採用したことによる事務負担の増加はデメリットになります。連結納税制度を採用する法人は、連結納税用の申告書作成ソフトの導入が必需となりコストも余分にかかることになります。また、親法人の顧問税理士と子法人の顧問税理士が同一でないこともあり、そのような場合に経理担当者の負担も更に大きくなることがあります。このように連結納税制度の採用には多くのデメリットがあるため、一回限りで連結納税制度を採用する場合にも慎重に判断をおこなう必要があります。

4. 非特定連結欠損金の経過措置

連結納税制度からグループ通算制度に移行する場合において、連結法人に非特定連結欠損金個別帰属額（連結法人全体で制限なく控除可能な欠損金）があるときは、経過措置によりグループ通算制度において非特定欠損金として取り扱われ、グループ全体の所得と相殺することができます。しかし、一度単体納税制度に戻ったあとグループ通算制度を採用する場合には経過措置の適用はなく、連結納税制度選択時から繰越されていた非特定連結欠損金個別帰属額相当額があったとしても、特定欠損金として取り扱われ自社の所得としか相殺することができません。(R２改正法附20①⑦、R２改正法附28③)。

(単体納税) 親法人の資本金が１億円超で多額の欠損金があるケース

Q88

当グループの親法人（資本金１億円超の大法人）には多額の繰越欠損金があります。今後はグループすべての法人が黒字見込みのため、単年度の損益通算の効果は見込まれませんが、グループ通算制度を採用すべきでしょうか。なお、連結納税制度の採用は想定していません。

ポイント

- 資本金１億円超の大法人は、原則、繰越欠損金について所得の50％までしか控除できない。繰越欠損金が多額にある場合には、単体納税制度のままだと期限切れになってしまうリスクがある。
- 親法人の所得のみでは全額が控除しきれず期限切れが見込まれる場合、グループ通算制度を採用する方が有利なケースも想定される。

A　1. 概要

繰越欠損金が生じた場合、その繰越欠損金は10年間繰り越して、所得が発生した事業年度の損金に算入することができます。ただし、大法人（中小法人(注)以外の法人をいいます。以下同じです。）に該当する場合には所得金額の100分の50に相当する金額が控除限度額となります。当該控除限度額の計算の基礎となる所得金額の考え方が、単体納税制度とグループ通算制度では異なるため、結果として繰越欠損金の毎期の控除額に違いが生じます。この違いについてそれぞれ制度別に詳しく後述します。

（注）　中小法人とは、普通法人のうち資本金の額が１億円以下であるものをいいます。ただし、次の法人を除きます。

①　資本金の額が５億円以上の法人による完全支配関係がある普通法人

②　完全支配関係がある複数の資本金の額が５億円以上の法人に発行済株式等の全部を保有されている普通法人

2. 単体納税制度における繰越欠損金

(1)概要

その事業年度開始の日前10年以内に開始した事業年度で青色申告書を提出した事業年度に生じた繰越欠損金は､その事業年度の損金の額に算入されます(法法57①)。

(2)大法人の損金算入制限

大法人の繰越欠損金の控除限度額は、繰越控除をする事業年度のその繰越控除前の法人単体の所得金額の100分の50に相当する金額とされています（企業再生等の一定の場合は除きます)。

つまり、親法人が大法人に該当する場合には、どれだけ繰越欠損金を有していても当期課税所得の50％は課税対象となり、これに係る法人税を納める必要があります。

3. グループ通算制度における繰越欠損金

(1)概要

グループ通算制度における繰越欠損金の損金算入も単体納税制度と基本的に同様ですが、単体納税制度からグループ通算制度を採用する場合、親法人及び子法人の開始前繰越欠損金は特定欠損金として持ち込まれ、グループ各社の個別所得を上限とするという制限（SRLY ルール）を受けます（Q28参照)。

なお、連結納税制度を適用してからグループ通算制度へ移行すれば、経過措置により親法人の開始前繰越欠損金の控除額について当該制限を受けません(Q85参照)。

(2)大法人の損金算入制限

グループ通算制度における大法人の繰越欠損金の控除限度額は、親法人及び子法人すべての所得金額の100分の50に相当する金額とされています（企業再生等の一定の場合は除きます)。

4. 各制度の比較

単体納税制度及びグループ通算制度の繰越欠損金の損金算入額の違いを数値を用いて検証してみましょう。

【計算例】

［単体納税制度］

	親法人（大法人）	子法人A（大法人）	子法人B（大法人）	合計
制度開始前繰越欠損金	▲2,000	0	0	▲2,000
当期所得金額	600	1,000	1,500	3,100
繰越欠損金当期控除額(注1)	▲300	0	0	▲300
当期所得金額（欠損金控除後）	300	1,000	1,500	2,800
法人税（23%）	69	230	345	644

（注１） 損金算入限度額：親法人の個別所得600×50%＝300

［グループ通算制度］

	親法人（大法人）	子法人A（大法人）	子法人B（大法人）	合計
制度開始前繰越欠損金	▲2,000	0	0	▲2,000
当期所得金額	600	1,000	1,500	3,100
繰越欠損金当期控除額(注2)	▲600	0	0	▲600
当期所得金額（欠損金控除後）	0	1,000	1,500	2,500
法人税（23%）	0	230	345	575

（注２） 損金算入限度額：通算グループ全体の所得3,100×50%＝1,550
ただし、SRLY ルールが適用されるため、親法人の個別所得600が上限

単体納税制度の場合、親法人の個別所得金額の50%相当額である300が繰越欠損金の損金算入限度額となります。

一方、グループ通算制度では、親法人及び子法人のすべての所得金額の50%相当額（1,550）まで本来は繰越控除可能ですが、本ケースの場合には600が損金算入限度額（特定欠損金であるため、親法人の個別所得600が上限）となります。したがって、親法人で発生する個別所得が通算グループ全体の所得より少ない場合には、単体納税制度に比べて多くの繰越欠損金を使用することができます。

5. 結論

グループ内に赤字見込みの法人がなく、グループ通算制度の損益通算の効果

は見込めない場合であっても、親法人の開始前繰越欠損金が多額にある場合において、単体納税制度では繰越欠損金が期限切れとなる見込みのときは、グループ通算制度の採用を検討すべきでしょう。

ただし、一定の場合には繰越欠損金の切捨てや制限がかかるため、留意が必要です（Q58参照）。

なお、開始前繰越欠損金をすべて損金算入した後においても、原則としてグループ通算制度は継続する必要があるため、慎重な判断が必要です。

（単体納税）親法人が赤字企業で欠損金があり、子法人が黒字のケース

Q89

当グループの親法人には多額の繰越欠損金があり、かつ、毎期継続して赤字になることが見込まれています。子法人は継続して黒字が見込まれていますが、グループ通算制度を採用すべきでしょうか。
なお、連結納税制度の採用は想定していません。

ポイント

- 今後、親法人の赤字が継続する場合には損益通算のメリットがあるため、グループ通算制度を採用する方が有利になる可能性がある。
- 損益通算の制限等を受ける場合には、そのデメリットを勘案して検討する必要がある。
- 親法人の有する開始前繰越欠損金にはSRLYルールが適用されるため、個別所得を上限とするという制限を受ける。

A　1. 概要

グループ通算制度の損益通算のメリットが取れる場合には採用を検討すべきですが、一定の場合には損益通算に制限等が入ること、また、開始前繰越欠損

金に制限が入るためそれらのデメリットに留意する必要があります。

2. 損益通算

親法人に赤字（欠損金額）、子法人に黒字（所得金額）が継続して発生する場合には、グループ通算制度を導入することによりグループ通算制度導入後の親法人の欠損金額と子法人の所得金額との損益通算が可能です（Q10参照）。

3. 損益通算の対象とならない欠損金額（当期の赤字）等

原則的な通算グループ内の損益通算の取扱いは上記2.のようになりますが、租税回避防止等の目的から、次の一定の制限規定が設けられています。

まず、グループ通算制度適用開始時の時価評価の対象外となった場合において、通算承認の効力が生じた日の５年前の日又は設立日のいずれか遅い日から通算承認の効力が生じた日まで継続して通算親法人と通算子法人との間に支配関係がなく、かつ、他の通算法人との間の共同事業に係る要件を満たさないとき等には、一定の欠損金額(当期の赤字)は、損益通算の対象となりません(Q10、59参照)。さらにこれらの要件を満たさない場合において、支配関係発生日以後一定期間内に新たに事業を開始したときは、特定資産譲渡等損失額の損金算入も制限されます（Q59参照)。また、一定の開始前繰越欠損金についても切り捨てられます（Q58参照)。

本Q89では詳細は割愛しますが、これらの要件等を満たさない可能性がある場合には、損益通算及び繰越欠損金の制限等を受けるか否か検討した上で、グループ通算制度を採用すべきかどうか判断すべきです。

4. 開始前繰越欠損金のSRLYルールの適用

グループ通算制度に持ち込んだ親法人の開始前繰越欠損金は、グループ通算後の使用について親法人の個別所得を上限とするという制限（SRLY ルール）を受けます（Q28参照)。

したがって、親法人において今後赤字が継続して発生すると見込まれるときは、結果的にその開始前繰越欠損金はグループ通算制度において使用することができません。

5. 結論

グループ通算制度適用後の親法人と子法人の損益通算のメリットが取れる場合には、グループ通算制度への移行を検討すべきです。ただし、一定の条件を満たさない場合には、損益通算の制限等がかかるため、このデメリットを勘案して移行すべきかどうかを判断することとなります。なお、親法人の開始前繰越欠損金の使用は個別所得が上限となるため、親法人の赤字が継続する見込みの場合には、開始前繰越欠損金は結果的に損金算入することができません。

（単体納税）親法人が多額の含み損のある不動産を保有しているケース

Q90

当グループの親法人は多額の含み損失を抱えた不動産を保有しており、近い将来売却を検討しています。子法人は継続して黒字が見込まれていますが、グループ通算制度に移行すべきでしょうか。

ポイント

- 不動産を売却したときの損失の取扱いは、通算承認の効力が生じた日の５年前の日又は通算法人の設立の日のうちいずれか遅い日から継続して支配関係があるかないかが一つの判断基準となる。

A　1. 多額の含み損失を抱えた不動産の売却を検討しているときの注意点

貴グループがグループ通算制度を採用し、その後、多額の含み損失を抱えた不動産を売却した場合に、その含み損失の利用について以下の制限規定の適用を受ける場合があります。

(1)特定資産に係る譲渡等損失額の損益通算及び欠損金の利用制限(法法64の6)

損益通算の開始または加入時に時価評価課税の対象外となった法人が次の①及び②のいずれにも該当しないときは、通算前欠損金額（当期の赤字）のうち、適用期間において生ずる特定資産譲渡等損失額に達するまでの金額は、損益通算することができず、かつ特定欠損金として取り扱われます（Q59参照）。

① 通算承認の効力が生じた日の5年前の日又は通算法人の設立の日のうちいずれか遅い日から通算承認の効力が生じた日まで継続して当該通算法人に係る通算親法人（当該通算法人が通算親法人である場合には、他の通算法人のいずれか）と支配関係がある場合に該当しない場合。

② 通算承認の効力が生じた後に通算法人と他の通算法人とが共同で事業を行う場合として一定の場合（以下「共同事業に係る要件」という。）に該当しない場合。

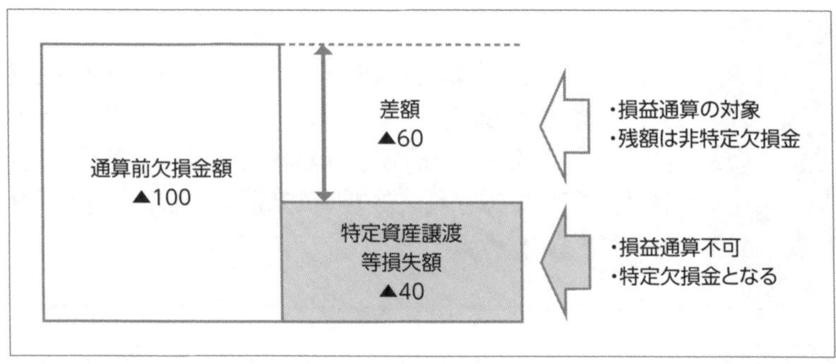

(2)新たに事業を開始した場合の特定資産に係る譲渡等損失額の損金不算入(法法64の14)

損益通算の開始又は加入時に時価評価課税の対象外となった法人が、（1）の①及び②のいずれにも該当しない場合において、通算法人が通算親法人との間に最後に支配関係を有することとなった日以後に新たに事業を開始したときは、通算法人の適用期間において生ずる特定資産譲渡等損失額は通算法人の所得の金額の計算上損金の額に算入されません。

（1）と（2）の違いは、（1）は自社で損失の損金算入は可能ですが、他の通算法人の所得と損益通算や非特定欠損金としての利用が制限されるのに対し、（２）は、自社の損失として損金算入すら制限されます（当然、損益通算等もできません）（Q59参照）。

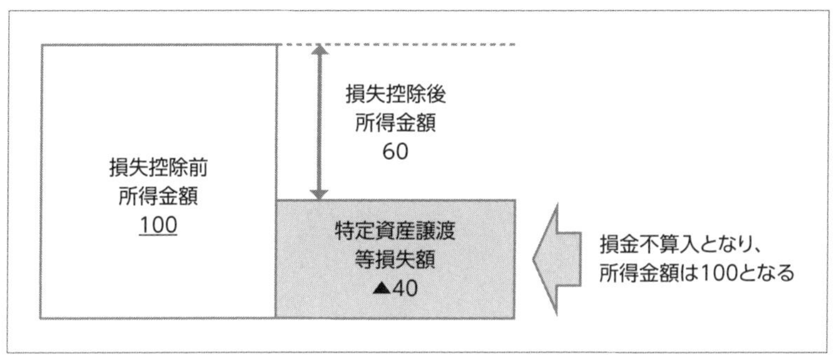

（3）損失の利用制限を受ける適用期間

（１）及び（２）の規定は、通算承認の効力が生じた日の５年前の日又は通算法人の設立の日のうちいずれか遅い日から通算承認の効力が生じた日まで継続して支配関係がある場合、又は、共同事業に係る要件に該当するときは、制限を受けません。多くの会社は、５年間の支配継続要件を満たすことにより、損失の利用制限を受けません。

また、５年間の支配継続要件や共同事業に係る要件を満たさない場合においても、損失の利用制限の適用を受けるのは適用期間内において生ずる特定資産譲渡等損失額に限られているため、適用期間が経過後に売却をする方法も考えられます。

（１）の特定資産に係る譲渡等損失額の損益通算及び欠損金の利用制限における適用期間とは、グループ通算制度の効力発生日（下図①）から同日以後３年を経過する日（下図③）と、通算法人が通算親法人との間に最後に支配関係を有することとなった日から５年を経過する日（下図②）のいずれか早い日（下図②）の期間をいいます（法法64の６①）。

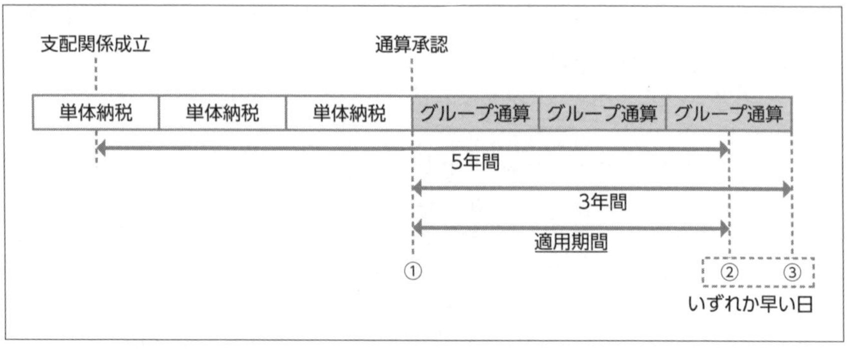

また、（2）の新たに事業を開始した場合の特定資産に係る譲渡等損失額の損金不算入における適用期間とは、新たに事業を開始した日の属する事業年度開始の日（下図④）と、グループ通算制度の効力発生日（下図①）のいずれか遅い日（下図④）からグループ通算制度の効力発生日以後3年を経過する日（下図③）と通算法人が通算親法人との間に最後に支配関係を有することとなった日から5年を経過する日（下図②）のいずれか早い日（下図②）の期間をいいます。（法法64の14①）。

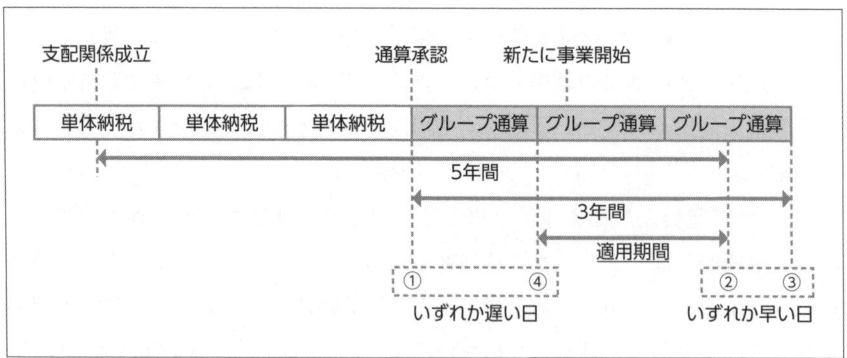

（単体納税）親法人の収入源が子会社からの配当のみのケース

Q91

当グループの親法人は子法人からの配当が主な収入です。子法人は継続して黒字が見込まれていますが、グループ通算制度を採用すべきでしょうか。

ポイント

- 子法人からの配当は課税所得にならないため、親法人に経常的に損失（欠損金）が計上されている場合には、グループ通算制度を採用することにより親会社の損失を子法人の利益（所得）と相殺することができる。

A　**1. 概要**

子法人からの配当を主な収入源とする親法人は、会計上は利益が計上されているものの、税務上は経常的に損失が計上され繰越欠損金が溜まっているケースがよくあります。これは、継続的に所有している子法人からの配当については、税務上「完全子法人株式等」又は、「関連法人株式等」に該当し、受け取る配当の全額又は大部分が益金不算入となるのに対し、役員報酬や事務費用、子法人株式を購入に要した借入金の支払利息等の費用はそのまま損金となるためです（法法23）。

このようなケースでは、グループ通算制度を採用することで、親法人において生じる損失について子法人の利益と損益通算をすることが可能になるため、グループ通算制度の採用を検討すべきと言えます。

2. ケーススタディ

【前提】

- 親法人Ｐ社は子法人 S1社及び S2社株式を数年前から100％保有。
- Ｐ社は S1社、S2社から毎期400ずつ配当を収受。
- Ｐ社は支払利息及び投資活動により年間200の費用を計上。

・P社、S1社、S2社の当期利益金額はそれぞれ600、800、800（受取配当以外の別表調整を加味したものとする）。
・配当に係る所得税額控除及び繰越欠損金は考慮しない。
・法人税率は簡便的に23%。
・資本構成図

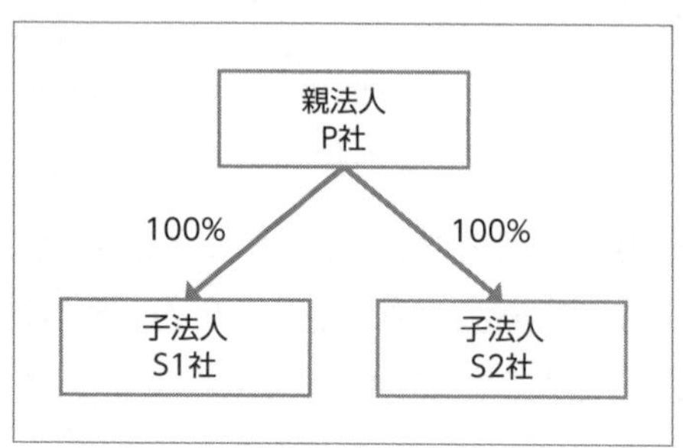

【計算例】

（1）単体納税制度を継続する場合

単位：万円

	親法人P社	子法人S1社	子法人S2社	合計
当期利益金額	600	800	800	2,200
受取配当等の益金不算入額	▲800	0	0	▲800
当期所得金額	▲200	800	800	1,400
法人税（23%）	0	184	184	368

（2）グループ通算制度を採用した場合

単位：万円

	親法人P社	子法人S1社	子法人S2社	合計
当期利益金額	600	800	800	2,200
受取配当等の益金不算入額	▲800	0	0	▲800
通算前所得金額	▲200	800	800	1,400

所得金額（損益通算後）	0	700	700	1,400
法人税（23%）	0	161	161	322

P社ではS1社、S2社から受け取る配当について、その全額が課税所得の計算上益金とされないため、200の損失が発生します。グループ通算制度を採用する場合、当該損失を子会社の益金との損益通算により、法人税が46減少します。

3. 結論

このように、子法人からの配当が主な収入源であることにより、親法人に経常的に損失が計上されている場合には、損益通算によりグループ全体で親法人の損失を活用することができるため、グループ通算制度の採用を検討すべきです。

（単体納税）子法人が多額の含み益のある資産を保有しているケース

Q92

当グループには、多額の含み益がある資産を保有する子法人があります。親法人及び他の子法人は業績が思わしくなく繰越欠損金が毎期増加している状況のため、近い将来当該含み益資産の売却を予定していますが、グループ通算制度に移行すべきでしょうか。
なお、連結納税制度の採用は想定していません。

! ポイント

- 各子法人が時価評価課税や繰越欠損金の切捨てを受けない場合、グループ通算制度に移行すると有利となる可能性が高い。
- 将来、含み益がある資産の売却等により発生する所得を他のグループ内法人の欠損と通算することができる。

・グループ通算制度移行後に発生するグループ内法人の欠損金は、他のグループ内法人の所得と通算することができる。
・一定の要件を満たすかどうか検討する必要がある。

A 1. 含み益資産の売却益と他のグループ内法人の当期欠損金の通算

ご質問の状況を図にすると以下の通りとなります。

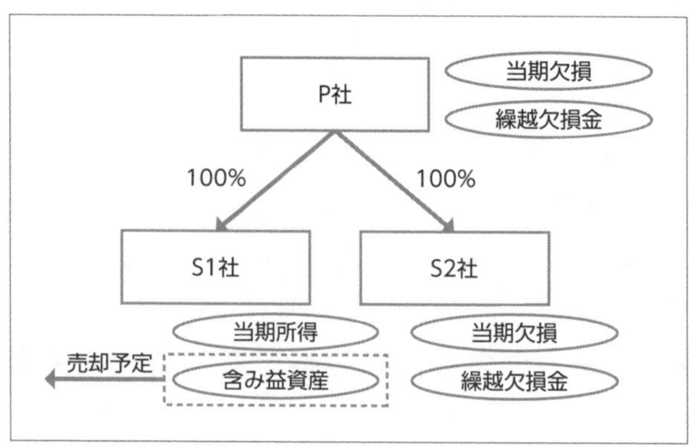

グループ通算制度に移行すると、S1社の当期所得をＰ社及びS2社の当期欠損と通算することができます（法法64の５）。なお、S1社が資産の時価評価課税の対象外となる場合、グループ通算制度移行後に生じた含み益資産の売却益についてもＰ社及びS2社の当期欠損と通算可能です。ただし、下記留意点に記載の通り、一定の要件を満たす前提であることにご留意ください。

【計算例】

（１）単体納税制度の場合

	Ｐ社（大法人）	S1社	S2社	合計
当期所得金額	▲250	500	▲150	100
法人税（23％）	0	115	0	115

（２）グループ通算制度に移行した場合

	P社（大法人）	S1社	S2社	合計
当期所得金額	▲250	500	▲150	100
損益通算	250	▲400	150	0
当期所得金額（損益通算後）	0	100	0	100
法人税（23%）	0	23	0	23

グループ通算制度に移行した場合、S1社は、含み益資産を売却することにより、多額の所得（500）が発生していますが、P社及びS2社の当期欠損金と通算することができるため、法人税負担が減少（115→23）しています。なお、含み益資産の売却益に限らず、グループ通算制度移行後の各社の所得は、他社の当期欠損金と通算可能です。ただし、グループ通算制度移行前の各社の繰越欠損金は特定欠損金となり、各社の所得の範囲内でのみ控除可能です（Q50参照）。

2. 留意点

各法人が完全支配関係継続要件を満たすことにより、上記のようなメリットが見込めます（法法57⑥、法法64の11）（Q57参照）。この要件を満たさない場合、グループ通算制度移行時においてP社及びS2社の繰越欠損金は切捨てられ、S1社が時価評価課税の対象となることにより単体納税時に含み益資産に時価評価課税をされることとなります。適用要件の事前検討が必要です。

第4章

（単体納税）数年前に完全子会社化した法人があるケース

Q93

当グループには、数年前に発行済株式のすべてを取得して完全子会社化した法人が複数あり、いずれも繰越欠損金や含み損失のある資産を抱えています。
親法人は継続して黒字が見込まれているため、グループ内での損益通算を行うためにグループ通算制度に移行すべきでしょうか。なお、連結納税制度の採用は想定していません。

ポイント

・各子法人が完全支配関係継続要件や共同事業要件又は５年超継続支配要件を満たす場合、グループ通算制度に移行すると有利となる可能性が高い。
・子法人のグループ通算制度移行前の繰越欠損金は特定欠損金となるが、その損金算入限度額はグループ全体で計算することとなる。
・グループ通算制度移行後に発生する子法人の当期欠損金は、グループ内で損益通算することができる。
・グループ通算制度移行後に、含み損失を実現させることにより、当該損失をグループ内で損益通算することができる（ただし、一定の要件を満たす必要がある）。
・一定の要件を満たすかどうかの検討をする必要がある。

A　1. 子法人の繰越欠損金

ご質問の状況を図にすると以下の通りとなります。

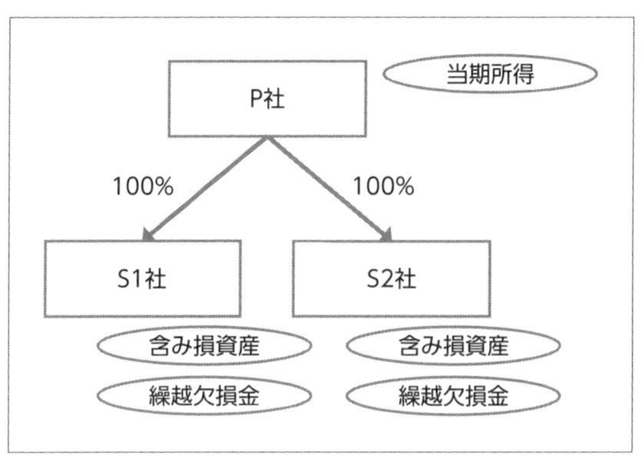

グループ通算制度に移行する際に一定の要件（4. 留意点参照）を満たすことにより、子法人のグループ通算制度移行前の繰越欠損金は、切捨てられず、特定欠損金となります（法法57⑥⑧）（Q58参照）。

特定欠損金の損金算入限度額計算はグループ全体で行います。

したがって、今後、S1社やS2社で所得が発生すると、単体納税制度よりも損金算入できる繰越欠損金額が増える場合があります（Q50参照）。

【計算例】

（１）単体納税制度の場合

	P社（資本金５億円）	S1社	S2社	合計
繰越欠損金	0	▲300	▲200	▲500
当期所得金額	500	300	200	1,000
繰越欠損金当期控除額	0	150	100	250
当期所得金額（欠損金控除後）	500	150	100	750

法人税 （23%）	115	35	23	173

※端数は四捨五入

（2）グループ通算制度に移行した場合

	P社 （資本金5億円）	S1社	S2社	合計
特定欠損金	0	▲300	▲200	▲500
当期所得金額	500	300	200	1,000
繰越欠損金 当期控除額	0	300	200	500
当期所得金額 （欠損金控除後）	500	0	0	500
法人税 （23%）	115	0	0	115

※端数は四捨五入

単体納税制度の場合、繰越欠損金の控除限度額は個社ごとに計算することとなるため、グループ全体の繰越欠損金当期控除額は250となります（S1社は150（300×50%）、S2社は100（200×50%））。

グループ通算制度に移行した場合、S1社及びS2社の特定欠損金の控除限度額はグループ全体の所得を基礎として計算するため、グループ全体の繰越欠損金当期控除額は500となります（1000×50%。S1社は300、S2社は200）。
その結果、グループ全体の法人税負担が減少（173→115）しています。

2. 子法人の当期欠損金

グループ通算制度に移行した場合、当期欠損金は、グループ全体の所得金額を上限に控除できます（法法64の5）。したがって、単体納税制度よりもグループ全体の所得金額が減少する可能性があります（グループ通算制度の一般的な効果です）。

3. 子法人の含み損資産

一定の要件（4. 留意点参照）を満たすことにより、含み損資産の譲渡等による実現損を、グループ所得計算に持ち込むことができます（法法64の11、法法64の14①）。グループ通算制度移行後に実現した損失は、グループ全体の所得金額を減少させる効果があります。

4. 留意点

完全支配関係継続要件や共同事業要件又は５年超継続支配要件を満たすことにより、上記のようなメリットが見込めます（法法57⑥⑧、64の11、64の14①）（Q57～Q59参照）。この要件を満たさない場合、欠損金の切捨てや、時価評価課税、含み損のグループ内通算の制限の対象となります（Q57～Q59参照）。適用要件の事前検討が必要です。

（単体納税）グループで多額の試験研究を行っているケース

Q94

当グループでは事業のグローバル化に伴い、国際競争力強化のため積極的に研究開発を行っており、その額は年々増加傾向にあります。グループ通算制度を採用すべきでしょうか。なお、連結納税制度の採用は想定していません。

ポイント

- 単体納税制度において、特定の法人で控除上限額を超えるような試験研究費の控除限度額があるような場合には、グループ通算制度に移行することにより、グループ全体での控除上限額が増え、税額控除可能額が増える可能性がある。

A　1. 概要

グループ通算制度に移行した場合、研究開発税制（試験研究費の税額控除）

の計算は、グループ全体で税額控除限度額及び控除上限額を計算して、グループ全体の法人税額から試験研究費の税額控除を行います（詳細はQ64参照）。

したがって、単体納税企業が、いままで控除しきれずに切り捨てられていた税額控除限度額がある場合には、グループ通算制度に移行し、グループ全体で試験研究費の控除上限額を計算できることにより、税額控除可能額が増え税負担額が軽減される可能性があります。

単体納税企業が単体納税制度のままのケースとグループ通算制度に移行する場合で、税負担額の違いを実際に数値を用いて検証します。

2. 計算例

■資本関係図

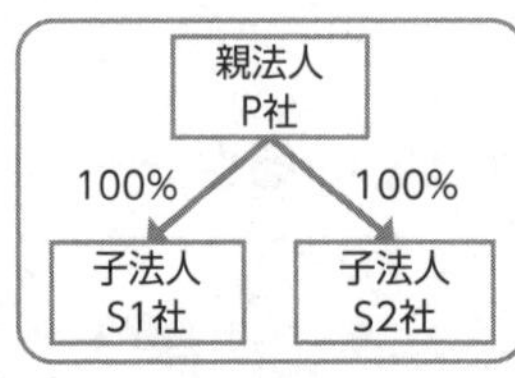

✓親法人P社グループは単体納税制度を採用している
✓親法人P社は、毎期継続的に研究開発を行っており、試験研究費の税額控除を適用している
✓S1社及びS2社は、試験研究を行っていないが、安定して所得が発生している
✓試験研究費の税額控除割合は10%と仮定
✓税額控除上限額は法人税額の25%と仮定

【図表1】　単体納税制度での試験研究費の税額控除額

	親法人 P社	子法人 S1社	子法人 S2社	合計
試験研究費の額	5,000	0	1,000	6,000
調整前法人税額	1,000	1,000	2,000	4,000
試験研究費の 特別控除額	250 （注１）	−	100 （注２）	350
試験研究費の 特別控除額の配分額	250	−	100	350
納付税額	750	1,000	1,900	3,650

（注１）　税額控除限度額（P社）：5,000×10％＝500　＞　控除上限額：1,000×25％＝250
∴250

（注２）　税額控除限度額（S2社）：1,000×10％＝100　＜　控除上限額：2,000×25％＝500
∴100

【図表２】 グループ通算制度での試験研究費の税額控除額

	親法人 P社	子法人 S1社	子法人 S2社	合計
試験研究費の額	5,000	0	1,000	6,000
調整前法人税額	1,000	1,000	2,000	4,000
試験研究費の特別控除額(注)	600			600
試験研究費の特別控除額の配分額	150	150	300	600
納付税額	850	850	1,700	3,400

(注)　税額控除限度額：(5,000＋０＋1,000)×10％＝600　＜　控除上限額：(1,000＋1,000＋2,000)×25％＝1,000　∴600

単体納税制度では、試験研究費の特別控除額を各法人ごとに計算するため、研究開発費が発生している法人で、試験研究費の特別控除を受けきるだけの調整前法人税額がない場合には、税額控除をし切れないことになります【図表１】。

一方、グループ通算制度では、試験研究費の特別控除額を通算法人全体の試験研究費の額に税額控除割合を乗じた金額と通算法人全体の調整前法人税額に25％を乗じた金額のいずれか少ない額となるため、単体納税制度よりも試験研究費の特別控除額が増えることが一般的です【図表２】。

本事例においては、グループ通算制度に移行することで、試験研究費の特別控除額が250増加することになります。

3. 結論

研究開発税制（試験研究費の税額控除）については、グループ通算制度に移行することにより、試験研究費の特別控除額が増える可能性が高いと言えます。

ただし、研究開発を多く行っている法人の資本金の額が１億円以下である等のため中小企業者に該当していた場合であっても、グループ通算制度では、通算法人のいずれか一の法人の資本金の額が１億円を超えているような場合等には、通算法人全体が中小企業者に該当しないことになってしまうため中小企業

第4章

者の特例を受けられなくなるというデメリットが生じる可能性があります。

単体納税制度を採用している企業においては、グループ通算制度に移行するか否かの判断にあたり研究開発税制（試験研究費の税額控除）への影響についても検討する必要があります。

（単体納税）グループで多額の外国法人税を支払っているケース

Q95

当グループでは事業のグローバル化に伴い、国外での事業活動が拡大し、国外において法人税に相当する税金が課されています。グループ通算制度を採用すべきでしょうか。なお、連結納税制度の採用は想定していません。

ポイント

- 単体納税制度において、外国税額控除で控除しきれていない外国法人税額があり、切り捨てられているような場合には、グループ通算制度に移行することにより外国税額控除限度額が増える可能性がある。

A　1. 概要

グループ通算制度に移行した場合の外国税額控除額の計算は、グループ全体で外国税額控除限度額を計算して、グループ全体の外国法人税額を控除します（詳細はQ63参照）。

したがって、単体納税企業が、いままで控除しきれずに切り捨てられていた外国法人税額がある場合には、グループ通算制度を選択し、グループ全体で外国税額控除限度額を計算できることにより、外国税額控除限度額が増え、税負担額が軽減される可能性があります。

単体納税企業が単体納税制度を維持する場合とグループ通算制度に移行する場合で、税負担額の違いを実際に数値を用いて検証します。

2. 計算例

■資本関係図

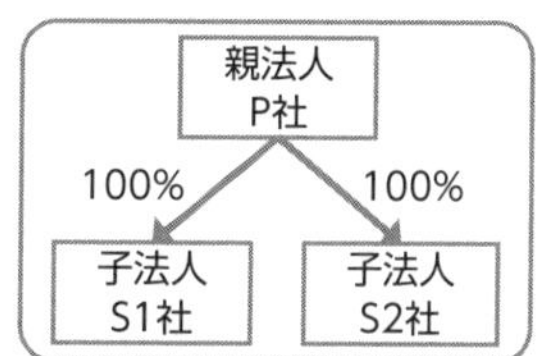

✓S1社及びS2社は、毎期安定して所得が発生している
✓P社及びS2社は国外での事業活動があるため毎期継続して国外所得が発生している
✓P社は国内の業績が低迷しており毎期継続して欠損が発生している

【図表１】 単体納税制度での外国税額控除

				親法人 P社	子法人 S1社	子法人 S2社	合計
①	外国法人税(注１)			200	0	100	300
②	所得金額	国内所得		▲400	500	300	400
③		国外所得(注２)		1,000	0	500	1,500
④		合計(全世界所得)	(②＋③)	600	500	800	1,900
⑤	税額	法人税額	(④×23%)	138	115	184	437
⑥		地方法人税額	(⑤×10%)	13	11	18	42
⑦	外国税額控除限度額	調整国外所得金額(所得金額の90％限度)	(③又は④×90%)	540	0	500	1,040
⑧		法人税	(⑤×⑦／④)	124	0	115	239
⑨		地方法人税	(⑥×⑦／④)	11	0	11	22
⑩		道府県民税	(⑧×１％)	1	0	1	2
⑪		市町村民税	(⑧×６％)	7	0	6	13
⑫		合計	(⑧＋⑨＋⑩＋⑪)	143	0	133	276
⑬	外国税額控除額		(①と⑫のいずれか小)	143	0	100	243
⑭	繰越控除対象外国法人税額(注３)		(①－⑫)	57	0	0	57

(注１)　所得に対する負担が高率な部分等はないものとする
(注２)　外国法人税が課されない国外所得はないものとする
(注３)　繰越控除対象外国法人税額は翌３年間繰越可能

【図表２】 グループ通算制度での外国税額控除

				親法人P社	子法人S1社	子法人S2社	合計
①	外国法人税(注１)			200	0	100	300
②	所得金額	国内所得		▲400	500	300	400
③		国外所得(注２)		1,000	0	500	1,500
④		合計(全世界所得)	(②＋③)	600	500	800	1,900
⑤	税額	法人税額	(④×23％)	138	115	184	437
⑥		地方法人税額	(⑤×10％)	13	11	18	42
⑦	外国税額控除限度額	調整国外所得金額(注３)(所得金額の90％限度)	(③又は④×90％)	1,000	0	500	1,500
⑧		法人税(注４)	(⑤×⑦／④)	230	0	115	345
⑨		地方法人税(注４)	(⑥×⑦／④)	22	0	11	33
⑩		道府県民税	(⑧×１％)	2	0	1	3
⑪		市町村民税	(⑧×６％)	13	0	6	19
⑫		合計	(⑧＋⑨＋⑩＋⑪)	267	0	133	400
⑬	外国税額控除額		(①と⑫のいずれか小)	200	0	100	300
⑭	繰越控除対象外国法人税額(注５)		(①－⑫)	0	0	0	0

（注１） 所得に対する負担が高率な部分等はないものとする
（注２） 外国法人税が課されない国外所得はないものとする
（注３） グループ通算制度における調整国外所得金額は、国外所得金額－（各社の国外所得金額の合計額－各社の所得金額（全世界所得）の合計額×90％）×各社の国外所得金額／各社の国外所得金額の合計額により計算
（注４） グループ通算制度における控除限度額は、各社の法人税額（又は地方法人税額）の合計額×各社の国外所得金額／各社の所得金額の合計額により計算
（注５） 繰越控除対象外国法人税額は翌３年間繰越可能

単体納税制度では、外国税額控除額を各法人ごとに計算するため、外国法人税が発生している法人で、国外で支払った外国法人税の全額を控除しきれるだけの法人税がない場合には、税額控除をし切れないことになります【図表１】。

一方、グループ通算制度では、外国税額控除額を通算法人全体の全世界所得及び国外所得から計算するため、単体納税制度よりも外国税額控除額が増えることが一般的です【図表２】。

本事例においては、グループ通算制度に移行することで、外国税額控除額が57増加します。

3. 結論

外国税額控除制度については、グループ通算制度に移行することにより、外国税額控除額が増える可能性が高いと言えます。

ただし、外国税額が発生していない通算法人の所得がマイナスであり、グループ通算制度に移行することで、通算グループ全体で外国税額控除限度額が減少してしまうような場合には、デメリットが生じる可能性があります。

単体納税制度を採用している企業においては、グループ通算制度に移行するか否かの判断にあたり外国税額控除への影響についても検討する必要があります。

（単体納税）親法人が中小法人である場合のグループ通算制度移行の留意点

Q96

当グループは親法人が資本金5,000万円の中小法人で、100％子法人に資本金２億円の法人を有しており、グループ内の中小法人は中小企業優遇税制の適用を受けています。黒字法人と赤字法人の損益通算の効果を見込み、グループ通算制度を採用して問題ないでしょうか。

ポイント

・グループ内に中小法人・中小企業者以外の法人や適用除外事業者に該当する法人があるときは、グループ通算制度採用後は中小企業優遇税制の適用がなくなるデメリットが生じるため、損益通算等のグループ通算制度のメリットがデメリットよりも大きい場合には採用すべきである。

A　1. 概要

グループ通算制度においては、グループ内のすべての法人が中小法人・中小企業者に該当する場合に限り中小企業優遇税制の適用を受けることができます（Q20参照）。

すなわち、本ケースの企業グループがグループ通算制度を採用する場合には、連結納税制度を採用した場合に受けられていた中小企業優遇税制が受けられなくなります。

なお、グループ内のすべての法人が中小法人・中小企業者に該当するものの、グループ内に適用除外事業者に該当する法人がある場合には、一部の中小企業優遇税制についてのみ不適用となります（Q20参照）。

※中小法人・中小企業者とは、期末資本金の額が１億円以下の一定の法人をいい、適用除外事業者とは、中小法人・中小企業者のうち平均所得金額が15億円を超える一定の法人をいいます（詳細な定義はQ20参照）。

2. ケーススタディ

ここでは、中小企業優遇税制のうち、①交際費等の損金不算入額、②欠損金の控除限度額、③法人税の軽減税率、④特定同族会社の特別税率（留保金課税）の適用除外の４点について、実際に数値を用いて税負担額の違いを検証します。

(1)赤字法人と黒字法人の損益通算のメリットが、中小企業優遇税額に比して少ないケース

【前提】

・資本金は、Ｐ社5,000万円、S1社5,000万円、S2社２億円。

・Ｐ社、S1社、S2社の当期利益金額はそれぞれ▲300万円、1,500万円、800万円（簡便的に交際費以外の別表調整を加味したものとする）。

・繰越欠損金（特定欠損金）はS1社1,400万円。

・交際費の支出額は、３社とも200万円ずつ（うち、接待飲食費に該当するものはない）。

・留保金課税は、単体納税制度においてS2社50万円、グループ通算制度を採用した場合にはS1社30万円、S2社40万円発生するものとする（S2社では損益通算により留保金課税金額が減少することを想定）。

・法人税率は簡便的に23％、軽減税率適用の場合は800万円まで15％。

・各社の平均所得金額は15億円以下。

・資本構成図

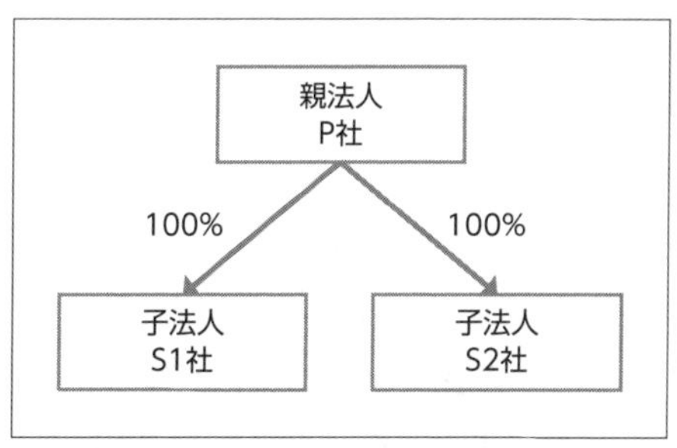

【計算例】

（グループ通算制度を採用する場合）

単位：万円

	親法人 P社	子法人 S1社	子法人 S2社	合計
繰越欠損金	0	▲1,400	0	▲1,400
当期利益金額	▲300	1,500	800	2,000
交際費等の損金不算入額	200	200	200	600
通算前所得金額	▲100	1,700	1,000	2,600
所得金額（損益通算後・欠損金控除前）	0	1,637	963	2,600
繰越欠損金当期控除額	0	▲1,300	0	▲1,300
所得金額（欠損金控除後）	0	337	963	1,300
法人税（23%）	0	78	221	299
留保金課税	0	30	40	70
法人税合計額	0	108	261	369

（単体納税制度を継続する場合）

単位：万円

	親法人 P社	子法人 S1社	子法人 S2社	合計
繰越欠損金	0	▲1,400	0	▲1,400
当期利益金額	▲300	1,500	800	2,000
交際費等の損金不算入額	0	0	200	200
当期所得金額	▲300	1,500	1,000	2,200
繰越欠損金当期控除額	0	▲1,400	0	▲1,400
当期所得金額（欠損金控除後）	▲300	100	1,000	800
法人税（15%・23%）	0	15	230	245
留保金課税	0	0	50	50
法人税合計額	0	15	280	295

グループ通算制度法人税額　369万円 ＞ 単体納税制度法人税額　295万円

グループ通算制度を採用した場合、S2社の資本金が１億円超であることにより、３社ともに中小企業優遇税制の適用が受けられなくなります。グループ通算制度を採用したことによる中小企業優遇税制に関する影響は以下の通りです。

①　交際費等の損金不算入額
　３社で課税所得が400万円増加

②　欠損金の控除限度額
　控除可能繰越欠損金額が100万円減少

③　法人税の軽減税率
　P社、S1社の法人税率が15%から23%に上昇

④　特定同族会社の特別税率（留保金課税）の適用除外
　S1社、S2社において留保金課税額が合計20万円増加

結果、グループ通算制度を採用すると、74万円法人税額が多くなります。

（2）赤字法人と黒字法人の損益通算のメリットが、中小企業優遇税額に比して多いケース

次に、Ｐ社の当期所得金額が上記（１）よりも少ないケースを検証します。

【前提】

・Ｐ社の当期利益金額以外は（１）と同様。

・Ｐ社の当期利益金額は▲1,300万円。

【計算例】

（グループ通算制度を採用する場合）

単位：万円

	親法人 P社	子法人 S1社	子法人 S2社	合計
繰越欠損金	0	▲1,400	0	▲1,400
当期利益金額	▲1,300	1,500	800	1,000
交際費等の損金不算入額	200	200	200	600
通算前所得金額	▲1,100	1,700	1,000	1,600
所得金額（損益通算後・欠損金控除前）	0	1,007	593	1,600
繰越欠損金当期控除額	0	▲800	0	▲800
所得金額（欠損金控除後）	0	207	593	800
法人税（23%）	0	48	136	184
留保金課税	0	30	40	70
法人税合計額	0	78	176	254

（単体納税制度を継続する場合）

単位：万円

	親法人 P社	子法人 S1社	子法人 S2社	合計
繰越欠損金	0	▲1,400	0	▲1,400
当期利益金額	▲1,300	1,500	800	1,000
交際費等の損金不算入額	0	0	200	200
当期所得金額	▲1,300	1,500	1,000	1,200
繰越欠損金当期控除額	0	▲1,400	0	▲1,400
当期所得金額（欠損金控除後）	▲1,300	100	1,000	▲200
法人税（15%・23%）	0	15	230	245
留保金課税	0	0	50	50
法人税合計額	0	15	280	295

グループ通算制度法人税額　254万円　＜　単体納税制度法人税額　295万円

グループ通算制度を採用した場合、（１）と同様に、S2社の資本金が１億円超であることにより、３社ともに中小企業優遇税制の適用が受けられなくなります。グループ通算制度を採用したことによる中小企業優遇税制に関する影響は以下の通りです。

①　交際費等の損金不算入額

　　（１）と同じ

②　欠損金の控除限度額

　　控除可能繰越欠損金額が600万円減少

③　法人税の軽減税率

（1）と同じ

④　特定同族会社の特別税率（留保金課税）の適用除外

（1）と同じ

結果、グループ通算制度を採用すると、41万円法人税額が少なくなります。

このように、中小企業優遇税制が使えないデメリットと、損益通算のメリットの大小を比較して検討する必要があります。

3. 結論

グループ内に中小法人・中小企業者以外の法人や適用除外事業者に該当する法人がある場合、グループ通算制度を採用するとグループ全社で中小企業優遇税制が適用できなくなります。ただし、損益通算額が大きい場合には、中小企業優遇税制不適用によるデメリットを超えるメリットが出ますので、今後の損益の見込みを織り込んで、メリットがデメリットよりも大きい場合には採用を検討すべきです。ただし、税制改正によりもっとメリットのある中小企業優遇税制が将来的に創設されたり、グループ通算制度開始時の時価評価や採用に伴うランニングコスト等、中小企業優遇税制不適用によるデメリット以外の点にも留意が必要です。

なお、減資により資本金の額が1億円超である法人の資本金を資本準備金に振り替えることや、当該法人がM&A等によりグループから外れる、合併や解散等により消滅した場合には、中小企業優遇税制が適用できるようになります。

グループ通算制度のM&A（買収側）の影響

Q97　グループ通算制度の創設によりM&A（買収）にどのような影響があるでしょうか。

ポイント

- 企業買収の代表的なケースである「現金による100％買収」において、共同事業要件を満たす場合には、加入時の時価評価及び繰越欠損金の切捨てが不要となった。
- 共同事業要件を満たす「現金による100％買収」であれば、加入後の繰越欠損金等の制限に抵触しない。
- 加入時の時価評価対象資産の範囲は改正されていないため、買収対価のうちプレミアム部分に対応する自己創設のれんの時価評価はグループ通算制度においても不要である。

A　1. 連結納税制度における「現金による100％買収」の問題点

連結納税制度を採用している企業グループが他社を買収する際の税務上の問題点に連結グループ加入時の買収対象会社の時価評価があります。買収時において時価評価がされないケースは適格株式交換による買収のみであり、現金のみによる買収では買収対象会社の時価評価は避けられませんでした。

今回創設されるグループ通算制度では、買収対価ではなく買収目的（事業関連性）に着目し、時価評価の適用除外法人の範囲が見直されています。時価評価の適用除外法人は以下の通りであり「現金による100％買収」は（2）④に該当します。

■加入時の時価評価の適用除外法人

	（1）連結納税制度	（2）グループ通算制度
加入時	①　連結親法人等が設立した法人 ②　適格株式交換等により完全子法人化された法人 ③　適格合併等により被合併法人等が5年超保有する完全子法人化された法人 ④　単元未満株式の買取り等により完全子法人化された法人	①　通算グループ内の100％新設法人 ②　適格株式交換等により完全子法人化された法人 ③　加入直前に支配関係（50％超）がある場合に「適格要件」を満たす法人 ④　加入直前に支配関係がない場合に「共同事業要件」を満たす法人

2. 時価評価の適用除外となる「適格要件」と「共同事業要件」

組織再編税制との整合性を確保する観点から、今回時価評価の適用除外法人の範囲が見直されています。組織再編税制では、事業が継続される組織再編は適格組織再編とされ、課税が繰り延べられる仕組みとなっています。グループ通算制度においてもこの考えを取り入れ、事業が継続されるグループ加入においては、時価評価しない（課税しない）仕組みとなっています。

ここで時価評価の適用除外の判断基準に「適格要件」と「共同事業要件」があります。それぞれの要件は次の通りです（Q57参照）。「現金による100％買収」は（2）を検討することになりますが、一般的な買収目的を考えれば①から④の要件は満たすため、⑤の要件を満たすか否かの検討が重要となってきます。なお、完全支配関係の継続見込みがなく、キャピタルゲインを目的として当初から売却することを想定した買収や、引き継ぐ従業者がいない不動産のみを保有する会社の買収は、共同事業要件を満たさないため注意が必要です。

■適格要件と共同事業要件

	（1）適格要件（支配関係あり）	（2）共同事業要件（支配関係なし）
要件	①　親法人との完全支配関係の継続 ②　買収対象会社の従業者の継続 ③　買収対象会社の主要事業の継続	①　親法人との完全支配関係の継続 ②　買収対象会社の従業者の継続 ③　買収対象会社の主要事業の継続 ④　買収対象会社の主要事業といずれかの通算グループ法人との事業の関連性 ⑤　④の事業規模比５倍以内又は特定役員（注）の継続

（注）　特定役員とは、社長、副社長、代表取締役、代表執行役、専務取締役若しくは常務取締役又はこれらに準ずる者で法人の経営に従事している者をいいます。

3. 加入後の繰越欠損金等の使用制限

加入時（買収時）に時価評価等の適用を受けなかったとしても、買収後に買収対象会社（子会社）に以下の事実があった場合には、加入前及び加入後の繰越欠損金等に一定期間（支配関係発生から５年経過日と加入から３年経過日のいずれか早い日まで）使用制限がされます（Q58、59参照）。

■加入後に制限されるケース

	制限されるケース	制限対象
（1）	加入後に買収対象会社が新規事業を開始した場合	・支配関係発生前に生じた欠損金 ・支配関係発生前から所有する含み損資産の実現損
（2）	多額の減価償却費を計上した場合	適用期間内に生じた欠損金は損益通算対象外、かつ、買収対象会社（子会社）の所得の範囲で控除
（3）	（1）（2）に該当しない場合	適用期間内に生じた欠損金のうち支配関係発生前から所有する含み損資産の実現損は損益通算対象外、かつ、買収対象会社（子会社）の所得の範囲で控除

ただし、上記の制限に対しては適用除外要件が設けられています。加入時（買収時）に上記2.（２）の共同事業要件を満たしている場合はこの適用除外要件に該当するため、共同事業要件を満たす「現金による100％買収」は加入後の繰越欠損金等の使用制限を受けません。

4. 買収時の自己創設のれんの時価評価

買収対価と買収対象会社の時価純資産に差額がある場合、税務上、その差額は買収対象会社自体に含み益（のれん）があると考えられ、そして、そののれんは固定資産に該当するため加入時の時価評価資産の対象となっていました。

しかし、平成29年度税制改正において、帳簿価額1,000万円未満の資産は時価評価対象外となり帳簿価額がゼロである自己創設のれんは時価評価資産の対象範囲に含まれないことになりました。

グループ通算制度においても時価評価対象資産の範囲は改正されていないため、自己創設のれんは時価評価されません。

5. グループ通算制度における買収時の論点、影響（まとめ）

グループ通算制度における買収時の注意点や影響を整理すると次の通りです。

(1) 現金対価の買収

現金対価であっても適格要件又は共同事業要件を満たす場合には、買収対象会社（子会社）は時価評価されなくなり、対価の違いによる課税の違いがなくなったことで現金買収がよりしやすくなったと言えます。しかし、時価評価されないためには要件を満たす必要があり、今まで検討していなかった点を検討しなければならず、より慎重にＭ＆Ａ（買収）を進めていく必要があります。

(2) 現金による100％買収時の共同事業要件（特定役員継続要件）

「現金による100％買収」において時価評価されないためには、買収対象会社と通算グループ各社の事業規模比が５倍以内であること、又は、買収対象会社の特定役員の全てが退任しないこと、が要件となります。事業規模比が５倍以内であれば問題ありませんが、そうでない場合には、買収対象会社の特定役員の全てが退任しないことが必要となります。そのため、オーナー（創業）社長の退任が前提となっている中堅中小の未上場会社を買収する場合には注意が必要です。退任が前提となっているため、他の特定役員の誰か一人以上が継続しなければなりません。他の特定役員がいる、かつ、その役員に継続してもらいたい（その役員も継続したい）のであれば問題ありませんが、オーナー（創業）社長の引退に伴い一緒に辞任するケース（オーナーが高齢化していれば役員も高齢化しています）、そもそも役員がオーナーのみ又はオーナーの親族のみのケースなど、継続する役員がいない場合には、特定役員継続要件を満たすことが難しくなります。こういったケースでは次世代を担う社員を特定役員である常務クラス以上にしておくといったことも必要です（実態を伴う必要があります）。

(3)「ゼロから100%」以外の買収

今回の改正のポイントは、支配関係がない、つまり、買収会社と買収対象会社の間の資本関係が50%未満の場合には、共同事業要件を満たせば現金対価であっても加入時の時価評価、加入後の繰越欠損金等の制限がされないことです。

しかし、既に50%超の支配関係がある法人を買収するケースもあります。例えば、51%保有の事業子会社を完全子会社化するケースや同業他社と共同事業を行う目的で会社を設立（当初出資割合は60%：40%）し、一定期間後に株主間契約で40%分を買い取るケース、投資ファンドと共同して買収（ファンドは50%以下の資金拠出）し、一定期間後に投資ファンドから買い取る（又は買収対象会社が投資ファンドから自社株買いする）ケース等、様々なケースが考えられます。このような支配関係があるケースでは上記2.（1）の適格要件を満たせば時価評価はされないため、一般的な買収目的から考えればこの適格要件は満たすと考えられます。一方、上記「3. 加入後の繰越欠損金等の使用制限」の適用除外要件は支配関係なしと同様の要件が設けられています。そのため支配関係があるケースにおいても、結果として加入後の繰越欠損金等の使用制限を受けないためには事業規模比要件や特定役員継続要件等を満たすか否かを加入前（買収前）に検討しておかないと、後の税務調査で思わぬ指摘（課税）を受けるかもしれませんので、留意が必要です。

（4）通算グループの加入時期の特例

グループ通算制度では、事業年度の中途で親法人との間に完全支配関係を有することとなった場合に、その加入する子法人の会計期間の末日の翌日からグループ通算制度に加入することができる取扱いが追加されました。

この適用を受けることにより、買収対象会社は、買収事業年度の期首から買収日の前日までで事業年度を区切る必要がなくなるため、買収初年度の事務負担が軽減されることとなります（特例適用のためには一定の手続きが必要です。Q44参照）。

ただし、通算グループへの加入が遅れることにより、その間の損益通算の効果や時価評価損益の金額、繰越欠損金の切捨ての金額が変わるなど、不利益が生じる可能性もあるため、適用を受けるか否かについては、慎重に判断する必要があります。

なお、グループ通算制度加入後は、税務上のみなし事業年度の規定により子法人の事業年度は、強制的に親法人と一致させられることとなりますが、事務負担軽減のためには、会計期間についても、親法人と一致させる必要があります。

■みなし事業年度の原則的取扱い（買収会社３月決算、買収対象会社５月決算のケース）

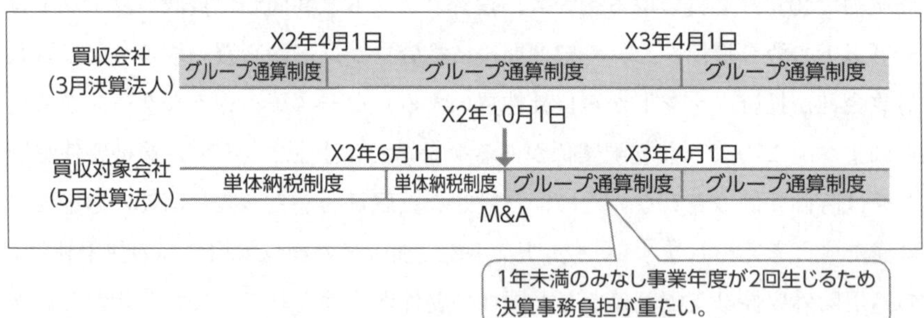

■みなし事業年度の加入時期の特例（新設）の適用を受けた場合（買収会社３月決算、買収対象会社５月決算のケース）

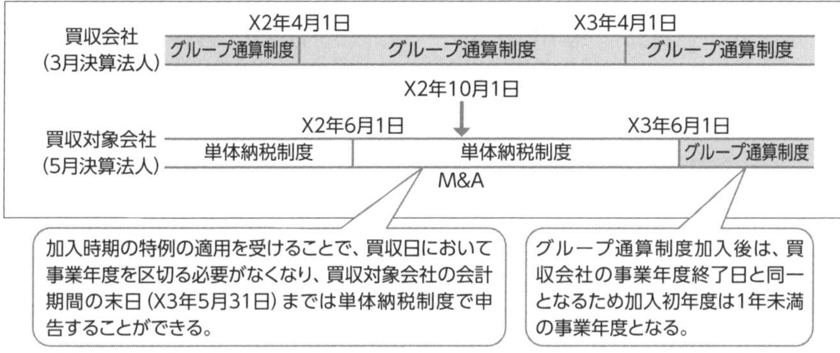

■みなし事業年度の加入時期の特例（新設）の適用を受けた場合（買収会社３月決算、買収対象会社３月決算のケース）

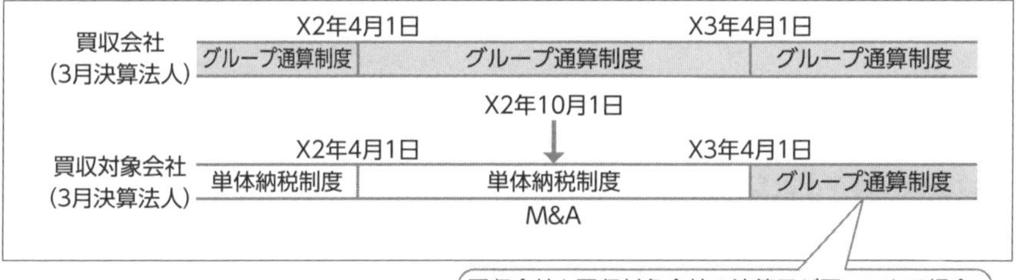

グループ通算制度のM&A（売却側）の影響

Q98　**グループ通算制度の創設によりM&A（売却）にどのような影響があるでしょうか。**

ポイント

- 売却時（離脱時）の子会社株式の帳簿価額の計算方法（投資簿価修正）が大きく変わり、買収対価のうちプレミアム部分に相当する金額が売却原価として損金に算入されなくなった。その結果、連結納税制度より売却益は多く、売却損は少なく計上されることになる。

・離脱法人（子会社）が離脱後に主要事業を継続する見込みがない等一定の場合に該当するときには、その離脱法人（子会社）を時価評価する規定が設けられたが、適用されるケースは限定的でありM&A（売却）における影響は小さいと考えられる。

A 1. 子会社株式の投資簿価修正の改正

投資簿価修正は連結グループ内における二重課税や二重控除を防ぐために設けられている仕組みですが、今回創設されたグループ通算制度では、売却時（離脱時）の投資簿価修正の計算方法が改正されました。

連結納税制度では「取得価額（子会社株式の帳簿価額）に買収後の内部留保増減額を加減算する」のに対し、グループ通算制度では「取得価額（子会社株式の帳簿価額）に当該取得価額と売却時（離脱時）の子会社の簿価純資産価額との差額を加減算する」となっています。それぞれの計算方法は次の通りです（Q61参照）。

■投資簿価修正の計算方法

制度	計算方法
連結納税制度	離脱直前の帳簿価額±加入時からの連結個別利益積立金額の増減額×持分割合
グループ通算制度	離脱直前の帳簿価額（＋簿価純資産不足額（注1）、又は、－簿価純資産超過額（注2））

（注1） 簿価純資産不足額
離脱直前の帳簿価額が簿価純資産価額（注3）に満たない場合におけるその満たない部分の金額

（注2） 簿価純資産超過額
離脱直前の帳簿価額が簿価純資産価額（注3）を超える場合におけるその超える部分の金額

（注3） 簿価純資産価額
（通算法人（子会社）の通算効力を失った日の前日の属する事業年度終了時に有する資産の帳簿価額の合計額－負債（新株予約権に係る義務を含む）の帳簿価額の合計額）×持分割合

2. 改正による売却損益への影響

上記1.の通り投資簿価修正の計算方法が大きく変わりました。以下の２つのケースで連結納税制度とグループ通算制度の投資簿価修正の金額（売却損益）を見ていきます。

■連結納税制度が有利となるケース

ケース：離脱直前の帳簿価額（＝買収価格）＞離脱直前の簿価純資産価額
・買収時点の子会社の純資産価額（時価＝簿価と仮定）　10億円
・買収価格　15億円（プレミアム相当５億円）
・毎年１億円の利益を計上（税引後）
・買収２年後に17億円で売却（売却時の子会社の純資産価額12億円）

①　連結納税制度
17億円－(15億円＋１億円×２年分)［売却原価17億円］＝売却損益０

②　グループ通算制度
17億円－(15億円－３億円(注))［売却原価12億円］＝売却益５億円
（注）簿価純資産超過額　帳簿価額15億円－純資産価額12億円＝３億円

両者を比較すると売却原価に５億円の差額が生じています。子会社株式の帳簿価額が純資産価額に修正（減額）されることでプレミアム５億円が売却原価として損金算入されず①と比較して②は売却益が多く計上されます。

■グループ通算制度が有利となるケース

ケース：離脱直前の帳簿価額（＝買収価格）＜離脱直前の簿価純資産価額
・買収時点の子会社の純資産価額（時価＝簿価と仮定）　10億円
・買収価格　５億円（負ののれん５億円）
・毎年１億円の利益を計上（税引後）
・買収２年後に７億円で売却（売却時の子会社の純資産価額12億円）

① 連結納税制度

7億円－（5億円＋1億円×2年分）[売却原価7億円]＝売却損益0

② グループ通算制度

7億円－（5億円＋7億円(注)）[売却原価12億円]＝売却損5億円

（注） 簿価純資産不足額 帳簿価額5億円－純資産価額12億円＝7億円

両者を比較すると売却原価に5億円の差額が生じています。子会社株式の帳簿価額が純資産価額に修正（増額）されることで負ののれん5億円が売却原価として損金算入され①と比較して②は売却損が多く計上されます。

3. 投資簿価修正の改正を踏まえた今後の検討事項

投資簿価修正の改正のポイントは、「子会社株式の帳簿価額が純資産価額に修正（増額、減額）される」点です。上記2.の計算例を見ると、買収対価が売却時の純資産価額よりも高いケースでは連結納税制度時に売却した方が法人税法上は有利となります。一方、買収対価が売却時の純資産価額よりも低いケースではグループ通算制度時に売却した方が法人税法上は有利となります。このように投資簿価修正の改正は売却損益課税に大きな影響を与えるため、子会社の売却を検討している企業グループは以下の点を事前に検討し、売却時期による課税額の違いを認識した上で売却の意思決定、売却プロセスの決定をすることが重要です。

項目	検討内容
売却予定時期	売却予定時期に適用される課税方式が連結納税制度かグループ通算制度か
子会社株式の帳簿価額	買収時（加入時）から売却予定時期までの利益積立金額の増減額、売却予定時期における簿価純資産価額

4. 売却時（離脱時）の子会社の時価評価

連結納税制度では売却時（離脱時）に子会社の時価評価課税はされず、子会社が保有する資産は帳簿価額のまま持ち出すことができました。その結果、この資産に含み損があった場合には、売却する法人では株式売却損、含み損資産を有する法人では資産売却損が計上され、損失が二重計上されていました。そこで、今回創設されたグループ通算制度では損失の二重計上を防止するための措置が設けられています（Q60参照）。

この措置は離脱法人（子会社）が離脱後に主要事業を継続する見込みがない等一定の場合に適用されますが、売手企業は子会社の事業継続、従業員の雇用継続を条件としてM&Aを進めていくと思われるため、一般的なM&Aの目的から考えると適用されるケースは限定的だと考えられます。また、売却後の買手企業の事業計画（リストラ計画含む）を売手企業が正確に把握することは困難であるため、主要な事業を継続することを前提条件としたM&Aであれば適用されないと考えられます。

グループ通算制度への移行と合併の有利不利

Q99

当社には、５年超前に発行済株式の全部を取得して完全子会社化した子法人がありますが、当該子法人は経常的な赤字体質で、多額の繰越欠損金を抱えています。他方、当社は今後も継続して黒字を見込んでいます。このような状況の中、「グループ通算制度への移行」と「当社と当該子法人の合併」を検討していますが、どちらが有利でしょうか。なお、合併することによる事業上の問題はなく、法人税等の負担により、どちらを選択するか決定したいと考えています。

ポイント

・子法人の過年度欠損金の取扱いから、法人税負担上、合併が有利となる可能性が高い。

・グループ通算制度の損益通算は、法人税・地方法人税のみだが、合併の場合は地方税も子法人の欠損金を使用できる。
・住民税均等割などその他論点の影響を考慮する必要がある。

A 1. 子法人の繰越欠損金の取扱い

貴グループの子法人の繰越欠損金は、グループ通算制度に移行すると特定欠損金となります（貴グループの子法人は、5年超前に子会社化されているため、完全支配関係継続要件を満たす前提で子法人の繰越欠損金は、切り捨てられません）（法法64の7①、②）。他方、合併（適格合併かつ合併前の繰越欠損金の制限を受けない前提）した場合には、子法人の繰越欠損金は親法人に取り込まれ、親法人の合併後所得と通算されていきます（法法57②）。すなわち、グループ通算制度では子法人の繰越欠損金は自己の所得の範囲内で使用可能となり、他方、合併では子法人の繰越欠損金は親法人の所得からも控除可能となるため、合併のほうが有利となる可能性が高いと考えられます（Q50参照）。

【計算例】P社はS社の発行済株式のすべてを保有する、いわゆる100％親会社の前提です。

（1）合併を選択した場合

	P社	S社	P社（合併後）
繰越欠損金	0	▲300	▲300
当期所得金額	600	0	600
繰越欠損金当期控除額			▲300
当期所得金額（欠損金控除後）			300
法人税（23％）			69

（2）グループ通算制度を選択した場合

	P社	S社	グループ合計
特定欠損金	0	▲300	▲300
当期所得金額	600	0	600
繰越欠損金当期控除額	0	0	0
当期所得金額（欠損金控除後）	600	0	600
法人税（23%）	138	0	138

合併した場合、P社はS社の繰越欠損金（▲300）を自社に取り込み、P社の所得（600）から控除可能となります。結果、当期所得金額は300となります。

他方、グループ通算制度に移行した場合は、S社の繰越欠損金（▲300）は特定欠損金となります。S社の所得は0ですので、控除できる特定欠損金は0となります。結果、グループ合計の当期所得金額は600となります。合併のほうが法人税負担が少なくなります。

2. 地方税への影響

グループ通算制度は、法人税及び地方法人税のみを対象とする制度です。他方、合併した場合には、ひとつの法人となるため住民税法人税割や事業税所得割の計算上も自動的に損益通算されることとなります（地法23①四、地法72の23①一）。したがって、それらの地方税についても税負担軽減効果が見込めることとなります（Q72、73参照）。

3. その他論点について

合併を選択した場合、住民税均等割負担が増加する可能性があることなど、合併後に弊害が生じる場合があります。また、本設例では触れていませんが、実際には法人税負担のみでなく、経済合理性、事業上の問題、許認可その他の事項についても事前に十分な検討が必要です。

法人紹介

税理士法人 山田&パートナーズ

人員数：771名（令和2年10月現在）

■所在地

東京本部
〒100-0005　東京都千代田区丸の内1－8－1
丸の内トラストタワーN館8階
TEL：03-6212-1660
URL：https://www.yamada-partners.gr.jp/

●国内拠点

札幌事務所	TEL：011-223-1553
盛岡事務所	TEL：019-903-8067
仙台事務所	TEL：022-714-6760
北関東事務所	TEL：048-631-2660
横浜事務所	TEL：045-411-5361
新潟事務所	TEL：025-333-9794
金沢事務所	TEL：076-234-1511
静岡事務所	TEL：054-205-3210
名古屋事務所	TEL：052-569-0291
京都事務所	TEL：075-257-7673
大阪事務所	TEL：06-6202-5881
神戸事務所	TEL：078-232-1331
広島事務所	TEL：082-568-2100
高松事務所	TEL：087-823-3303
松山事務所	TEL：089-913-6551
福岡事務所	TEL：092-235-2780
南九州事務所	TEL：096-211-3519

●海外拠点

シンガポール	TEL：+65-6922-9097
中国（上海）	TEL：+86(0)21-5866-0525
ベトナム（ハノイ）	TEL：+84-24-3223-4155
アメリカ（ロサンゼルス）	TEL：+1(424)340-9415
アメリカ（ニューヨーク）	

<令和元年業務実績>

顧問件数：3512件（うち上場会社数：58件、うち医療機関数：125件、うち日系海外法人数：98件）
相続税申告件数：1791件
M&A実績：70件
企業再編・企業再生実績件数：275件
国際業務関与件数：390件
相続・事業承継コンサルティング件数：1120件
経営コンサルティング件数：614件（うち医療系コンサルティング：69件）
セミナー回数：1258件

〔執 筆 者 紹 介〕

編著者

佐伯　草一（税理士）
田中　匠（税理士）
平井　伸央（税理士）
中橋　知治（税理士）
門田　英紀（公認会計士・税理士）
安岡　喜大（税理士）

執筆者

市川　祐介（税理士）
海老原　大貴
岡元　譲（税理士）
向後　雄仁（税理士）
西原　輝
久松　玄
山本　武尊（税理士）
渡邊　悠介（税理士）
岩城　研祐（税理士）
太田　雄介（税理士）
落合　祥央（税理士）
齋木　航（公認会計士・税理士）
西村　卓哉（税理士）
山本　和輝
山本　亮太（税理士）
上原　亨
大山　哲広（税理士）
加藤　舜（税理士）
冨田　大智（税理士）
原山　和也（税理士）
山本　巧（税理士）
横山　勝彦（税理士）

本書の内容に関するご質問は、ファクシミリ等、文書で編集部宛にお願いいたします。(fax　03-6777-3483)

なお、個別のご相談は受け付けておりません。

本書刊行後に追加・修正事項がある場合は、随時、当社のホームページにてお知らせいたします。

Q&Aで理解する　グループ通算制度

令和２年11月15日　初版第一刷印刷　（著者承認検印省略）
令和２年11月20日　初版第一刷発行

©　編　者　税理士法人　山田＆パートナーズ

発行所　税務研究会出版局
https://www.zeiken.co.jp
週　刊「税務通信」「経営財務」発行所
代表者　山　根　　毅
〒100-0005
東京都千代田区丸の内1-8-2 鉄鋼ビルディング
振替00160-3-76223
電　話［書　籍　編　集］03（6777）3463
［書　店　専　用］03（6777）3466
［書　籍　注　文］（お客さまサービスセンター）03（6777）3450

各事業所　電話番号一覧

北海道	011（221）8348	関　西	06（6943）2251
東　北	022（222）3858	中　国	082（243）3720
関　信	048（647）5544	九　州	092（721）0644
中　部	052（261）0381	神奈川	045（263）2822

乱丁・落丁の場合は、お取替えいたします。　印刷・製本　奥村印刷
ISBN978-4-7931-2585-0